Wolfgang Gratzer (Hg.)

**Dietrich Fischer-Dieskau**

Zu seiner Entwicklung als
Sänger und Musikdenker

ROMBACH WISSENSCHAFTEN · REIHE *klang–reden*
Schriften zur Musikalischen Rezeptions- und Interpretationsgeschichte

Herausgegeben vom Institut für Musikalische Rezeptions- und
Interpretationsgeschichte der Universität Mozarteum Salzburg

**Band 8**

Wolfgang Gratzer (Hg.)

# Dietrich Fischer-Dieskau

Zu seiner Entwicklung als Sänger und Musikdenker

rombach verlag

Auf dem Umschlag:
Dietrich Fischer-Dieskau im Mai 2005, © Dr. Karl Kreuzer

Gedruckt aus Budgetmitteln des Instituts für Musikalische Rezeptions- und Interpretationsgeschichte der Universität Mozarteum Salzburg.

Für den Inhalt der Beiträge sind die Autoren verantwortlich. Die Abbildungsrechte sind nach bestem Wissen und Gewissen geprüft worden.

Im Falle noch offener, berechtigter Ansprüche wird um Mitteilung des Rechteinhabers gebeten.

**Bibliografische Information der Deutschen Nationalbibliothek**
Die Deutsche Nationalbibliothek verzeichnet diese Publikation in der Deutschen Nationalbibliografie; detaillierte bibliografische Daten sind im Internet über <http://dnb.d-nb.de> abrufbar.

© 2012. Rombach Verlag KG, Freiburg i.Br./Berlin/Wien
1. Auflage. Alle Rechte vorbehalten
Lektorat: Jenny Kühne
Umschlag: typo|grafik|design, Herbolzheim i.Br.
Satz: Martin Janz, Freiburg i.Br.
Herstellung: Rombach Druck- und Verlagshaus GmbH & Co. KG, Freiburg im Breisgau
Printed in Germany
ISBN 978-3-7930-9691-7

# Inhalt

Abkürzungen .................................................... 7

WOLFGANG GRATZER (SALZBURG)
Warum ein Symposion über Dietrich Fischer-Dieskau? ............ 9

Symposionsverlauf ............................................. 16

GOTTFRIED KRAUS (MINIHOF-LIEBAU)
Dietrich Fischer-Dieskau – mehr als der ›wohlbekannte Sänger‹ ..... 19

## I  Ausgewählte Interpretationen Dietrich Fischer-Dieskaus

THOMAS SEEDORF (KARLSRUHE)
Der Bach-Sänger. Dietrich Fischer-Dieskau
als Interpret der *Matthäus-Passion* .......................... 33

IRENE BRANDENBURG (SALZBURG)
Lenker der Komödie, Drahtzieher der Intrige.
Zu Dietrich Fischer-Dieskaus Interpretation der
Partie des Don Alfonso in Mozarts *Così fan tutte* ............ 47

ANDREA LINDMAYR-BRANDL (SALZBURG)
Das Entsetzen ins Gesicht geschrieben.
Dietrich Fischer-Dieskaus Körperinterpretation der *Winterreise*.
Ein Werkstattbericht .......................................... 69

MARTIN EYBL (WIEN)
Robert Schumanns *Liederkreis* op. 39
in der Interpretation durch Dietrich Fischer-Dieskau .......... 89

HARTMUT KRONES (WIEN)
Alban Berg, *Vier Lieder*, op. 2 .............................. 103

SIEGFRIED MAUSER (MÜNCHEN)
Titelpartie in Aribert Reimanns *Lear* ........................ 123

## II Dietrich Fischer-Dieskau zu Gast bei verschiedenen Musikfestivals

DANIEL BRANDENBURG (SALZBURG/BAYREUTH)
Dietrich Fischer-Dieskau und die Salzburger Festspiele ............ 131

KATHARINA VON GLASENAPP (LINDAU/BODENSEE)
Dietrich Fischer-Dieskau bei der Schubertiade ................. 141

SIEGHART DÖHRING (THURNAU)
Dietrich Fischer-Dieskau bei den Bayreuther Festspielen ........... 153

## III Dietrich Fischer-Dieskau als Musikdenker und Maler

OSWALD PANAGL (SALZBURG)
Dietrich Fischer-Dieskau als Musikdenker ..................... 173

KLAUS ARINGER (OBERSCHÜTZEN)
Dietrich Fischer-Dieskau
über Fragen musikalischer Interpretation ..................... 189

HARALD HASLMAYR (GRAZ)
Texte über Robert Schumann ............................. 205

JOACHIM BRÜGGE (SALZBURG)
Über Dietrich Fischer-Dieskaus *Hugo Wolf. Leben und Werk* ......... 217

ELMAR BUDDE (FREIBURG/BR.)
Dietrich Fischer-Dieskau als Maler .......................... 231

Autorinnen und Autoren .................................. 247

# Abkürzungen

| | |
|---|---|
| Anm. | Anmerkung |
| Art. | Artikel |
| Bd. | Band |
| Bde. | Bände |
| bes. | besonders |
| bzw. | beziehungsweise |
| ders. | derselbe |
| d.h. | das heißt |
| dies. | dieselbe |
| ebd. | ebenda |
| engl. | in englischer Sprache |
| f. | folgende |
| fol. | Folio |
| hg. | herausgegeben |
| Hg. | Herausgeber/Herausgeberin |
| Kap. | Kapitel |
| m.E. | meines Erachtens |
| MGG$^1$ | Friedrich Blume (Hg.), Die Musik in Geschichte und Gegenwart. Allgemeine Enzyklopädie der Musik (17 Bände), Kassel: Bärenreiter 1951–1986 |
| MGG$^2$ PT | Ludwig Finscher (Hg.), Die Musik in Geschichte und Gegenwart. Allgemeine Enzyklopädie der Musik, 2., neubearbeitete Auflage, Personenteil (17 Bde + Register + Supplement), Kassel: Bärenreiter 1999–2008 |
| MGG$^2$ ST | Ludwig Finscher (Hg.), Musik in Geschichte und Gegenwart. Allgemeine Enzyklopädie der Musik, 2., neubearbeitete Auflage, Sachteil (9 Bde. + Register), Kassel: Bärenreiter 1994–1999. |
| NG$^2$ | Stanley Sadie (Hg.), The New Grove Dictionary of Music and Musicians, 2. Auflage (29 Bde.), New York: Grove 2001 bzw. $^2$2002 |
| o.J. | ohne Angabe zum Erscheinungsjahr |
| o.O. | ohne Ortsangabe |
| o.V. | ohne Verlagsangabe |
| S. | Seite |
| Sp. | Spalte |

| | |
|---|---|
| T. | Takt/Takte |
| u.a. | unter anderem/und anderen |
| v.a. | vor allem |
| Vf. | Verfasser/Verfasserin |
| z.B. | zum Beispiel |
| zit. | zitiert |

WOLFGANG GRATZER (SALZBURG)

# Warum ein Symposion über Dietrich Fischer-Dieskau?

Im Vorfeld der Gründung des veranstaltenden Instituts für Musikalische Rezeptions- und Interpretationsgeschichte (Universität Mozarteum Salzburg, 2006) kamen verschiedene programmatische Überlegungen auf. Zu den frühen Projektideen zählten u.a. monografische Fallstudien zu ausgewählten Interpretenpersönlichkeiten. Zugleich sollte virulenten methodischen Herausforderungen der musikalischen Interpretationsforschung Aufmerksamkeit geschenkt werden. Ein erster Schritt wurde 2008 mit dem Symposion über Nikolaus Harnoncourt getan, wobei die vorangegangene, 2006 abgehaltene Tagung zur Interpretationsgeschichte der letzten Sinfonien Wolfgang Amadeus Mozarts eine nicht unmaßgebliche Sensibilisierung bewirkte.[1] Klarer wurde in diesem Zusammenhang u.a., von welch engen Grenzen eine den Geboten der Falsifikation und Argumentation verpflichtete Diskussion oder gar Geschichtsschreibung bestimmt bleiben würde, gelänge es nicht, an Stelle von kursorischen Beobachtungen und pauschalen Behauptungen zu differenzierten und vergleichenden Beschreibungen bzw. empirisch fundierten Bewertungen zu gelangen.

Die gemeinsame Beschäftigung mit dem umfassenden Schaffen Dietrich Fischer-Dieskaus ist in diesem Zusammenhang von besonderem Reiz, und dies aus mindestens drei Gründen:

Grund 1: Der zum Zeitpunkt des Symposions im 86. Lebensjahr stehende Bariton konnte sich als ein außergewöhnlicher Lied-, Konzert- und Opernsänger etablieren, dessen – in enzyklopädischen Ausmaßen dokumentierten – Interpretationen vielfach als maßstäblich gelten; und dies soweit, dass Fischer-Dieskau wiederholt, meinem Eindruck nach zunehmend öfter als »Jahrhundertsänger«[2] tituliert wurde (Abb. 1). Wie es dazu kam, dass hierbei

---

[1] Vgl. Joachim Brügge/Wolfgang Gratzer/Thomas Hochradner (Hg.), Mozarts letzte drei Sinfonien (=klang-reden. Schriften zur Musikalischen Rezeptions- und Interpretationsgeschichte, Bd. 1), Freiburg i.Br.: Rombach 2008; Wolfgang Gratzer (Hg.), Ereignis Klangrede. Nikolaus Harnoncourt als Dirigent und Musikdenker (=klang-reden. Schriften zur Musikalischen Rezeptions- und Interpretationsgeschichte, Bd. 3), Freiburg i.Br.: Rombach 2009.
[2] Vgl. u.a. Anon., Dietrich Fischer-Dieskau. Ein Jahrhundertsänger wird 85, unter: http://www.br-online.de/br-klassik/dietrich-fischer-dieskau-bariton-85-geburtstag-ID1274780925866. xml (download 14. November 2010); Kirsten Liese, Dietrich Fischer Dieskau gibt Gesangs-

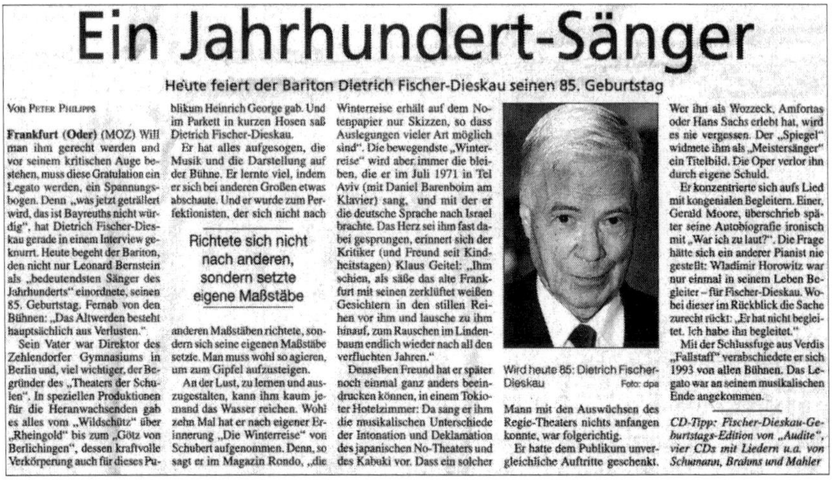

# Ein Jahrhundert-Sänger

**Heute feiert der Bariton Dietrich Fischer-Dieskau seinen 85. Geburtstag**

Von Peter Philipps

**Frankfurt (Oder)** (MOZ) Will man ihm gerecht werden und vor seinem kritischen Auge bestehen, muss diese Gratulation ein Legato werden, ein Spannungsbogen. Denn „was jetzt geträllert wird, das ist Bayreuths nicht würdig", hat Dietrich Fischer-Dieskau gerade in einem Interview geknurrt. Heute begeht der Bariton, den nicht nur Leonard Bernstein als „bedeutendsten Sänger des Jahrhunderts" einordnete, seinen 85. Geburtstag. Fernab von den Bühnen: „Das Altwerden besteht hauptsächlich aus Verlusten."

Sein Vater war Direktor des Zehlendorfer Gymnasiums in Berlin und, viel wichtiger, der Begründer des „Theaters der Schulen". In speziellen Produktionen für die Heranwachsenden gab es alles vom „Wildschütz" über „Rheingold" bis zum „Götz von Berlichingen", dessen kraftvolle Verkörperung auch für dieses Publikum Heinrich George gab. Und im Parkett in kurzen Hosen saß Dietrich Fischer-Dieskau.

Er hat alles aufgesogen, die Musik und die Darstellung auf der Bühne. Er lernte viel, indem er sich bei anderen Großen etwas abschaute. Und er wurde zum Perfektionisten, der sich nicht nach

Richtete sich nicht nach anderen, sondern setzte eigene Maßstäbe

anderen Maßstäben richtete, sondern sich seine eigenen Maßstäbe setzte. Man muss wohl so agieren, um zum Gipfel aufzusteigen.

An der Lust, zu lernen und auszugestalten, kann ihm kaum jemand das Wasser reichen. Wohl zehn Mal hat er nach eigener Erinnerung „Die Winterreise" von Schubert aufgenommen. Denn, so sagt er im Magazin Rondo, „die Winterreise erhält auf dem Notenpapier nur Skizzen, so dass Auslegungen vieler Art möglich sind". Die bewegendste „Winterreise" wird aber immer die bleiben, die er im Juli 1971 in Tel Aviv (mit Daniel Barenboim am Klavier) sang, und mit der er die deutsche Sprache nach Israel brachte. Das Herz sei ihm fast dabei gesprungen, erinnert sich der Kritiker (und Freund seit Kindheitstagen) Klaus Geitel: „Ihm schien, als säße das alte Frankfurt mit seinen zerklüftet weißen Gesichtern in den stillen Reihen vor ihm und lausche zu ihm hinauf, zum Rauschen im Lindenbaum endlich wieder nach all den verfluchten Jahren."

Denselben Freund hat er später noch einmal ganz anders beeindrucken können, in einem Tokioter Hotelzimmer: Da sang er ihm die musikalischen Unterschiede der Intonation und Deklamation des japanischen No-Theaters und des Kabuki vor. Dass ein solcher Mann mit den Auswüchsen des Regie-Theaters nichts anfangen konnte, war folgerichtig.

Wird heute 85: Dietrich Fischer-Dieskau Foto: dpa

Er hatte dem Publikum unvergleichliche Auftritte geschenkt. Wer ihn als Wozzeck, Amfortas oder Hans Sachs erlebt hat, wird es nie vergessen. Der „Spiegel" widmete ihm als „Meistersänger" ein Titelbild. Die Oper verlor ihn durch eigene Schuld.

Er konzentrierte sich aufs Lied mit kongenialen Begleitern. Einer, Gerald Moore, überschrieb später seine Autobiografie ironisch mit „War ich zu laut?". Die Frage hätte sich ein anderer Pianist nie gestellt: Wladimir Horowitz war nur einmal in seinem Leben Begleiter – für Fischer-Dieskau. Wobei dieser im Rückblick die Sache zurecht rückt: „Er hat nicht begleitet. Ich habe ihn begleitet."

Mit der Schlussfuge aus Verdis „Fallstaff" verabschiedete er sich 1993 von allen Bühnen. Das Legato war an seinem musikalischen Ende angekommen.

*CD-Tipp: Fischer-Dieskau-Geburtstags-Edition von „Audite", vier CDs mit Liedern u.a. von Schumann, Brahms und Mahler*

Abb. 1: Peter Philipps, Ein Jahrhundert-Sänger. Heute feiert der Bariton Dietrich Fischer-Dieskau seinen 85. Geburtstag, in: Märkische Oderzeitung, 28. Mai 2010

nach und nach auf Anführungszeichen verzichtet wurde, ist nur eine von vielen Detailfragen, die in wissenschaftliche Zusammenhänge zu stellen und zu diskutieren sind, soll der Radius bloß affirmativer ›Heldenverehrung‹ überschritten werden.

Die Auszeichnung »Jahrhundertsänger« wurde übrigens in Medien unterschiedlichsten Anspruchs bzw. Zielpublikums u.a. auch Hans Hotter, Thomas Hampson, Luciano Pavarotti, zudem Jonny Cash und selbst Heino zuteil,[3] was verschiedene Deutungsszenarien zulässt, jedenfalls eine gewisse begriffliche Inflation anzuzeigen scheint.[4] Wichtiger als die Bewusstwerdung

tipps, in: Berliner Morgenpost, hier zit. nach: http://www.mwolf.de/berliner_morgenpost_liese.html (download 14. November 2010); oder Peter Philipps, Ein Jahrhundert-Sänger. Heute feiert der Bariton Dietrich Fischer-Dieskau seinen 85. Geburtstag, in: Märkische Oderzeitung, 28. Mai 2010, hier zit. nach: (download 14. November 2010).

3 Anon., Hans Hotter, unter: http://www.steffi-line.de/archiv_text/nost_buehne2/03st_hotter.htm (download 14. November 2010); Anon., Jahrhundertsänger Johnny Cash, unter: http://www.mdr.de/brisant/promi-klatsch/7595813.html (download 14. November 2010); Anon., Der Jahrhundertsänger mit dem Salamikoffer, unter: http://www.monstersandcritics.de/artikel/201031/article_180587.php/Legenden-5-Luciano-Pavarotti-06-09-2010-21-00-ARD (download 14. November 2010); Anon., Der Jahrhundertsänger der freien Welt, unter: http://www.myspace.com/heinojugendtrier (download 14. November 2010).

4 Vgl. hierzu die Seite http://www.jahrhundertsaenger.de/ (download 14. November 2010). Immerhin entschlug sich der Schweizer DJ Bobo der scheinbaren Ehrung, als er laut dem Journalisten Markus Düzschler bekannt gab, denn doch »kein Jahrhundertsänger« zu sein.

der Entstehung und Funktion – und wohl auch der Problematik – solcher Prädikate ist der Versuch, Fischer-Dieskaus interpretationsgeschichtliche Bedeutung *en détail* herauszuarbeiten. Dies heißt u.a., Fischer-Dieskaus Interpretenprofil(e) mehr als nur schemenhaft zu zeichnen. Kurt Malisch bot in der neuen MGG eine Beschreibung an, wonach Fischer-Dieskau »ein unverwechselbares Timbre [kennzeichne], das von der Dominanz des weichen Kopfstimmenklangs geprägt ist«, oder seiner Stimmgebung eine »Geschmeidigkeit« zu eigen sei, »über die Fischer-Dieskau vor allem im klangintensiven Piano-Bereich, wie er für das Lied unabdingbar ist, in jeder Lage souverän verfügt«.[5] Verknappte Formulierungen wie diese können immerhin als Ausgangsthese dienen. 2008 unternahm Jürgen Kesting die meines Wissens umfassendste Charakterisierung der sängerischen Unternehmungen Fischer-Dieskaus, und zwar im dritten Band seiner – seit 1986 verschiedentlich aufgelegten – opulenten Vokalgeschichte *Die großen Sänger*.[6] Auf nicht weniger als zehn Seiten würdigte der Autor, entgegen gängigen Kurzformeln des Feuilletons, nuanciert Vorzüge der Gesangskunst Fischer-Dieskaus. Von der vorbildlichen »Intonationssicherheit« ist dabei ebenso die Rede wie von der »Reinheit der Vokalbildung mitsamt der Umrahmung der Konsonanten«[7] im Dienste größtmöglicher Textverständlichkeit. Weiters hervorgehoben wird u.a. Fischer-Dieskaus Verdienst, auch Nischenrepertoire einem breiteren Publikum zu eröffnen. Zugleich referiert Kesting skeptische Stimmen und macht selber auf nicht durchwegs »lückenlose Koloraturbildung« in »diversen Bachaufnahmen« oder »im Schlußteil der Grafen-Arie aus *Le Nozze di Figaro*«[8] aufmerksam.

Einer sich wissenschaftlich nennenden Interpretationsforschung kommt im Weiteren die Aufgabe zu, selbst derlei weit gediehene Differenzierung als Thesen zu erkennen und deren Plausibilität und Maßstäblichkeit mithilfe von Interpretationsvergleichen zu erörtern. Ob damit in den Chor der jüngst von den finnischen Kollegen Vesa Kurkela und Lauri Väkevä forcierten Debatte über *De-Canonizing Music History*[9] einzustimmen ist, sollte sich bei dieser

---

Markus Dütschler, DJ Bobo in Fantasia, in: Der Bund, zit. nach: http://www.derbund.ch/bern/DJ-Bobo-in-Fantasia/story/21354751 (download 14. November 2010).

[5] Kurt Malisch, Dietrich Fischer Dieskau, in: MGG² PT 6, Sp. 1271–1274, hier Sp. 1273.
[6] Jürgen Kesting, Die großen Sänger, Bd. III (1. Aufl. Düsseldorf: Claassen 1986), Hamburg: Hoffmann und Campe 2008, S. 1847–1857.
[7] Ebd., S. 852.
[8] Ebd.
[9] Vesa Kurkela/Lauri Väkevä (Hg.), De-Canonizing Music History, Cambridge: Cambridge Scholars Publishing 2009, bes. S. [vi]–xiii.

Tagung weisen. Kesting jedenfalls hielt im Rahmen seiner geschichtlichen Darstellung schlussendlich doch daran fest, Fischer-Dieskau eine ungeteilte Sonderstellung zuzugestehen: »Er war und bleibt der herausragende deutsche Sänger des 20. Jahrhunderts – ein Monolith«.[10]

Grund 2: Von den genannten ›Mit-Jahrhundertsängern‹ unterscheidet sich Dietrich Fischer-Dieskau schon deshalb signifikant, weil er sich seit dem – von ihm auf Vorschlag des Verlegers Heinz Friedrich – 1968 herausgegebenen und mit einer Einleitung versehenen Handbuch *Texte deutscher Lieder*[11] nicht weniger als bisher 16 weitere Male als Buchautor betätigte. Bereits einige Zeit davor, begann Fischer-Dieskau Vorworte zu verfassen, so im 1956 erschienenen, von Franziska Martienssen-Lohmann verantworteten Nachschlagwerk *Der wissende Sänger*.[12] Die beachtliche Fülle an Monografien, Aufsätzen, Vorworten und Rezensionen gibt also einen Sänger (und Rezitator) zu erkennen, der sich auch als Musikdenker einen Namen gemacht hat und der – u.a. den Auflagenzahlen nach zu schließen – stark rezipiert wurde und wird. Hierbei ist nach der Entwicklung von spezifischen bzw. konventionellen Denkfiguren ebenso zu fragen wie nach Konvergenzen bzw. Divergenzen hinsichtlich seiner Interpretationen. Fischer-Dieskaus »Hörempfehlungen« aus dem Jahr 2005 korrespondieren mit seiner Annahme einer »maßstäbliche[n] Musik«, wobei für ihn das Œuvre Ludwig van Beethovens Innbegriff ist, da dieser »wohl der Einzige [ist], von dem wir kein einziges unbedeutendes oder nicht für ihn charakteristisches Stück haben«. Wie auch immer, die Annahme einer »maßgeblichen Musik« verdient bei der Analyse seiner Repertoiregestaltung besonderes Interesse. Wenn Fischer-Dieskau in seinen Gesprächen mit Eleonore Büning für ein »kooperatives Hören« wirbt und damit ein musikgeschichtlich versiertes, mit Werkkenntnis ausgestattetes sowie wissend »mitarbeitendes« Publikum favorisiert,[13] so verdienen Fischer-Dieskaus eigene Texte schon aus diesen Gründen eine selbständig reflektierende, in seinem Sinn »mitarbeitende« Lektüre.

---

[10] Kesting, Anm. 6, S. 857.
[11] Dietrich Fischer-Dieskau (Hg.), Texte deutscher Lieder. Ein Handbuch, München: dtv 2010 (1. Ausg. 1968).
[12] Dietrich Fischer-Dieskau, Vorspruch, in: Franziska Martienssen-Lohmann, Der wissende Sänger. Gesangslexikon in Skizzen, Zürich: Atlantis Verlag 1956. Das mehrfach aufgelegte Buch ist heute in der Ausgabe Mainz: Schott 2010 greifbar.
[13] Dietrich Fischer-Dieskau, Musik im Gespräch. Streifzüge durch die Klassik mit Eleonore Büning, München: List 2005, S. 22.

Grund 3: Zumal sich künstlerische Karrieren nur scheinbar ›von selbst‹ entfalten, ist nach deren institutioneller Verortung zu fragen. In den Schriften und Gesprächen finden selbst Konzert- und Opernhäuser wie die Deutsche Oper Berlin oder die Bayrische Staatsoper, denen Fischer-Dieskau langjährig die Treue hielt, am ehsten beiläufig Erwähnung. Ähnliches gilt für Festivals bzw. Festspiele, wie jene in Salzburg oder Edinburgh. Mit Blick auf die spätestens seit den ersten USA-Auftritten ab 1952 groß dimensionierte Landkarte seiner Engagements könnte dies zur Annahme Anlass geben, der international Reisende sähe sich in äquidistantem Verhältnis zu diesen ansonsten so begehrten Auftrittsorten – eine Annahme, der an dieser Stelle am Beispiel der Salzburger und Bayreuther Festspiele sowie der Schubertiaden in Feldkirch bzw. Hohenems nachgegangen wird. Aufmerksamkeit verdienen die genannten und weitere Institutionen im Übrigen schon deshalb, weil Fischer-Dieskau eine ihn auszeichnende, wohlbegründete Wertschätzung für Live-Mitschnitte pflegte;[14] und dies umso mehr, wenn es ihm ermöglicht wurde, entsprechend seiner leidenschaftlichen Aversion gegen »Feld-, Wald- und Wiesenprogramme«[15] Konzertverläufe nach dramaturgischen Gesichtspunkten zu gestalten.

Ist von Fischer-Dieskau die Rede, so verdiente der Sänger mit dem Dirigenten, Rezitator, Gesangspädagogen und Maler ins Verhältnis gesetzt zu werden. Die innerhalb der Tagung zur Verfügung stehende Zeit ließ es nicht zu, allen Aktivitäten dieses vielseitigen Künstlers gleichermaßen Aufmerksamkeit zu schenken. Medien- und rezeptionsgeschichtliche Facetten seiner Karriere – etwa die bisherigen Darstellungen des Werdegangs von Fischer-Dieskau[16] oder Reden auf ihn[17] – systematisch zu beleuchten, hieße ein eigenes Symposion anzudenken. Immerhin wurden die Referentinnen und Referenten eingeladen, einen Diskurs mit zu gestalten, im Zuge dessen Fischer-Dieskaus (1.) künstlerische Entwicklung als Sänger und Maler, (2.) seine Tätigkeiten als Musikdenker, sowie (3.) seine Position im Musikleben exemplarisch dokumentiert und unter Einbeziehung von Rezeptionsdokumenten differenziert diskutiert werden sollen.

---

[14] Ebd., S. 86.
[15] Dietrich Fischer-Dieskau, Nachklang. Ansichten und Erinnerungen. Stuttgart: DVA 1987, S. 122.
[16] Beginnend mit Friedrich Herzfeld, Dietrich Fischer-Dieskau, Berlin: Rembrandt 1958.
[17] Vgl. u.a. Hans Heinz Stuckenschmidt, Laudatio auf Dietrich Fischer-Dieskau. Ernst-von-Siemens-Musikpreis, Zug: Ernst-von-Siemens-Stiftung 1980.

Der vorliegende Band enthält 15 Beiträge.[18] Die anzutreffenden Textsorten und Argumentationsstrategien sind, wie meist bei Symposien zur Interpretationsgeschichte, zahlreich: Bei keiner der gewählten Fragestellungen kann die Debatte – auch und gerade zur Methodenwahl – als abgeschlossen betrachtet werden. Den Rahmen bilden zwei Essays im Duktus persönlicher Erinnerungen: Ihre Autoren, Gottfried Kraus und Elmar Budde, sind mit Fischer-Dieskau – ähnlich Oswald Panagl – auf unterschiedliche Weise seit Jahrzehnten freundschaftlich verbunden.

Mit der Realisierung der Tagung (2. bis 4. Dezember 2010, Kleines Studio der Universität Mozarteum Salzburg) verbindet sich besonderer Dank an
- Ao.Univ.-Prof. Dr. Joachim Brügge und Ao.Univ.-Prof. Dr. Thomas Hochradner (Institut für Musikalische Rezeptions- und Interpretationsgeschichte), die der Idee in jeder Hinsicht förderlich begegneten;
- Univ.-Prof. Dr. Peter Kuon (Leiter der Programmschiene *Arts and Humanities* im interuniverstären Schwerpunkt *Wissenschaft & Kunst*) und seiner Mitarbeiterin Mag. Silvia Amberger für die budgetäre Unterstützung und Werbung;
- Mag. Thomas Manhart (VE Marketing, Veranstaltung, Internationales) für die Pressearbeit; Peter Hawlik (VE Gebäude und Technik), in dessen verlässlichen Händen die Ton- und Lichttechnik lag;
- den Referentinnen und Referenten, die der Einladung folgten und sich überwiegend auf neues, immer noch weitgehend ungesichertes Methodenterrain begaben.

Besonderen Dank verdienen nicht zuletzt
- Mag. Sandra Dewald (Studienassistentin am Institut für Musikalische Rezeptions- und Interpretationsgeschichte), die dank ihrer Gabe zur umsichtigen Organisation maßgeblich zum Zustandekommen beitrug; ohne ihre tatkräftige, initiative Mitwirkung bei der Textredaktion wäre das rasche Erscheinen des Symposionberichts schlechterdings unmöglich gewesen;
- Mag. Christian Breckner für die Mitwirkung im Lektorat;
- Jenny Kühne (Rombach Verlag) für ihr umsichtiges, kooperatives Lektorat;
- Dr. Karl Kreuzer für die unkomplizierte Freigabe des Titelfotos.

---

[18] Ein Vortragsmanuskript (Michael Weber) langte nicht rechtzeitig zur Drucklegung ein.

Dietrich Fischer-Dieskau wurde herzlich eingeladen, an der Tagung mitzuwirken. Er musste seine spontane Zusage letztlich aus gesundheitlichen Gründen zurücknehmen. Die Absage war genauso verständlich wie bedauerlich: Fischer-Dieskau hätte die referierten Thesen kommentieren und die Diskussion auf die ihm eigene Weise gewiss bereichern können.

Just an jenem 18. Mai 2012, als die Fahnenkorrekturen für diesen Band abgeschlossen wurden, traf die Nachricht ein, dass Dietrich Fischer-Dieskau – knapp vor seinem 87. Geburtstag – in Berg am Starnberger See gestorben war. Dass damit das Ableben einer besonders markanten Künstlerpersönlichkeit zu beklagen war, bezeugte u.a. das weit überdurchschnittliche Echo. Funk-, Print- und Online-Medien suchten in Nachrufen wortreich nach Möglichkeiten, über den historischen Rang Auskunft zu geben: Fischer-Dieskau als der »Wundermann«,[19] dessen Schubert-Interpretationen »Entwaffnung [...] auch der kritischste[n] Kritiker«[20] bedeuteten, der »zweifellos wichtigste deutschsprachige Sänger der Nachkriegszeit«[21] und immer wieder der »Jahrhundertsänger«[22] sind einige Beispiele für den Versuch, den Stellenwert dieses meist als inkommensurabel empfundenen künstlerischen Lebenspensums zu benennen. Solche Umschreibungen als Ausdruck feuilletonistischer Stilisierungskonventionen zu belächeln, wäre ein Leichtes, würde aber davon ablenken, dass wissenschaftliche Interpretationsforschung vor ähnlichen Herausforderungen steht: Welche sprachlichen Mittel stehen zur Verfügung, um musikalische Interpretationen differenziert zu beschreiben? Und: Wie lässt sich Interpretationsgeschichte schreiben, ohne der Gefahr gängiger, in künstlerischen Belangen letztlich unangemessener Rankings zu erliegen?

Wolfgang Gratzer                                         Salzburg, Mai 2012

---

[19] Jens Malte Fischer, Der Wundermann. »Wir sind nur Arbeiter im Weinberg des Herrn«: Der Sänger Dietrich Fischer-Dieskau ist mit 86 Jahren gestorben, in: Süddeutsche Zeitung, 19./20. Mai 2012.

[20] Joachim Kaiser, Träumerischer Schmerz, in: Süddeutsche Zeitung, 19./20. Mai 2012.

[21] Daniel Ender, Dietrich Fischer-Dieskau 1925–2012, in: Der Standard, 19./20. Mai 2012.

[22] U.a. Gerhard Rohde, Das Genie der hohen Deklamation. Tönende Intelligenz: Zum Tode des großen Liedsängers Dietrich Fischer-Dieskau, in: Frankfurter Allgemeine Zeitung, 19. Mai 2012; oder [lma], Der Jahrhundertsänger. Dietrich Fischer-Dieskau gestorben, in: Neue Züricher Zeitung, 19. Mai 2012.

# Symposionsverlauf

2. Dezember 2010, 14.00 Uhr

Wolfgang Gratzer (Salzburg)
Warum ein Symposion über Dietrich Fischer-Dieskau?

Gottfried Kraus (Minihof-Liebau)
Mehr als der ›wohlbekannte Sänger‹

Thomas Seedorf (Karlsruhe)
Johann S. Bach, *Matthäus-Passion*

Irene Brandenburg (Salzburg)
Wolfgang A. Mozart, Partie des Don Alfonso aus *Così fan tutte*

Daniel Brandenburg (Salzburg/Bayreuth)
Dietrich Fischer-Dieskau bei den Salzburger Festspielen


3. Dezember 2010, 9.30 Uhr

Oswald Panagl (Salzburg)
Dietrich Fischer-Dieskau als Musikdenker (Einführung)

Klaus Aringer (Oberschützen)
Varia zu Fragen musikalischer Interpretation

Katharina von Glasenapp (Lindau/Bodensee)
Dietrich Fischer-Dieskau bei der Schubertiade Hohenems

3. Dezember 2010, 14.00 Uhr

Andrea Lindmayr-Brandl (Salzburg)
Franz Schubert, *Winterreise* (Aufnahmen mit Alfred Brendel)

Michael Weber (Wien)
Franz Schubert, *Winterreise* (alle Aufnahmen, außer mit Alfred Brendel)

Martin Eybl (Wien)
Robert Schumanns *Liederkreis* op. 39

Harald Haslmayr (Graz)
Texte über Robert Schumann


4. Dezember 2010, 9.00 Uhr

Sieghart Döhring (Thurnau)
Dietrich Fischer-Dieskau bei den Bayreuther Festspielen

Hartmut Krones (Wien)
Alban Berg, *Vier Lieder* op.2

Siegfried Mauser (München)
Aribert Reimann, *Lear*

Elmar Budde (Freiburg/Br.)
Dietrich Fischer-Dieskau als Maler

GOTTFRIED KRAUS (MINIHOF-LIEBAU)

# Dietrich Fischer-Dieskau – mehr als der ›wohlbekannte Sänger‹

In seiner persönlich gehaltenen Erinnerung sucht der Musikpublizist Gottfried Kraus, die komplexe Persönlichkeit und vielfältige Lebensleistung Dietrich Fischer-Dieskaus in großen Zügen darzustellen. Von der ersten Erinnerung des 15-jährigen Konzertbesuchers an ein Brahms-Requiem unter Furtwängler im Wiener Konzerthaus und an Fischer-Dieskaus erste *Winterreise* im Januar 1951 spannt sich der Bogen über Eindrücke in Konzert und Oper und die umfassende Beschäftigung mit Fischer-Dieskaus Schallplattenaufnahmen bis zu gemeinsamer Arbeit. Als Leiter der Musikabteilung des Österreichischen Rundfunks lud Kraus den Sänger und Dirigenten Fischer-Dieskau zu Aufgaben im Studio und bei den Salzburger Festspielen. Auch für Schallplattenaufnahmen ergaben sich spätere Kontakte. Aus vielfältiger Erfahrung und nicht zuletzt auch aus freundschaftlicher Nähe zeichnet Kraus ein Bild Fischer-Dieskaus, der mehr ist und auch mehr sein will als nur ›der wohlbekannte Sänger‹ – ein Künstler von unglaublicher Breite, den umfassende Bildung, das Bewusstsein großer Tradition, lebenslange Neugierde, Offenheit und enormer Fleiß dazu befähigten, auch als Rezitator, Dirigent, Musikschriftsteller und Maler Ungewöhnliches zu leisten.

In his personal memoires the music publisher Gottfried Kraus tries to present the complex personality of Fischer-Dieskau and the miscellaneous achievements in his life along general lines. Starting with the fist remembrance of the 15-year-old concert visitor of a Brahms-Requiem conducted by Furtwängler at the Wiener Konzerthaus and the first *Winterreise* of Fischer-Dieskau in January 1951, he encompasses impressions of concerts and operas as well as the comprehensive engagement with disc records of Fischer-Dieskau up to their common work. As head of the music department of the Austrian Broadcasting Corporation, Kraus invited the singer and conductor Fischer-Dieskau for recordings to the studio and to the Salzburg Festival. Also contacts for later disc recordings were offered. Out of his rich experiences and not least out of his cordial closeness, Kraus draws a picture of Fischer-Dieskau who is more and wants to be more than just ›the well known singer‹ – an artist of an unbelievable width whose comprehensive education, awareness of great tradition, lifelong curiosity, open mind and enormous assiduity empowered him to also obtain exceptional results as a reciter, conductor, music writer and painter.

Als von der Universität Mozarteum Salzburg die Anfrage kam, ob ich bereit wäre, zu dem geplanten Symposion über Dietrich Fischer-Dieskau eine Art Einführungsreferat zu halten, habe ich, ohne viel zu überlegen, spontan zugesagt. Ich dachte, das könne so schwer nicht sein. Schließlich habe ich mich mit Fischer-Dieskau beschäftigt, seit ich dem Sänger vor nahezu genau 60 Jahren zum ersten Mal im Konzertsaal begegnet bin. Ich habe ihn oft gehört, habe als Student ihm – oder besser: einigen seiner Begleiter – während Konzerten in Wien und Salzburg die Noten wenden dürfen, habe den Liedersänger viel bewundert und manchmal auch meine Einwände gehabt. Habe mich an mancher allzu abgehoben wirkender Attitüde gestört – wenn er etwa ins Programm drucken ließ, die Liedgruppen doch ja nicht durch Beifall zu unterbrechen –, habe gleich anderen jungen Gesangskollegen über manche respektlose Anekdote oder über jene berühmte Zeichnung des deutschen Karikaturisten Bauer gelacht, die Fischer-Dieskau in Ritterrüstung und Heldenpose als Denkmal zeigte – auf der Spitze seines Schwertes saß, wenn ich mich recht erinnere, ein singender Vogel, und auf dem Sockel stand: »dem deutschen Lied«.

In meinem ersten Beruf als Kritiker hatte ich dann viel Gelegenheit, über seine Auftritte in Wien und Salzburg, aber auch in München oder Berlin zu schreiben und die Schallplatten zu besprechen, die der unermüdlich Fleißige alljährlich bei den verschiedensten Labels vorlegte. Später dann im Rundfunk habe ich Sendungen über ihn gemacht, ich habe – wovon noch die Rede sein wird – in Salzburg seine erste Rundfunkaufnahme als Dirigent betreut, später auch mit dem Sänger und Dirigenten Fischer-Dieskau im Studio gearbeitet und den immer Aufgeschlossenen für interessante Aufgaben gewonnen – nicht zuletzt bei den Salzburger Festspielen, wo er mit dem Sinfonieorchester des Österreichischen Rundfunks wichtige Werke des 20. Jahrhunderts gesungen hat – unter anderem die Titelrolle des *François D'Assise* bei der ersten konzertanten Aufführung der Oper von Olvier Messiaen nach der Uraufführung in Paris. Und schließlich darf ich mich seit einigen Jahren auch einer freundschaftlich nahen Beziehung freuen, die mir sehr kostbar ist. Aber – und damit komme ich an den Anfang zurück – reicht all das, um etwas über einen Künstler auszusagen, der in der Vielfalt seiner Talente und Möglichkeiten, der Universalität seiner Lebensleistung und als komplexe Persönlichkeit ganz ohne Zweifel eine singuläre Erscheinung ist? Lassen Sie es mich aus ganz persönlicher Sicht trotzdem versuchen.

Die erste Begegnung, an die ich mich erinnere, liegt beinahe genau 60 Jahre zurück. Es war im Wiener Konzerthaus im Jänner 1951 – Wilhelm Furtwängler probte mit den Wiener Philharmonikern und der Wiener Singakademie für eine Aufführung des *Deutschen Requiems* von Brahms. Meine ältere Schwester sang im Chor und ihr und der Freundlichkeit Furtwänglers verdankte ich es, dass ich – wie auch sonst oft bei Proben des großen Dirigenten – als Zaungast dabei sein durfte. Ein ›schlaksiger Riese‹ betrat das Podium – sein Name sagte uns nichts. Er wirkte neben der immerhin schon 32-jährigen Irmgard Seefried und neben Furtwängler, der zwei Tage später seinen 65. Geburtstag feierte, mit seinem glatten Bubengesicht geradezu unanständig jung. Und dann zum ersten Mal der zwischen dunkler Tiefe und heller Höhe unverkennbare Klang der Stimme, die so selbstverständlich und mühelos allein auf den Text, den Ausdruck konzentriert schien. »Herr lehre doch mich, dass ein Ende mit mir haben muss« – ich habe es später noch oft gehört und diesen ersten Eindruck doch nie vergessen. Ebenso wenig wie die erste *Winterreise* wenige Tage später im Mozartsaal, mit Günter Weissenborn am Flügel. Was war es, was diesen jungen Sänger so anders wirken ließ? Schuberts *Winterreise* war mir 15-Jährigem durchaus vertraut. In Wien gehörte der Zyklus zum festen Bestand einer Konzertsaison und ich hatte zuvor schon den emotional aufwühlenden Hans Hotter gehört, den trocken unsentimental gestaltenden Julius Patzak und nicht zuletzt Hans Duhan, der noch im hohen Alter – Duhan war schon 1914 an die Wiener Hofoper engagiert worden – mit seinen Liederabenden, ganz besonders mit der *Winterreise*, Maßstäbe setzte. Fischer-Dieskau war anders. Die Stimme, ein heller, überaus modulationsfähiger Bariton, gehorchte einem Gestaltungswillen, der wie selbstverständlich das Wort, die bis ins Kleinste ausgekostete Deklamation, und die Musik, ihren emotionalen Gehalt und ihre Form in vollkommener Balance zu halten vermochte. Der Sänger strahlte auf dem Podium eine Reife aus, die zu seinem jugendlichen Aussehen in merkwürdigem Widerspruch stand.

Jahre später las ich eine Erinnerung von Elisabeth Furtwängler an das erste Zusammentreffen des Sängers mit dem Dirigenten im Sommer 1950 hier in Salzburg. In privatem Rahmen war eine Art Vorsingen vereinbart worden, zu dem der gerade mal 25-jährige Fischer-Dieskau Furtwängler die *Vier ernsten Gesänge* von Brahms aufs Pult legte. »Haben Sie nichts Leichteres?«, soll Furtwängler gesagt haben – dann aber war er tief beeindruckt. »Dass ein so junger Mensch«, so Furtwängler später zu seiner Frau, »schon so genau weiß, wie das gesungen werden muss. Aber«, setzte er leise hinzu, »ich wusste es auch schon in diesem Alter.«[1] Die Aussage Furtwänglers steht zeichenhaft

---

[1] Elisabeth Furtwängler: Eine Erinnerung, in: Hommage à Dietrich Fischer Dieskau, Privatdruck, 1985.

für den ungewöhnlichen Eindruck, den der junge Fischer-Dieskau machte. Da war einer, der alles zu wissen, alles zu können schien, der als Sänger wie als Interpret alles ›richtig‹ machte. Und der sich trotz seiner Jugend unerhört sicher auf dem Podium und, wie man damals zumindest in Berlin schon wusste, auch auf der Opernbühne bewegte. Woher kam diese frühe Reife? In seinem zweiten autobiografischen Buch *Zeit eines Lebens*[2] erzählt Fischer-Dieskau sehr anschaulich von seiner Jugend in Berlin, von seiner Familie, in der die geistige und kulturelle Tradition des 19. Jahrhunderts lebendiger Besitz war. Musik und Literatur, das Interesse an den schönen Künsten, doch ebenso an Geschichte insbesondere den kulturellen Strömungen standen trotz der düsteren Zeit – als der Zweite Weltkrieg begann, war Fischer-Dieskau gerade 14 Jahre alt – immer im Zentrum seines Bemühens. Das schon begonnene Musikstudium unterbrach der allzu frühe Militärdienst. Auf böse Erlebnisse im Osten folgte ein Einsatz an der Südfront. Das Ende des Tausendjährigen Reiches erlebte der noch nicht 20-Jährige in der Toskana, wo er dann für knappe zwei Jahre von den Amerikanern in verschiedenen Lagern interniert wurde – eine harte, aber wie Fischer-Dieskau sich erinnert auch fruchtbare Zeit, denn sie bot »vielseitige Gelegenheit, mich als Musiker und Bühnendarsteller, als Sänger, Operettendarsteller, Rezitator und Klavierspieler weiterzubilden«.

Zurück in Berlin stürzte sich der 22-Jährige nicht nur in die Fortsetzung seines Studiums, er erlebte mit wachem Sinn und sehr bald auch aktiv mitgestaltend die ungeheure Aufbruchsstimmung jener Nachkriegsjahre. Lassen Sie mich noch einmal Fischer-Dieskau selbst zitieren:

> In der bis dahin erfahrenen Welt, nicht zuletzt aus dem Kriegsgeschehen erwuchs die Erkenntnis, dass allein die Kunst ein Überleben, ein Übersteigen des nackten Entsetzens und des Verfalls sichern konnte – wenn überhaupt. Am Ende hatten wir es dann leichter als die Älteren, denn wir durften in einem fünfzigjährigen Frieden unsere Lebensvorstellungen entwickeln und wenigstens zum Teil realisieren, nicht zuletzt auch in Kunst und Literatur. Es klingt vielleicht anmaßend, aber nie zuvor in der deutschen Geschichte hat eine so junge Generation kulturelle Maßstäbe setzen können – im Guten wie im Schlechten.[3]

Diese Rückschau des über 70-Jährigen wirft Licht auf ein reiches Leben, dessen Fokus zunächst ganz auf den Gesang, und da vor allem auf das Lied, gerichtet war. Für Fischer-Dieskau bedeutete das Lied mehr als eine

---

[2] Dietrich Fischer-Dieskau, Zeit eines Lebens, Stuttgart: DVA 2000.
[3] Ebd., S. 88.

sängerische Disziplin, es bot ihm die Möglichkeit, die ganze Vielfalt seiner Begabungen, seiner Interessen, seiner Verwurzelung in der geistigen und kulturellen Welt des deutschen 19. Jahrhunderts in einer Aufgabe gleichsam zu bündeln. Gerade weil das Lied als spezifische und spezifisch deutsche Kunstform mehr als andere Bereiche der Gefahr der Diskreditierung traditioneller Werte ausgesetzt sein mochte, entwickelte der junge Sänger einen geradezu missionarischen Eifer, das deutsche Liedgut in seiner ganzen musikalischen und vor allem auch literarischen Vielfalt zu erforschen, zu pflegen und darzustellen – wobei sich seine Ambition und seine Wirkung dank der beginnenden Freiheit des Reisens, der Internationalisierung des Musiklebens und der sich rasant entwickelnden Medien Rundfunk und Schallplatte nicht auf den Konzertsaal, nicht auf den deutschen Kulturraum, ja nicht einmal auf Europa beschränkte.

Was hat der Liedersänger Dietrich Fischer-Dieskau nicht alles gesungen. In dem von Monika Wolf im Jahr 2000 vorgelegten *Verzeichnis der Tonaufnahmen*[4] fehlt nur wenig, was zwischen Heinrich Schütz und Aribert Reimann dem deutschen Lied zugeordnet werden kann. Seine stets wache Neugierde, sein enzyklopädischer Ehrgeiz – eine sicherlich sehr deutsche Eigenschaft – und sein schier unermüdlicher Fleiß haben hier Resultate erbracht, über die man nur staunen kann: in den Gesamtaufnahmen der Lieder von Ludwig van Beethoven, Franz Schubert, Robert Schumann, Felix Mendelssohn, Johannes Brahms, Hugo Wolf, Gustav Mahler oder Richard Strauss fehlen nur jene Lieder, die explizit Frauen-Figuren oder -Stimmen zugeordnet sind. Neben Karl Richters Gesamtaufnahme der Bach-Kantaten, an der Fischer-Dieskau maßgeblich beteiligt war, hat er auch viele Lieder des Thomas-Kantors und des Bach-Sohnes Carl Philipp Emanuel aufgenommen. Die Lieder von Wolfgang Amadeus Mozart und Joseph Haydn – da auch viele der Volksliedbearbeitungen –, der Goethe-Freunde Carl Friedrich Zelter und Johann Friedrich Reichardt, dem der Musikschriftsteller Fischer-Dieskau ein kenntnisreiches und überaus farbiges Buch gewidmet hat, sind umfangreich vertreten, ebenso umfassend hat Fischer-Dieskau sich mit Liedern von Carl Maria von Weber, Louis Spohr, Franz Liszt, Peter Cornelius, Max Reger und Hans Pfitzner auseinandergesetzt; natürlich fehlen auch der im 19. Jahrhundert so beliebte Liedkomponist Robert Franz oder die Balladen Carl Löwes nicht in seinem Repertoire.

---

[4] Monika Wolf, Dietrich Fischer-Dieskau: Verzeichnis der Tonaufnahmen, Tutzing: Schneider 2000.

Auch das 20. Jahrhundert ist mehr als gut vertreten. Den Komponisten der Wiener Schule – Schönberg, Berg und Webern – galten in späteren Jahren fesselnd zusammengestellte Konzertprogramme, die auch auf Schallplatten nachzuhören sind. Ebenso gründlich widmete sich der Liedsänger Paul Hindemith, Hanns Eisler, Hermann Reutter, Wolfgang Fortner oder Hans Werner Henze, nicht zuletzt auch den Liedern seines Freundes und oftmaligen Konzert- und Studiopartners Aribert Reimann. Wie sagt David so schön in Wagners *Meistersingern?* »Das sind nur die Namen! Nun lernt sie singen!« Selbst wenn man sich darüber klar ist, dass Fischer-Dieskaus aktive Sänger-Karriere nahezu fünf Jahrzehnte umspannte, lässt sich kaum ermessen, mit welchem Fleiß, welcher unermüdlichen Neugierde, natürlich auch mit welchem Ehrgeiz der Sänger dieses ungeheure Pensum bewältigt hat. Wie er, um vorerst noch beim Lied zu bleiben, noch Zeit finden mochte für Ausflüge in andere Liedwelten – zu Hector Berlioz, Gabriel Fauré, Claude Debussy oder Maurice Ravel, zu Edward Grieg und Peter Iljitsch Tschaikowsky, zu Charles Ives und Benjamin Britten. Und das alles, obwohl der Sänger Fischer-Dieskau ja auch abseits des Lieds hoch aktiv war: im Konzertsaal, wo er kaum einer Oratorienaufgabe – von Bachs *Matthäus-Passion* bis zum *War Requiem* von Benjamin Britten, von Mozarts Konzertarien bis zu den *Jedermann-Monologen* von Frank Martin, von Beethovens 9. Sinfonie bis zu Schostakowitschs Vierzehnter, vom Brahms-Requiem bis zu Henzes *Novae de Infinito Laudes* – aus dem Weg gegangen ist.
Und natürlich hat Fischer-Dieskau auch auf der Opernbühne auf höchst individuelle Weise seine Spuren hinterlassen – wobei wiederum staunen macht, welch einer Breite an unterschiedlichsten Aufgaben der Sänger sich mit seiner in ihrer Grundfarbe hellen und eher lyrischen Stimme gestellt hat. Schon in seiner allerersten Zeit in Berlin erregte der gerade 23-Jährige als Marquis Posa in Verdis *Don Carlos* unter der Leitung von Ferenc Fricsay Aufsehen – man kann sich gut vorstellen (und es auch in einer historischen Aufnahme nachhören), dass seine Gestaltung der Figur auf ganz spezielle Weise Schiller und Verdi zu verbinden wusste. Verdis hohe Bariton-Partien hatten es Fischer-Dieskau stets besonders angetan. Auch wenn es nach den üblichen Kriterien schwer fallen mag, die Stimme in Farbe, Volumen und dramatischer Durchschlagskraft mit den großen italienischen Bariton-Helden zu vergleichen, so hat es Fischer-Dieskau doch vermocht, Artikulation und dramatischen Ausdruck mit sorgfältiger Ausformung der Gesangslinie zu verbinden. Das vermochte bei Rollen wie Posa, Carlos in *Macht des Schicksals*, Renée in *Maskenball* oder auch Vater Germont in *La Traviata* zu überzeugen – zumal wenn Dirigenten wie Fritz Busch, Ferenc Fricsay, George Solti oder

auch Lorin Maazel sich speziell auf Fischer-Dieskau einließen. Das stieß selbst im Studio an Grenzen, wo wie bei *Rigoletto* oder *Jago* oder gar dem Amonasro in *Aida* der ausgeprägte Artikulationsstil des Sängers den Mangel an dunklem Timbre und dramatischer Durchschlagskraft nicht vollends wettmachen konnte. Doch auch da gab es Rollen, in denen Fischer-Dieskaus souveräne Gestaltungskraft derartige Fach-Grenzen außer Kraft zu setzen schien. Bei den Salzburger Festspielen 1964 und 1965 gelang Fischer-Dieskau in der Titelrolle von Verdis *Macbeth* eine eindrucksvolle Synthese der Shakespeare-Figur mit Verdis musikdramatischer Konzeption, ebenso vermochte er die meist recht eindimensionale Buffo-Figur des Sir John Falstaff im Sinne Shakespeares und Verdis mit einer Fülle von Nuancen auszustatten – unvergessen in der mitreißenden Wiener Aufführung von 1966 unter Leonard Bernstein, doch auch später an seinen Stammhäusern in Berlin und München.
Auch bei den Opern Richard Wagners hatte Fischer-Dieskau damit zu kämpfen, dass Opernfreunde und Kritiker üblicherweise dunklere und dramatischere Stimmen gewohnt waren. Das gilt nicht für den überzeugend jugendlichen Kurwenal in der legendären *Tristan*-Aufnahme Wilhelm Furtwänglers von 1951 und natürlich nicht für den lyrischen Minnesänger Wolfram in *Tannhäuser*, den Fischer-Dieskau oft auf der Bühne und in einigen Schallplattenaufnahmen gesungen hat. Auch für Amfortas in *Parsifal* fand der Sänger seinen eigenen Ton – überzeugender als in den frühen Mitschnitten aus Bayreuth in den Münchner Aufführungen und Aufnahmen aus späterer Zeit. Die großen Bassbariton-Partien Wagners – Holländer und Wotan – hat Fischer-Dieskau (mit Ausnahme zweier *Rheingold*-Aufführungen bei Herbert von Karajans Salzburger Osterfestspielen) nur im Studio gesungen – wie weit man seiner speziellen Deklamationskunst zu folgen vermag, bleibt sicherlich Geschmackssache. Anders war es mit Hans Sachs. Zwar entsprach für den Meistersinger sein helles Timbre sicher nicht den üblichen Vorstellungen, doch gelang Fischer-Dieskau auch hier – ähnlich wie bei Falstaff – abseits der Schablone eine runde, poetische Figur.
Was hat er sonst nicht alles gesungen: fast alle großen Mozart-Rollen bis hin zum Sprecher in der *Zauberflöte*, Glucks *Orpheus*, Händels *Julius Caesar*, in Beethovens *Fidelio* den Minister und Don Pizarro, die großen Strauss-Rollen von Jochanaan in *Salome* und Orest in *Elektra* über den Mandryka in *Arabella* und den Färber Barak in *Die Frau ohne Schatten* bis hin zu Olivier im *Capriccio*, den er aber wie auch den Faninal im *Rosenkavalier* nur im Studio gesungen hat. Es gibt sicher noch eine ganze Reihe von Opernpartien, die Fischer-Dieskau an seinen schon erwähnten Stammhäusern und für Schallplatten interpretiert hat. In die Operngeschichte eingegangen ist der Sänger vor

allem mit Werken des 20. Jahrhunderts: durch die Titelrollen von Busonis *Doktor Faust*, der Hindemith-Opern *Mathis der Maler* und *Cardillac* sowie mit zwei Uraufführungen – die *Elegie für junge Liebende* von Hans Werner Henze 1961 in Schwetzingen und den wohl vor allem für ihn geschriebenen *Lear* von Aribert Reimann 1978 in München. Die erstaunliche Fülle von Dietrich Fischer-Dieskaus über nahezu ein halbes Jahrhundert währender Sängerkarriere ist nahezu lückenlos akustisch dokumentiert – auch das eine Leistung, für die es wohl kaum eine Parallele gibt. Und doch ist das nicht alles, worüber zu sprechen ist, wenn man der ungewöhnlichen Persönlichkeit des zur Zeit des Symposions 85-Jährigen gerecht werden will.

Denn Dietrich Fischer-Dieskau ist durchaus mehr als ›der wohlbekannte Sänger‹, als den die Welt ihn auch noch rund zwei Jahrzehnte nach dem Ende seiner Sängerlaufbahn unverändert schätzt – was die zahllosen Wieder- und Neuauflagen vor allem seiner Liedaufnahmen belegen, die zu jedem runden Geburtstag auf den Markt kommen.

Und Fischer-Dieskau will auch durchaus ›mehr‹ sein. Der deutsche Dirigent Gerd Albrecht, dem zehn Jahre Älteren durch viele Jahre und manche gemeinsame Aufgabe verbunden, hat einmal zu mir gesagt: »Dieter gehört zu jenen ganz bescheidenen Deutschen, die Rembrandt, Bach und Goethe in einer Person sein wollen.« So boshaft, wie das klingen mag, hat Albrecht sein Bonmot gewiss nicht gemeint. Denn der Musiker, dem der Betrieb oft wenig Zeit lässt sich über den Alltag seines Berufes hinaus mit anderem zu beschäftigen, mag Bewunderung und wohl auch etwas Neid empfinden, wenn einer wie Fischer-Dieskau sich – ganz unzeitgemäß – den Luxus leistet, seinem umfassenden Interesse an Musik, Literatur, Bildender Kunst und an den großen kulturellen Zusammenhängen mit der gleichen Neugier, dem gleichen Anspruch und der gleichen Professionalität zu begegnen, die ihn als Sänger ausgezeichnet haben.

Ich kann, um in der Reihenfolge der Vorbilder nach Albrecht zu bleiben, nichts über den Maler Dietrich Fischer-Dieskau sagen. Ich verstehe wenig von Malerei und kann nicht beurteilen, wie originell seine Bilder sind. Ich habe auch nie eine seiner Ausstellungen gesehen, nur einmal – vor gut 20 Jahren – Gelegenheit gehabt, im Atelier seines schönen Hauses am Starnberger See vom Maler selbst einige seiner sehr farbigen und fantasiereichen Bilder gezeigt zu bekommen. Und ein ›echter Fischer-Dieskau‹, eine charaktervolle Portraitstudie Paul Hindemiths, nach einer Photografie gemalt, hängt in meinem Arbeitszimmer.

Von Rembrandt zu Goethe. Ich weiß nicht, ob Fischer-Dieskau auch als Dichter aktiv war, was man sich durchaus vorstellen könnte – aber ich habe wenn auch nicht alle, so doch die meisten seiner Bücher gelesen, und ich denke, es war nicht eines darunter, das ich nicht als Bereicherung empfunden hätte. Das liegt schon an Fischer-Dieskaus heute beinahe unzeitgemäß wirkendem Anspruch an die Qualität der Sprache, an geschliffene Formulierungen, an eine Balance von Inhalt und Form. Das setzt sich fort in seiner ausgeprägten Fähigkeit, Sachkenntnis und umfassendes Wissen mit persönlicher Anschauung und Erfahrung zu verbinden – was mir besonders die Lektüre der beiden großen Monografien von Claude Debussy und Hugo Wolf kostbar gemacht hat. Mit großem Interesse las ich die kulturgeschichtlich so ungeheuer reizvolle Biografie des Goethe-Zeitgenossen Johann Friedrich Reichardt, aber auch die so fantasievolle Wiedererweckung einer versunkenen Epoche des 19. Jahrhunderts in dem 1990 erschienenen Band *Wenn Musik der Liebe Nahrung ist*. Von den beiden autobiografischen Büchern ist mir das spätere – *Zeit des Lebens* – näher, weil Fischer-Dieskau hier fern von allen Künstler-Eitelkeiten wirklich viel von sich preisgibt. Was noch alles in seiner Veröffentlichungsliste steht, was zumal in den letzten Jahren noch dazu gekommen ist – über Brahms, über das Weimarer Theater der Goethe-Zeit, Erinnerungen an Furtwängler – und woran der Unermüdliche gerade arbeitet, stellt eine Lebensleistung dar, die anderen durchaus zu genügen vermöchte.

Und immer noch ist das nicht alles: Da ist noch der Rezitator zu nennen, der – nicht erst seit er aufgehört hat, öffentlich zu singen – sich reizvolle Aufgaben gesucht hat. Mit dem leider schon verstorbenen Freund und wunderbaren Rezitator Gerd Westphal hat er kostbare Programme aus dem Briefwechsel zwischen Goethe und Zelter, zwischen Richard Strauss und Hofmannsthal zusammengestellt, vor etlichen Jahren hatte ich das Vergnügen für eine CD eine weihnachtliches Programm aufzunehmen, das von altdeutschen Texten bis zu Andersen, Hesse und Brecht reichte – und was der Rezitator Fischer-Dieskau zu leisten vermocht hat, konnte man eindrucksvoll bei den Salzburger Festspielen erleben, als er 2005 in der Felsenreitschule für Robert Schumanns *Manfred* die Rolle des Sprechers übernahm. Dazu eine chronikalische Anmerkung. Fischer-Dieskau hatte sich von Festspielintendant Peter Ruzicka im Jahr seines 80. Geburtstages als Dirigent mit *Manfred* und der Vierten Sinfonie ein reines Schumann-Programm gewünscht; in dem *Dramatischen Gedicht nach einem Text von Lord Byron* sollte Peter Simonischek den Text sprechen. Eine Unfallverletzung zwang Fischer-Dieskau, das Dirigentenpult Ivor Bolton zu überlassen, doch als Sprecher formte er nicht nur eindrucksvoll den Byron-Text, sondern er gab dem kaum je in seiner originalen Gestalt aufgeführten Werk eine Spannung und Atmosphäre, der man sich nicht entziehen konnte.

Die Erinnerung an diesen Abend bringt mich nun auch zum letzten, in meinen Augen überaus wichtigen, in der Wahrnehmung der Fachwelt und wohl auch des Publikums jedoch weniger beachteten Bereich der künstlerischen Lebensleistung Dietrich Fischer-Dieskaus, dem Dirigieren. Ich habe zu Beginn schon kurz erwähnt, dass ich die Gelegenheit hatte, seine erste Aufnahme als Dirigent zu betreuen. Ganz stimmt das nicht, denn sein Debut als Dirigent hatte schon zuvor in London stattgefunden, wo ihm der Produzent der EMI Gelegenheit gab, für den plötzlich erkrankten Otto Klemperer einen Termin des Philharmonia Orchestra zu nützen und Schuberts *Unvollendete* zu dirigieren. Dieses ganz und gar ungeplante Debut hatte Fischer-Dieskaus Ehrgeiz geweckt. Wiewohl als Sänger voll beschäftigt, ließ er sich 1973 auf eine erste Arbeitsphase mit der Salzburger Camerata Academica ein. Am Ende einer kleinen Tournee mit einem reinen Haydn-Programm stand ein Konzert im Salzburger Mozarteum, am Tag danach gab es im damals gerade neu errichteten ORF-Landesstudio eine Aufnahme, die mir unvergessen ist. Ich war auch noch relativ neu in meiner Verantwortung als Leiter der Musikabteilung, doch die Arbeit mit Fischer-Dieskau bereitete ungeheures Vergnügen. Natürlich war er kein ›gelernter Kapellmeister‹, doch wie er zu musizieren verstand, wie er seine Vorstellung von Klang und Stil auf das Orchester zu übertragen vermochte, das hat mir damals schon großen Eindruck gemacht. Das Ergebnis dieser Aufnahme – Haydns Cellokonzert C-Dur mit dem Berliner Wolfgang Böttcher und die letzte der Londoner Sinfonien – ist übrigens später auf einer ORFEO-CD erschienen und dort nachzuprüfen (ORFEO C 221 901 B).
Dietrich Fischer-Dieskau hat in den folgenden Jahren einige bedeutende und auch erfolgreiche Auftritte als Dirigent gehabt, in London, in Prag, in Israel – dann aber doch zugunsten seiner Sängerkarriere darauf verzichtet, seine Dirigentenkarriere weiter auszubauen. Immerhin zeugen etliche Aufnahmen, unter anderem Sinfonien von Schumann und Brahms, von seinem sehr persönlichen, ganz und gar nicht der Mode folgenden Dirigieren. In späten Jahren aber – als das Singen nicht mehr so im Vordergrund stand – hat Fischer-Dieskau dann das Dirigieren mit mehr Nachdruck betrieben. Mit verschiedenen Orchestern hat er beim Festival Schubertiade in Hohenems und Feldkirch nicht nur Schuberts Sinfonien, sondern auch Mozart und Beethoven dirigiert, er hat mit Berliner Orchestern, den Bamberger Symphonikern, mit Rundfunkorchestern in Köln, Stuttgart und München zusammen gearbeitet, auch mit verschiedenen Kammerorchestern – und dabei auch als Dirigent mit ausgeprägt persönlichem Gestaltungswillen beeindruckende Bandbreite und hohe Professionalität gezeigt. Neben Schubert, Schumann,

Brahms und Mahlers *Lied von der Erde* – in der Originalgestalt, doch auch in der Kammerbearbeitung von Arnold Schönberg – standen etwa Hugo Wolfs Orchesterwerke, die erste Kammersinfonie Arnold Schönbergs, zwei der Kammermusiken Paul Hindemiths oder die *Metamorphosen* von Richard Strauss. Zu seinem 80. Geburtstag wurden einige dieser Aufnahmen in einer privaten CD-Edition gesammelt, die allerdings nicht öffentlich angeboten wurde.

Hört man diese Dokumente ohne Voreingenommenheit, so muss man es durchaus bedauern, dass sich Fischer-Dieskau erst so spät Zeit für das Dirigieren genommen hat. In einer Zeit, in der, um das böse Wort von Karl Kraus zu zitieren, »die Sonne der Kultur so tief steht, dass auch Zwerge Schatten werfen«, hätte der Dirigent durchaus Gewichtiges zu sagen gehabt. Nicht zuletzt als Erbe einer bis in seine frühe Erfahrung wirkenden deutschen Musizierkultur, die auf der Basis hohen handwerklichen Könnens, gründlicher Werkkenntnis und umfassender geistiger Bildung zu überzeugend persönlichen Interpretationslösungen fand, ohne auf irgendwelche Moden, Trends oder intellektuelle Manierismen angewiesen zu sein. Fischer-Dieskaus atmende Interpretation der großen *C-Dur Sinfonie* Schuberts oder die Ruhe eines langsamen Brahms-Satzes lassen durchaus Vergleiche mit großen Vorbildern zu.

Leider ist – zumindest bisher – nicht allzu viel davon der Öffentlichkeit zugänglich. Immerhin: Das Münchner Label ORFEO hat nach einigen anderen Aufnahmen des Dirigenten zu seinem 85. Geburtstag eine Doppel-CD mit dem B-Dur-Klavierkonzert und der 4. Sinfonie von Brahms herausgebracht – ein Berliner Konzertmitschnitt von 2002 – und im Katalog finden sich eine Reihe kostbarer Aufnahmen mit der wunderbar intensiven Julia Varady – Arien und Szenen aus Opern von Verdi, Wagner und Richard Strauss, in denen Fischer-Dieskau nicht nur seine Frau sorgfältig begleitet, sondern packende dramatische Szenen formt, dem Orchester Lebendigkeit und Spannung gibt, wie man das selten hören kann.

Abschließend möchte ich noch auf einmal auf das Bonmot Gerd Albrechts zurückkommen, der ironisch von dem »ganz bescheidenen Deutschen gesprochen« hat. Gewiss, ein Künstler, der weltweit so viel Erfolg gehabt hat, dem darüber hinaus so viel Ehre zuteil wurde – Fischer-Dieskau ist mehrfacher Ehrendoktor, Mitglied mehrerer Kunst-Akademien, immer noch viel gesucht als Lehrer –, der darf schon überzeugt sein davon, dass er mehr geleistet, mehr Bedeutung erlangt hat als andere Künstler. Wer ihn ein wenig näher kennen lernen darf, erkennt aber bald, dass ihm Überheblichkeit fremd ist, dass das, was bisweilen als Unnahbarkeit und Arroganz empfunden wurde, in Wahrheit einer hohen Verletzlichkeit entspringt, einer Scheu vor jeder Form von Oberflächlichkeit und anmaßender Zudringlichkeit. Er leidet unter der heutigen Zeit, er sieht vieles bedroht, was ihm ein Leben lang wichtig gewesen ist und wofür Zeugnis abzulegen er noch in seinem hohen Alter als seine Aufgabe empfindet.

Ich denke, dass Fischer-Dieskaus Beispiel wichtig ist – nicht, um ihn nachzuahmen, was so manchem seiner vorschnell zu ›Nachfolgern‹ hochstilisierten Sängern schon zum Verhängnis geworden ist, sondern um zu erkennen, dass umfassende Bildung, historisches Bewusstsein, kulturelle Tradition auf der einen Seite, lebenslange Neugierde, Demut, Offenheit und Fleiß auf der anderen die Voraussetzungen für ein derart erfülltes Leben sind – und es (hoffentlich!) auch in Zukunft bleiben werden.

I

Ausgewählte Interpretationen
Dietrich Fischer-Dieskaus

THOMAS SEEDORF (KARLSRUHE)

# Der Bach-Sänger. Dietrich Fischer-Dieskau als Interpret der *Matthäus-Passion*

Hinter dem epochalen Liedgestalter und Operndarsteller ist der Bach-Sänger Dietrich Fischer-Dieskau in der retrospektiven Wahrnehmung zurückgetreten, obwohl die Musik Bachs in der Karriere des Künstlers eine große Bedeutung besaß. Neben einer Vielzahl von Kantaten nahm Fischer-Dieskau auch alle oratorischen Großwerke des Thomaskantors auf, wobei die *Matthäus-Passion* einen Sonderfall darstellt: Zwischen 1958 und 1979 war Fischer-Dieskau an nicht weniger als vier Studio-Gesamtaufnahmen dieses Werkes beteiligt, außerdem sind Mitschnitte wichtiger Konzerte verfügbar.

Am Beispiel des Rezitativs »Gehet hin in die Stadt zu einem« wird im Folgenden ein Wandel der interpretatorischen Haltung veranschaulicht, der von großer Unmittelbarkeit in der frühen Aufnahme unter Fritz Lehmann hin zu einer gleichsam immateriellen Darstellung in der letzten Aufnahme unter Karl Richter reicht. Vor allem in dieser Aufnahme ist eine Oppositionshaltung gegenüber der immer stärker an Raum gewinnenden historischen Aufführungspraxis zu erkennen, auf die Fischer-Dieskau gemeinsam mit Richter durch die geradezu demonstrative Behauptung des eigenen ästhetischen Standpunktes antwortete. In der ersten Phase seiner Laufbahn repräsentierte Fischer-Dieskau dagegen mit seiner Art, Bach zu singen, ein Ideal. Stimmliche Perfektion, gestalterisches Vermögen ersten Ranges und sängerischer Mitteilungsdrang verbanden sich in dieser Zeit mit der vorherrschenden Aufführungsästhetik zu einer Einheit, die später drastisch zerfiel.

In retrospective perception, the Bach interpreter Dietrich Fischer-Dieskau somewhat receded behind the epochal art song- and opera interpreter, although the music of Bach was of high importance in his career. Besides plenty of cantatas, Fischer-Dieskau recorded all major vocal works of the Thomascantor among which the *Matthäus-Passion* plays a special role: Between 1958 and 1979 Fischer-Dieskau participated in no less than four complete recordings of this work and live recordings of important concerts are available in addition.

In the following article, using the recitative »Gehet hin in die Stadt zu einem«, a change in the interpreting attitude is exemplarily revealed, from the great directness in the early record under Fritz Lehmann towards a quasi immaterial presentation in the last record under Karl Richter. Especially in the latter record, an opposition to the continuously growing historical performance practice can be recognized, which is answered by Fischer-Dieskau together with Richter by a demonstrative contention of the own aesthetic attitude. In the first phase of his career Fischer-Dieskau represented an ideal in his manner to sing Bach. Vocal perfection, creative ability of first rate and the vocal urge of communication was combined with the dominant performance aesthetic of that time to a unit that later drastically decayed.

Ins kulturelle Gedächtnis ist Dietrich Fischer-Dieskau vor allem als epochaler Lied- und vielseitiger Opern- und Oratoriensänger eingegangen, kaum aber als genuiner Bach-Interpret. Viele Liedsänger der jüngeren Generation, von denen nicht wenige bei Fischer-Dieskau studiert oder in Meisterkursen wichtige Impulse erhalten haben, setzen mit ihren individuellen Mitteln und gestalterischen Ideen fort, was ihr Lehrer und Vorbild auf dem Gebiet des Liedgesangs geleistet hat, so dass sich mit einigem Recht von einer kontinuierlichen Tradition sprechen lässt, die ihren Ausgangs- und Bezugspunkt in Fischer-Dieskaus Neupositionierung der Liedkunst in der Nachkriegszeit hat. In der aufführungspraktischen Auseinandersetzung mit der Musik Bachs hat sich dagegen in den letzten Jahrzehnten ein fundamentaler Wandel vollzogen, der auch die heutige Wahrnehmung Fischer-Dieskaus als Bach-Interpret wesentlich beeinflusst. Musikerpersönlichkeiten wie Nikolaus Harnoncourt oder Philippe Herreweghe wirkten als Protagonisten eines aufführungspraktischen und -ästhetischen Paradigmenwechsels, der die Auseinandersetzung mit der Musik Bachs seit den 1960er Jahren in eine neue Richtung lenkte.[1] Dabei erwiesen sich – paradoxerweise – die Berufung auf historische Quellen und der Einsatz historischer Instrumente als innovative Momente, die traditionelle Interpretationsansätze zunehmend verdrängten. Aus einer Position am Rande des Musiklebens drangen die Vertreter der historischen Aufführungspraxis in dessen Zentrum vor und prägten nicht zuletzt durch ihre zunehmende Dominanz auf dem Tonträgermarkt die Auffassung davon, wie die Musik Bachs aufzuführen sei, maßgeblich.[2] Ein Musiker wie Karl Richter, der über ein Vierteljahrhundert hinweg als Maßstab einer als zeitgemäß empfundenen Bach-Interpretation galt, zählte für viele schon in seinen letzten Lebensjahren und dann vollends nach seinem frühen Tod im Jahr 1981 zu den Repräsentanten eines Interpretationsstils, der obsolet geworden war. Unter das Verdikt des Unzeitgemäßen fiel in diesem Zusammenhang auch Dietrich Fischer-Dieskau, einer der von Richter vor allem in seiner Spätzeit besonders häufig engagierten Sänger, der sich der Interpretationsästhetik des Dirigenten zutiefst verbunden fühlte.[3] Hinter

---

[1] Vgl. Martin Elste, Meilensteine der Bach-Interpretation 1750–2000. Eine Werkgeschichte im Wandel, Stuttgart: Metzler/Kassel: Bärenreiter 2000.
[2] Zum Prozess der Ablösung eines Aufführungsstils durch einen anderen vgl. Daniel Leech-Wilkinson, Recordings and histories of performance style, in: Nicholas Cook u.a. (Hg.), The Cambridge Companion to Recorded Music, Cambridge u.a.: Cambridge University Press 2009, S. 246–262.
[3] Vgl. Dagmar Zurek, Luftblasen und Illusionen. Im Gespräch: Dietrich Fischer-Dieskau, in: Concerto. Das Magazin für alte Musik 22 (2005), 203, S. 31.

dem epochalen Liedgestalter ist der Bach-Sänger beinahe verschwunden – obwohl die Musik Bachs in der Laufbahn Fischer-Dieskaus eine eminente Bedeutung besaß.

Mit Bach und insbesondere mit seinen Kantaten wurde Dietrich Fischer-Dieskau schon durch seinen ersten Gesanglehrer Georg A. Walther, einem »Bach-Sänger von hohen Graden«,[4] vertraut: »Ich sang vor allem Bach bei ihm; er ging sämtliche Kantaten systematisch mit mir durch, verbesserte meine Koloraturen und machte mir vor, wie man die verschiedenen Verzierungen ausführen müsse.«[5] Werke Bachs bildeten einen wichtigen Teil des Repertoires, mit dem der Sänger sich in der Anfangsphase seiner Karriere einen Namen machte. Aufführungen der *Matthäus-Passion*, in denen er die Partie des Jesus übernahm, gehörten zu den ersten Konzerten, in denen Fischer-Dieskau kurz nach seiner Rückkehr aus der Kriegsgefangenschaft auftrat. Große Bedeutung kam seiner Mitwirkung an einem großangelegten Vorhaben des RIAS Berlin zu: 1946 begann das Projekt einer Gesamtaufnahme des Bach'schen Kantatenwerks unter der Leitung von Karl Ristenpart, das 1953, nach dem Weggang des Dirigenten, unvollendet aufgegeben wurde.[6] Diese Rundfunkproduktionen wurden »von vielen Sendern übernommen und bald auch in Frankreich und Italien gehört« und trugen zu Fischer-Dieskaus internationalem Renommee bei.[7] Im Bach-Jahr 1950 nahm Fischer-Dieskau unter der Leitung von Fritz Lehmann erstmals ein Werk des Thomaskantors für die Archiv Produktion der Deutschen Grammophon auf,[8] 1951 folgten, wieder unter Ristenpart, die Einspielungen der beiden Solokantaten *Ich will den Kreuzstab gerne tragen* BWV 56 und *Ich habe genug* BWV 82.[9] Sie legten gleichsam den Grundstein für eine Zusammenarbeit mit diesem Label, die in Fischer-Dieskaus Beteiligung an einem von Karl

---

[4] Hans A. Neunzig, Dietrich Fischer-Dieskau. Eine Biographie, Stuttgart: DVA 1995, S. 33.
[5] Klara Höcker: Statt eines Lebenslaufes: Gespräch mit Dietrich Fischer-Dieskau, in: Jörg Demus u.a.: Dietrich Fischer-Dieskau, Berlin: Rembrandt 1966, S. 7.
[6] Die meisten Bänder dieser Produktionsreihe sind gelöscht worden, auch lässt sich nicht mehr für alle Aufnahmen die Besetzung nachweisen; für Nachforschungen im Archiv des Deutschlandradios danke ich herzlich Herrn Rüdiger Albrecht, der auch eine im März 2012 erschienene CD-Edition von 29 Kantaten dieses Projektes (audite 21.414) betreute.
[7] Dietrich Fischer-Dieskau, Nachklang. Ansichten und Erinnerungen, München: dtv 1990, S. 70; vgl. Charles W. Scheel, Karl Ristenpart. Die Werkstätten des Dirigenten: Berlin u.a. 1999, vor allem S. 30ff.
[8] *Christ lag in Todesbanden* BWV 4; vgl. Monika Wolf, Dietrich Fischer-Dieskau: Verzeichnis der Tonaufnahmen, Tutzing: Schneider 2000, S. 6
[9] Vgl. ebd., S. 11f.

Richter geleiteten Großprojekt kulminierte: der Einspielung von 75 Kantaten Bachs für alle Sonn- und Feiertage des Kirchenjahrs, die in den 1960er Jahren im Umfeld der Bachwoche Ansbach begann und in den 1970er Jahren unter Beteiligung prominenter Sänger wie Edith Mathis, Julia Hamari, Anna Reynolds, Peter Schreier und eben auch Dietrich Fischer-Dieskau ihren Höhepunkt und Abschluss fand.[10]

Neben etlichen Kantaten hat Fischer-Dieskau schon vom Anfang seiner Laufbahn an auch die Basspartien in Bachs großen oratorischen Werken gesungen und für die Schallplatte aufgenommen: 1958 das *Weihnachtsoratorium* unter Kurt Thomas, 1961 die Jesus-Partie in der *Johannes-Passion* unter Karl Forster sowie das *Magnificat* und die *h-Moll-Messe* unter Karl Richter und 1964 das Osteroratorium unter Wolfgang Gönnenwein; später folgten noch weitere Aufnahmen des *Weihnachtsoratoriums* (1976 unter Philip Ledger) und der *Johannes-Passion* (Bassarien, 1984 unter Helmuth Rilling).[11]

Eine Sonderstellung nimmt in diesem Kontext die *Matthäus-Passion* ein. Zwischen 1958 und 1979 war Fischer-Dieskau an nicht weniger als vier prominenten Studio-Gesamtaufnahmen dieses Werks beteiligt:

Arien:
- Münchener Bach-Chor und -Orchester/Karl Richter/Archiv Produktion (aufg. 1958, publ. auf LP 1959); Wiederveröffentlichung auf CD: DG 463 635-2 (2001)

Jesus:
- Peter Pears (Evangelist)/Philharmonia Choir & Orchestra/Otto Klemperer/EMI (aufg. 1960/61, publ. auf LP 1962); Wiederveröffentlichung auf CD: EMI Classics 7243 5 67538 2 2 (2001)
- Peter Schreier (Evangelist)/Wiener Singverein/Chor der Deutschen Oper Berlin/Berliner Philharmoniker/Herbert von Karajan/DG (aufg. 1972, publ. auf LP 1973); Wiederveröffentlichung auf CD: DG 419 789-2 (1987)
- Peter Schreier (Evangelist)/Münchener Bach-Chor und -Orchester/Karl Richter/Archiv Produktion (aufg. 1979, publ. auf LP 1980); Wiederveröffentlichung auf CD: DG 427704-2 (1984)

---

[10] Zu Einzelheiten wie Aufnahmedaten und andere Mitwirkende vgl. http://www.bachcantatas.com.
[11] Vgl. Wolf, Anm. 8.

Auf dem aktuellen Tonträgermarkt greifbar sind außerdem Livemitschnitte von Aufführungen aus den Jahren 1949 und 1954, in denen Fischer-Dieskau den Jesus sang:

- Helmut Krebs (Evangelist)/Großer Chor des Berliner Rundfunks/Rundfunk-Sinfonieorchester Berlin/Fritz Lehmann (aufg. 9./10. April 1949, publ. auf LP: Vox DL 6070, 1952); Wiederveröffentlichung auf CD: Music and Arts Programms of America, Inc. CD-1091(3) (2001)
- Anton Dermota (Evangelist)/Wiener Singakademie/Wiener Philharmoniker/Wilhelm Furtwängler (aufg. 14.–17. April 1954); Erstveröffentlichung auf CD nach den bis dahin unveröffentlichten Originalbändern der EMI: EMI Classics 7243 5 65509 2 6 (1995)

Fischer-Dieskaus Auseinandersetzung mit diesem Werk ist also über eine Strecke von über 30 Jahren, von den Anfängen bis zum Beginn der Spätphase seiner Sängerlaufbahn, anhand offizieller Tondokumente nachzuvollziehen. Monika Wolf verzeichnet außerdem noch einen Radiomitschnitt und drei Liveaufnahmen in Privatbesitz, die aber bei der folgenden Betrachtung außer Acht gelassen werden, da sie nicht öffentlich verfügbar sind.[12]

Als Dietrich Fischer-Dieskau die Jesus-Partie 1949 in Berlin unter der Leitung von Fritz Lehmann sang, war er noch nicht einmal 24 Jahre alt. Wie in den ersten Rundfunkaufnahmen, die aus dieser Zeit überliefert sind, jener der *Winterreise* mit Klaus Billing etwa oder dem Mitschnitt einer Aufführung von Verdis *Don Carlos*, in der er als Posa zu hören ist, präsentiert Fischer-Dieskau sich auch in der *Matthäus-Passion* als Sänger von erstaunlicher Reife: mit technisch vollkommen sicher geführter Stimme von unverwechselbaren Timbre, einem großen Spektrum an Ausdrucksnuancen und von einer sängerischen Eloquenz, die David Breckbill in seinem Kommentar zur Wiederveröffentlichung der Lehmann-Aufnahme als bezwingend suggestiv charakterisiert.[13]

Über Fritz Lehmann hat sich Fischer-Dieskau in seinen Publikationen nicht explizit geäußert, wohl nicht zuletzt deshalb, weil der 1956 mit erst 53 Jahren verstorbene Dirigent in der Laufbahn des Sängers keine prominente Rolle spielte. Um 1950 galt Lehmann aber als höchst kompetenter Bach-Interpret,

---

[12] Vgl. ebd., S. 16f.
[13] David Breckbill: Begleittext zur CD Music and Arts Programms of America, Inc. CD-1091(3) (2001), unpag.

dem die Deutsche Grammophon in ihrer 1947 gegründeten Reihe Archiv Produktion einige wichtige Bach-Aufnahmen anvertraute.[14] Lehmanns interpretatorischer Zugang zur *Matthäus-Passion*, die er entgegen den Usancen seiner Zeit ohne Striche aufführte, war um 1950 in vielerlei Hinsicht ungewöhnlich. Ein bemerkenswertes Charakteristikum ist etwa die Differenzierung zwischen dem Bibelbericht und den reflektierenden Momenten. Für die Evangelienrezitative, die Reden der Einzelpersonen und auch für die Turba-Chöre wählt Lehmann vergleichsweise rasche, gleichsam dramatische Tempi, während er in den Arien und Chorälen die Züge des Kontemplativen durch die Tendenz zu ruhigen Zeitmaßen unterstreicht.

Mit Helmut Krebs stand Lehmann ein Evangelist zur Verfügung, der diesem Konzept in idealer Weise entsprach. Schon mit dem ersten Rezitativ legt Krebs den Grundgestus seiner Interpretation fest: Der Bericht des Evangelisten entwickelt sich ganz aus dem Duktus der gesprochenen Sprache, er ist gesungene Rede, nicht, wie bei so vielen Evangelisten vor und nach ihm, melodische Legatolinie. Fischer-Dieskau greift den sprachorientierten Ansatz von Krebs auf, wenngleich er das Tempo der musikalischen Rede, der darzustellenden Würde der Christusgestalt entsprechend, etwas zurücknimmt. Wie in keiner der folgenden Aufnahmen wendet dieser Jesus sich mit großer Unmittelbarkeit an die Zuhörer.

Fünf Jahre später musste Fischer-Dieskau sich in den Aufführungen der *Matthäus-Passion* unter Wilhelm Furtwängler mit einem interpretatorischem Zugang ganz anderer Art auseinandersetzen:

> Gewöhnt an den durchsichtigen Klang einer kleinen Besetzung und die mehr ›metronomischen‹ Tempi des Freiburgers Theo Egel, wie sie so sehr der Tendenz jener Zeit entsprachen, konnte ich mich zunächst kaum in dem molochartigen Klang der Massen und in den schier unaufhörlichen ritardandi zurechtfinden. So mutete es mich wie selbstverständlich an, dass Furtwängler gleich zu Anfang monierte, ich sei zu beflissen und überpünktlich eingetreten. »Ihr wisset, dass nach zween Tagen Ostern wird ...« »Wenn Sie wollen, dass die gehörige Aura der Streicher um die Gestalt Jesu webt, müssen Sie den Akkord der Streicher sich erst bilden und einen Moment stehen lassen.« Eigentlich erst, nachdem ich mir eine halbwegs stimmige Vorstellung von den Intentionen Furtwänglers bei der vierten Aufführung gebildet hatte, ging ich wirklich mit ihm konform.[15]

---

[14] Vgl. Marianne Wick, Besessen von Musik. Der Dirigent Fritz Lehmann, Berlin: Stapp 1990.

[15] Dietrich Fischer-Dieskau, Jupiter und ich. Begegnungen mit Wilhelm Furtwängler, Berlin: Berlin University Press 2009, S. 57.

In der Aufnahme, die aus Mitschnitten von vier Aufführungen zusammengestellt wurde,[16] ist das von Furtwängler geforderte Warten auf die »Aura der Streicher« an vielen, wenn auch nicht allen Stellen zu hören. Fischer-Dieskau hat Furtwänglers Hinweis aber zu einem integralen Bestandteil seines eigenen interpretatorischen Zugangs gemacht und an verschiedenen Stellen mit Nachdruck auf die Bedeutung dieses Wartens hingewiesen.[17] Bezeichnenderweise ist davon in der Aufnahme unter Otto Klemperer fast nichts zu erkennen. Die Art und Weise, wie Peter Pears als Evangelist und Fischer-Dieskau als Jesus ihre Partien anlegten, lehnte Klemperer ab, weil er sich einen weniger pathetischen, eher sachlichen Vortrag wünschte.[18] Zu den unterschiedlichen Auffassungen über die Gestaltung der Rezitative traten dirigiertechnisch bedingte Koordinationsprobleme, über die Fischer-Dieskau in *Nachklang* berichtet:

> Während der mit schöner Regelmäßigkeit auseinanderklappenden Rezitativschläge stand Sir Peter Pears neben mir, der Evangelist, die Ruhe selbst und nie zu einer Zornesregung zu bewegen. Plötzlich aber hörte ich die gepressten Worte. »It's miserable!«
> Was bei ihm einen übermäßigen Ausbruch an Ärger anzeigen wollte.[19]

Trotz der erheblichen persönlichen Spannungen, die die Aufnahmesitzungen durchzogen, vielleicht aber auch gerade ihretwegen gilt diese Aufnahme der *Matthäus-Passion* als überzeugendes Beispiel für eine gleichsam sinfonische Interpretation des Werks, dessen Details in den langsamen, aber dennoch spannungsvollen Tempi mit einer Deutlichkeit hervortreten wie in kaum einer anderen Einspielung. Für Wolf-Eberhard von Lewinski, der Klemperers Bach-Interpretation mit der Karl Richters vergleicht, hat der ältere Dirigent »in seiner glühenden Strenge, seiner schier berstenden Wucht und Größe den Sänger zu einem intensiveren, angespannteren Vortrag« inspiriert.[20]

---

[16] Vgl. den Kommentar von Gottfried Kraus im Booklet zu: EMI Classics 7243 5 65509 2 6 (publ. 1995).
[17] Dietrich Fischer-Dieskau, Töne sprechen, Worte klingen. Zur Geschichte und Interpretation des Gesangs, Stuttgart: DVA/München: Piper 1985, S. 202: »Ein Klangzeichen ohnegleichen wurde mit jenen Streicherakkorden gesetzt, die die Stimme Christi wie eine Aura umgeben und die der Sänger folglich vor seinem Einsatz in Ruhe erklingen lassen sollte.« Vgl. auch Neunzig, Anm. 4, S. 64.
[18] Vgl. Peter Heyworth, Otto Klemperer. His life and times, Bd. 2: 1933–1973, Cambridge: Cambridge University Press 1996, S. 295.
[19] Fischer-Dieskau, Anm. 7, S. 133.
[20] Wolf-Eberhard von Lewinski: Singend gedeutete Dichtung in Lied. Kantate. Oratorium, in: Jörg Demus u.a., Anm. 5, S. 39.

Die Schallplattenaufnahme der *Matthäus-Passion*, die Fischer-Dieskau 1972 unter Herbert von Karajan machte, war eine der letzten Produktionen in der Zusammenarbeit mit diesem Dirigenten, die der Sänger im Rückblick als durchweg angenehm und inspirierend bewertet.[21] Auch Karajan bevorzugt langsame bis sehr langsame Tempi, doch anders als Klemperer nutzt er sie nicht zur Entfaltung von Details, sondern, ganz im Sinne seiner auch in Aufnahmen des klassisch-romantischen Repertoires zu erkennenden Tendenz, zur Gestaltung eines Klangstroms, in dem Einzelheiten der kompositorischen Struktur hinter dem Streben nach einer Verdichtung der Einzelereignisse zurücktreten.[22]

Fischer-Dieskau hebt in seinen Erinnerungen das »barocke Gewährenlassen der Solisten« hervor,[23] das für Karajans Umgang mit den Sängern bei diesem Projekt typisch gewesen sei. Bezogen auf die Gestaltung der Jesus-Figur zeigt sich dieses »Gewährenlassen« u.a. darin, dass Fischer-Dieskau sich nach dem Eintritt der Streicherakkorde wieder Zeit nehmen kann, so wie er es bei Furtwängler kennengelernt hatte. Wie in keiner anderen Aufnahme treten die Streicherakkorde bei Karajan klanglich zurück, umhüllen den Sänger nicht, sondern wirken, nicht zuletzt aufgrund des reichlich beigegebenen Halls, wie ein entmaterialisierter Schimmer im Hintergrund. Fischer-Dieskau greift den entrückten Charakter dieser Akkorde in seinem Singen auf. Im deutlichen Kontrast zur dramatisch erregten Rede des Evangelisten Peter Schreier ist das Sprechtempo gegenüber den früheren Aufnahmen fast durchgehend verlangsamt, die Tongebung entwickelt sich zumeist aus einem Mezza voce und die Deklamation tendiert zum Längen von Vokalen auch dort, wo es in der gesprochenen Sprache nicht angebracht wäre. Hier deutet sich bereits ein interpretatorisches Konzept an, das Fischer-Dieskau einige Jahre später in der Aufnahme unter Karl Richter auf die Spitze trieb.

Für Furtwängler, Klemperer und Karajan war die *Matthäus-Passion*, wie im Übrigen auch die *h-Moll-Messe*, noch selbstverständlicher Bestandteil eines Repertoires, das von der Musik Bachs bis in die Moderne reichte. Ihr Zugang zu Bach war ein säkularisierter, vom ursprünglich kirchlichen Rahmen abgelöster. Zugleich offenbart die Vorliebe, die *Matthäus-Passion* zwar in weltli-

---

[21] Vgl. Dietrich Fischer-Dieskau, Musik im Gespräch. Streifzüge durch die Klassik mit Eleonore Büning, Berlin: Propyläen 2003, S. 206ff.
[22] Vgl. Peter Uehling, Karajan. Eine Biographie, Reinbek bei Hamburg: Rowohlt 2006, Kapitel XIII: Perfektion.
[23] Fischer-Dieskau, Anm. 7, S. 152.

chen Konzertsälen, aber unmittelbar vor Ostern aufzuführen, das Bedürfnis nach einer Anbindung an den rituellen Kontext, dem das Werk entstammt. Für Karl Richter, den Organisten und Kantor, war Bach hingegen seit seiner Kindheit Mittelpunkt der musikalischen Welt. Als Kruzianer in Dresden und Orgelschüler Karl Straubes und Günther Ramins in Leipzig hatte er die sächsische Bach-Tradition, deren Hauptinstitutionen der Thomaner- und der Kreuzchor waren, kennengelernt; eine Tradition, die zeitlebens Referenzpunkt seiner eigenen Auffassung von der Bach'schen Musik blieb.[24]
Zur ersten Begegnung zwischen Fischer-Dieskau und Richter kam es 1956, als der Sänger bei der Bachwoche Ansbach, deren künstlerischer Leiter Richter bis 1964 war, seinen Einstand gab.[25] Fischer-Dieskau wurde zu einem der Künstler, mit denen Richter bis zu seinem Tod 1981 besonders eng zusammenarbeitete, wie nicht zuletzt eine große Zahl von Schallplattenaufnahmen belegt. Die Sympathie, die der Dirigent für den Sänger empfand, wurde von diesem erwidert. Für Fischer-Dieskau war Richter eine »Jahrhunderterscheinung«,[26] ein Musiker von charismatischer Ausstrahlung, der sich »um musikwissenschaftliche Revolutionen, um die jüngere Bach-Forschung« wenig kümmerte und stattdessen »sein ganzes Bemühen daran aus[richtete], jene Intensität zu vermitteln, die eine seiner spezifischen Qualitäten ausmachten.«[27]
Als Richter in den 1950er Jahren mit seinen Bach-Interpretationen auf sich aufmerksam machte, galt er als großer Erneuerer. Statt Hundertschaften für die Chöre aufzubieten, beschränkte er sich in seinem Münchener Bach-Chor auf 60 bis 80 Sängerinnen und Sänger, mit denen er selbst regelmäßig und höchst anspruchsvoll probte. Obwohl das Ensemble aus Laiensängern bestand, war das künstlerische Niveau, das Richter durch ausdauernde Arbeit erreichte, weit höher als das der meisten Chöre dieser Zeit. Pendant zum Chor war ein Orchester, das Richter aus herausragenden Solisten zusammenstellte und zu einer bis dahin kaum jemals gehörten Vollkommenheit im differenzierten Spiel der komplexen Bach'schen Texturen anleitete.[28]

---

[24] Vgl. Elste, Anm. 1, S. 208ff. und passim.
[25] Vgl. Johannes Martin (Hg.), Karl Richter 1926–1981. Zeitdokumente, Bd. 1: 1951–1957, Dettelbach: Concentus Musicus 2010, S. 149 und passim.
[26] Dietrich Fischer-Dieskau, Zeit eines Lebens. Auf Fährtensuche, Stuttgart/München: DVA 2000, S. 203.
[27] Ebd., S. 119.
[28] Vgl. Johannes Martin, Karl Richter in München. 1951–1981. Zeitzeugen erinnern sich. Eine Dokumentation, Dettelbach: Concentus Musicus 2005.

Richters beherrschende Stellung in der Bach-Interpretation seiner Zeit zeigt sich am deutlichsten in seiner Verpflichtung für die Archiv Produktion der Deutschen Grammophon. Nachdem er zunächst einige Jahre Aufnahmen für das Konkurrenz-Label Telefunken gemacht hatte, wurde Richter 1956 nach dem Tod Fritz Lehmanns von der Archiv Produktion als dessen Nachfolger zum Spezialisten für die Musik Bachs aufgebaut. Richters erste Aufnahme der *Matthäus-Passion* galt zu ihrer Zeit als Sensation, nicht zuletzt aufgrund des sinnfälligen Einsatzes der hier erstmals bei einer Einspielung dieses Werks eingesetzten Stereophonie, die das Abwechseln der Chöre auch im heimischen Wohnzimmer klangräumlich veranschaulichte. Richter konnte die Deutungshoheit auf dem Gebiet der Bach-Interpretation bis zu seinem Tod behaupten, erst danach öffnete man sich bei der Deutschen Grammophon neuen Protagonisten der historischen Aufführungspraxis wie John Eliot Gardiner, der mit seinem Monteverdi Choir und den English Baroque Soloists seit den 1980er Jahren für die Archiv Produktion nicht nur die oratorischen Großwerke Bachs, sondern auch etliche Kantaten aufnahm. Mit der Verpflichtung Gardiners war auch innerhalb der Archiv Produktion jener aufführungspraktische Paradigmenwechsel vollzogen, der sich in der Konkurrenzreihe Das Alte Werk bei Telefunken schon etliche Jahre vorher ereignet hatte. Nikolaus Harnoncourts Bach-Aufnahmen machten seit den 1960er Jahren Furore und polarisierten die Musikwelt, die sich in begeisterte Anhänger und entschiedene Ablehner teilte. Für die einen war Harnoncourt ein Künstler, der die Musik Bachs von der Patina einer erstarrten Tradition befreite und ihr eine Lebendigkeit entlockte, die man bisher nicht in ihr vermutet hatte. Für die anderen waren Harnoncourts ungewohnt schnelle Tempi, die Besetzung der hohen Vokalpartien mit Knabenstimmen und Countertenören, der Klang historischer Instrumente und vieles mehr Symptome eines defizitären Musizierens, das ein Dogma – die Berufung auf historische Quellen – über die Musik selbst und ihre als überzeitlich verstandene Expressivität stellt. Erst im Laufe der Jahre wurde deutlich, dass hier zwei ganz unterschiedliche Verständnisse von Ausdruck miteinander im Streit lagen.

Richter reagierte auf die zunehmende Präsenz Harnoncourts und anderer Vertreter der historischen Aufführungspraxis in zweierlei Weise: Zum einen erweiterte er sein Repertoire zunehmend um Werke des 19. Jahrhunderts und wandte sich auch der Oper zu, zum anderen hielt er mit Nachdruck an seiner interpretatorischen Überzeugung fest und radikalisierte sie geradezu. Richters zweite Aufnahme der *Matthäus-Passion* aus dem Jahr 1979 ist gleichsam die Antwort auf Harnoncourts Einspielung von 1970, die, bei allen

Unzulänglichkeiten, einen »Meilenstein«[29] in der Aufführungsgeschichte des Werks darstellt.
Auffallend ist gegenüber der ersten Aufnahme bereits die Tendenz zu langsameren Tempi. Brauchte Richter 1958 für den Eingangschor 9' 50", lag er 1979 mit 11' 06" nur noch knapp hinter Klemperer, der für den Satz 11' 28" benötigt.[30] Die ruhigen Tempi sind auch bei Richter Grundlage für ein Ausmusizieren der Details, das zugleich den großen Bogen der Musik nicht außer Acht lässt.
Innerhalb dieses Konzepts entwickelt Fischer-Dieskau die schon in der Karajan-Aufnahme erkennbare Tendenz zur Entrückung der Christus-Gestalt weiter. Beispielhaft lässt sich diese Tendenz an seiner Gestaltung des Rezitativs »Gehet hin in die Stadt zu einem« (Nr. 9c nach der Zählung der *Neuen Bachausgabe*) zeigen[31] (Abb. 1).
Die Christusworte enthalten drei Aussageebenen: Der erste Satz (»Gehet hin in die Stadt zu einem und sprecht zu ihm:«) wendet sich appellativ an die Jünger, die einen Auftrag ausführen sollen. Der zweite Satz (»Der Meister läßt dir sagen:«) ist der erste Teil jener Botschaft, die die Jünger zu überbringen haben, und zugleich die Ankündigung der Hauptaussage, die im dritten Satz folgt: »Meine Zeit ist hier, ich will bei dir die Ostern halten mit meinen Jüngern.« In Bachs Komposition sind die drei Sätze durch Pausen deutlich voneinander abgesetzt. Das Komma zwischen »hier« und »ich« im dritten Satz wird von Bach ebenfalls mit Hilfe einer Pause verdeutlicht, während die Achtelpause zwischen »halten« und »mit« aus Gründen der Prosodie eingefügt ist und durch die Viertelbewegung in den Streichern überbrückt wird.
In der Aufnahme unter Fritz Lehmann[32] unterstreicht Fischer-Dieskau den Appellcharakter der Aussage. In flüssiger Rede setzt er die drei Sätze voneinander ab, durch eine leichte dynamische Zurücknahme bei »Meine Zeit ist hier« macht er deutlich, dass Jesus sich hier gleichsam selbst zitiert. Ab der Furtwängler-Aufnahme[33] singt Fischer-Dieskau die drei Sätze insgesamt ruhiger und hebt die Aussage »Meine Zeit ist hier« entschiedener ab als bei Leh-

---

[29] Vgl. Elste, Anm 1, S. 218ff.
[30] Vgl. ebd., S. 219f.
[31] Alle folgenden Aussagen beziehen sich auf die oben genannten CD-Wiederveröffentlichungen der Aufnahmen.
[32] CD 1, Track 12.
[33] CD 1, Track 15.

Abb. 1: Johann Sebastian Bach, Rezitativ »Gehet hin in die Stadt«, aus: *Matthäus-Passion* BWV 244 Klavierauszug, hg. von Max Schneider, © Breitkopf & Härtel, Wiesbaden o. J., S. 26, T. 1–7

mann. Bei Karajan[34] nimmt er den Satz ganz in eine Mezza-voce-Tongebung, wie sie der Grundtendenz zu einem immateriellen Klang in dieser Aufnahme entspricht. In Richters zweiter Aufnahme[35] geht Fischer-Dieskau noch einen Schritt weiter: Schon die Aufforderung an die Jünger nimmt er dynamisch weit zurück, was dem Appellcharakter des Satzes ebenso entgegenläuft wie die überaus weiche Artikulation der Sprache, die energielos bis zur Nachlässigkeit erscheint. Noch mehr als bei Karajan wirkt »Meine Zeit ist hier« wie entkörperlicht – als spräche hier kein Mensch mehr, sondern der Gottessohn, der sich bereits im Zustand der Transzendenz befindet.

In diesem Beispiel, das durchaus repräsentativ für Fischer-Dieskaus Jesus-Darstellung in der gesamten Aufnahme ist, zeigt sich eine Veränderung der Interpretation, die sich als ein Wandel der sängerischen Kommunikationshaltung bezeichnen lässt. Bei Lehmann und noch bei Klemperer wendet sich der Sänger gestalterisch direkt und unmittelbar an seine Zuhörer, bei Karajan und vollends in der späten Richter-Aufnahme zieht er sich gleichsam in aller Öffentlichkeit in sich selbst zurück. Eine ähnliche Haltung zeigte Fischer-Dieskau in der Spätphase seiner Karriere auch bei Liederabenden,

---

[34] CD 1, Track 12.
[35] CD 1, Track 15.

in denen er zunehmend den Blickkontakt mit dem Publikum mied und ihm dennoch beständig zusang. Es ist der Weg von einer direkten zu einer tendenziell indirekten Form der Mitteilung, der auch die Christus-Darstellung unter Richter prägt.

In Richters erster Aufnahme der *Matthäus-Passion* von 1958 sang Kieth Engen, einer von Richters wichtigsten Sängern,[36] die Jesus-Partie, während Fischer-Dieskau für die Bass-Arien und -Accompagnatorezitative engagiert war. Der Sänger zählt diese Aufnahme im Rückblick zu seinen

> Lieblingen, da sie ziemlich genau abbildet, was ich mir unter dem Arien-Gesang bei Bach vorstelle: eine instrumentale Stimmführung nämlich, die doch durch die sinngebenden Textworte zu ganz konzisem Ausdruck gelangt und nicht bloß an der Musik entlangtönt.[37]

Schon in den 1951 entstandenen Aufnahmen der beiden Solokantaten BWV 56 und 82 hatte Fischer-Dieskau demonstriert, dass er die gesangstechnischen Ansprüche dieser Musik scheinbar mühelos zu meistern verstand und sein Singen ganz in den Dienst der expressiven Aussage zu stellen vermochte. Sieben Jahre später ist die Stimme hörbar gereift, von größter Ausgeglichenheit in allen Lagen und idealer klanglicher Rundung. Unter den Studioaufnahmebedingungen, die dem Sänger ein vollkommen unforciertes Singen ermöglichten, gelang ihm selbst eine für seine Stimme eigentlich zu tief liegende Arie wie *Gerne will ich mich bequemen* überzeugend, auch deshalb, weil Richter ein nicht zu langsames Tempo wählte und dem Sänger zugleich Raum zum Atmen gewährte.
Fischer-Dieskaus überragende Kunst zeigt sich besonders deutlich in der Arie *Komm süßes Kreuz*.[38] Im konzertierenden Dialog mit der Sologambe vermag er seine Stimme wie ein Instrument zu führen, das den pathetischen Figuren des Instrumentalpartners vollkommene Legatolinien entgegenhält wie gleich zu Beginn der Arie. Oder er greift, etwa in Takt 11, die instrumentale Artikulation auf und übersetzt dabei das barocke Oxymoron vom »süßen Kreuz«, das in sich widersprüchliche Ineinander von Freud und Leid in eine vokale Klangfarbe, in der die Schönheit der Stimme als eine expressiv gebrochene erscheint, ohne auch nur für einen Moment die vollkommene sängerische Form zu verlassen. Wie Fischer-Dieskau schließlich

---

[36] Martin, Anm. 28, S. 37–49.
[37] Fischer-Dieskau, Anm. 7, S. 161.
[38] CD 3, Track 9.

die intonatorisch heiklen Melismen des Mittelteils (»Wird mir mein Leiden einst zu schwer«) ausströmen lässt und dabei auch das prosodische Gewicht sowie die ausdrucksvolle Schattierung jedes Worts genau zu treffen weiß, das alles ist Gesangskunst in Vollendung.

Die Bach-Aufnahmen, die Dietrich Fischer-Dieskau in den 1970er und -80er Jahren machte, sind einerseits geprägt vom Nachlassen der stimmlichen Möglichkeiten, das sich in der Aufnahme der *Matthäus-Passion* von 1979 an einer Fülle intonatorischer Trübungen, ungenauer Tonansätze und aus dem Phrasenzusammenhang herausbrechender Töne zeigt. Zu spüren ist andererseits die Opposition gegen die immer stärker Raum gewinnende historische Aufführungspraxis, auf die Fischer-Dieskau gemeinsam mit Richter – in weniger ausgeprägter, aber auch weniger nachdrücklicher Weise später auch mit Helmuth Rilling – durch die geradezu demonstrative Behauptung des eigenen ästhetischen Standpunktes antwortete und damit Gefahr lief, mit seiner Kunst auf diesem Gebiet zunehmend aus der eigenen Zeit zu fallen und zu einem lebenden Anachronismus zu werden.

Ganz anders verhält es sich mit den früheren Aufnahmen: In der Vor-Harnoncourt-Ära repräsentierte Fischer-Dieskau mit seiner Art Bach zu singen ein Ideal. Stimmliche Perfektion, gestalterisches Vermögen ersten Ranges und sängerischer Mitteilungsdrang verbanden sich in dieser Zeit mit der vorherrschenden Aufführungsästhetik zu einer Einheit, die später drastisch zerfiel. Wer den Bach-Sänger Dietrich Fischer-Dieskau verstehen will, ist auf seine frühen Aufnahmen verwiesen. Auch sie zählen ohne Zweifel zu den ›Meilensteinen der Bach-Interpretation‹.

IRENE BRANDENBURG (SALZBURG)

# Lenker der Komödie, Drahtzieher der Intrige. Zu Dietrich Fischer-Dieskaus Interpretation der Partie des Don Alfonso in Mozarts *Così fan tutte*

Während seiner langen künstlerischen Laufbahn erarbeitete sich Dietrich Fischer-Dieskau ein breit gefächertes Repertoire an Opernpartien, unter denen Rollen in Opern Mozarts, vor allem die Paraderollen des Grafen in *Le nozze di Figaro* und der Titelpartie in *Don Giovanni*, eine wichtige Position einnehmen. Auch mit der Partie des Don Alfonso in Mozarts *Così fan tutte* hat sich der Sänger im Laufe seines Lebens mehrmals in verschiedenen biografischen Phasen und in unterschiedlichen künstlerischen Kontexten auseinandergesetzt, im Studio ebenso wie auf der Opernbühne und im Konzertsaal. Dass sie, zumindest an der Zahl der Auftritte und Tondokumente gemessen, hinter den genannten Mozart-Partien zurückstehen musste, ist nicht zuletzt auf Aufführungstraditionen und die speziellen Erfordernisse und Eigentümlichkeiten der Partie selbst zurückzuführen. Ausgehend von einigen grundsätzlichen Überlegungen zu *Così fan tutte* und insbesondere zur Rollencharakteristik des Don Alfonso, zu der sich auch der Sänger selbst mehrfach geäußert hat, befasst sich der Beitrag mit Fischer-Dieskaus Interpretationen der Partie des Don Alfonso anhand einer 1962 in Berlin entstandenen Studioaufnahme unter der Leitung von Eugen Jochum sowie eines Livemitschnitts von den Salzburger Festspielen aus dem Jahr 1972 unter Karl Böhm. Als Fallbeispiel wird die Arie Nr. 5 »Vorrei dir, e cor non ho« (I/5) in den vorliegenden Interpretationen Fischer-Dieskaus untersucht und mit denen anderer Sänger von 1951 bis 1992 verglichen. Darüber hinaus werden Dokumente zur Rezeption der Salzburger Produktionen von 1972 und 1973 ausgewertet, die – zusammen mit Fischer-Dieskaus eigenen Äußerungen – wertvolle Erkenntnisse zum Rollenverständnis und zur Publikumsresonanz liefern.

During his long artistic career, Dietrich Fischer-Dieskau established a broad repertoire of opera parts. Within this repertoire, Mozart's operas and especially the famous count's role in *Le nozze di Figaro* and the title role of *Don Giovanni* take prominent parts. Fischer-Dieskau also devoted himself to the role of Don Alfonso in Mozart's *Così fan tutte* in different biographical stages, in various artistic contexts, in the studio, on opera stages and in concert halls. Nevertheless, the number of appearances and audio records is considerably lower than those of the parts mentioned above due to the performance tradition, special requirements and characteristics of the role. This article deals with a few general considerations on *Così fan tutte* and especially the characteristics of Don Alfonso that the singer has commented on several times. Additionally, it focuses on Fischer-Dieskau's interpretations of the role by reference to a studio recording that was done in Berlin in 1962 under the conducting of Eugen Jochum and a live recording during the Salzburg Festival in 1972 under Karl Böhm. The aria no. 5 »Vorrei dir, e cor non ho« (I/5) serves as a case study and the given interpretations of Fischer-Dieskau are examined and compared to those of other singers from 1951 to 1992. Furthermore, documents on the reception of the 1972 and 1973 Salzburg productions are evaluated as together with the singer's statements they allow valuable insights into the understanding of the role and the audience's resonance.

Wenn wir heute auf das Lebenswerk Dietrich Fischer-Dieskaus zurückblicken, dann ist es, ungeachtet der enormen Bandbreite seines künstlerischen Wirkens im Allgemeinen und seines sängerischen Repertoires im Besonderen, vor allem der Liedsänger Fischer-Dieskau, der bleibende Maßstäbe gesetzt hat, an denen sich spätere Interpreten zu messen haben. Kaum weniger hoch ist seine Bedeutung als dramatischer Bühnenkünstler ersten Ranges, als europaweit gefragter Opernsänger und hier insbesondere als Interpret der Werke Mozarts einzuschätzen. Während seiner langen künstlerischen Laufbahn erarbeitete sich der Sänger ein, mit über 100 Partien unterschiedlichen musikalisch-dramatischen Zuschnitts, außerordentlich breites und facettenreiches Rollenspektrum. Obwohl große dramatische Partien in italienischen und deutschen Opern des 19. Jahrhunderts einen wesentlichen Teil dieses Repertoires ausmachen, ist auch eine besondere Affinität des Sängers zu Mozart zu konstatieren. Bereits im Januar 1951 sang er in Berlin erstmals den Grafen in *Le nozze di Figaro* – eine Partie, die ihm den Zugang zu Mozarts Opernwelt eröffnete und ihn offenbar in besonderer Weise faszinierte:

> Mozart erschien mit stets als größter künstlerischer Verkünder der Lebensfreude, jener pantheistischen, die springlustig ist, stürmisch bejahend, unbestimmt schöpferisch und niemals im banalen Sinn übermütig. Als höchsten Ausdruck dieser frommen Lebensfreude aber empfand ich *Figaros Hochzeit*.[1]

1953 gab Fischer-Dieskau sein Rollendebüt als Don Giovanni an der Städtischen Oper Berlin unter Karl Böhm. Später folgten Auftritte in *Bastien und Bastienne* (Colas), *La finta giardiniera* (Nardo), *Die Zauberflöte* (Papageno, Sprecher), *L'oca del Cairo* (Don Pippo) sowie die Partie des Don Alfonso in *Così fan tutte*, die im Folgenden Gegenstand der Ausführungen sein soll.

---

[1] Dietrich Fischer-Dieskau, Zeit eines Lebens, Stuttgart/München: dtv 2000, S. 178.

## I. *Così fan tutte* im Opernrepertoire Fischer-Dieskaus

Dietrich Fischer-Dieskau hat sich in verschiedenen biografischen Phasen und in unterschiedlichen künstlerischen Kontexten mit Mozarts *Così fan tutte* und der Partie des Don Alfonso befasst, auf der Bühne ebenso wie im Studio und im Konzertsaal.[2] Es ist bezeichnend, dass diese Auseinandersetzung zunächst nicht mit einer Bühnenproduktion verbunden war, sondern im Studio begann: Im Dezember 1962 entstand eine Aufnahme, mit der die Deutsche Grammophon eigentlich den 1954 begonnenen Zyklus der Einspielungen der großen Opern Mozarts unter der Leitung von Ferenc Fricsay abschließen wollte. Da Fricsay jedoch an Krebs erkrankt war, verpflichtete man Eugen Jochum, damals Chefdirigent des Symphonieorchesters des Bayerischen Rundfunks, für diese Produktion. Bis Fischer-Dieskau auch auf der Bühne als Don Alfonso zu sehen und zu hören war, sollten fast zehn Jahre vergehen: Erst am 27. Juli 1972 gab er sein Bühnendebüt in dieser Rolle bei den Salzburger Festspielen als Teil eines hochgelobten Mozart-Ensembles unter der Leitung von Karl Böhm in der Neuinszenierung von Günter Rennert; im selben Jahr folgte im November und Dezember eine Produktion an der Deutschen Oper Berlin, ebenfalls unter Böhms Leitung, jedoch mit anderen Sängern, sowie im kommenden Jahr eine Wiederaufnahme bei den Salzburger Festspielen, deren Besetzung mit jener des Vorjahres identisch war. Abgesehen von zwei Auftritten in Washington im Jahr 1975[3] verschwand die Rolle nun für gut 15 Jahre aus Fischer-Dieskaus Repertoire. Erst im Dezember 1988 kam es zu einer von Radio France übertragenen Aufnahme in Paris unter der Leitung von Neville Marriner, die der Sänger selbst als »besonders schöne konzertante Aufführung« beschrieb und als »großartige und zugleich einfache Alternative zu den damals bereits grassierenden problematischen Inszenierungen [...], die den Hörer stärker fordert, ihn aktiviert, seine Phantasie anregt.«[4] Am 31. Dezember 1992 schließlich war Dietrich Fischer-Dieskau zum letzten Mal als Don Alfonso zu hören, und zwar bei einem Galakonzert in der Bayerischen Staatsoper, bei dem unter

---

[2] Zu Fischer-Dieskaus Don Alfonso-Interpretationen siehe Anhang 1.
[3] Zu diesen Auftritten, die Ute Behrendt in ihrem Kalendarium der Auftritte Fischer-Dieskaus von 1947 bis 1992 am 18. und am 21. November 1975 verzeichnet, liegen mir keine näheren Informationen vor. Vgl. http://www.alternobis.de/fdkalender/jahre/1975.htm (download 31. Januar 2011).
[4] Fischer-Dieskau, Anm. 1, S. 181f.

der Leitung von Wolfgang Sawallisch u.a. das Finale des ersten Aktes der Oper gesungen wurde. Die Partie des Don Alfonso gehörte somit – im Kontext der gesamten Opernlaufbahn Fischer-Dieskaus – nicht gerade zu seinen Paraderollen auf der Opernbühne. Dass sie, zumindest an der Zahl der Auftritte und Tondokumente gemessen, hinter anderen Mozart-Partien wie vor allem Don Giovanni und der Graf in *Le nozze di Figaro* weit zurückstehen musste, hat zweifellos verschiedene Gründe, die nicht Gegenstand dieses Beitrags sein sollen – persönliche Vorlieben des Sängers scheinen hierbei weniger relevant gewesen zu sein als Aufführungstraditionen und die speziellen Erfordernisse und Eigentümlichkeiten der Partie selbst, weshalb den folgenden Überlegungen zu Fischer-Dieskaus künstlerischer Auseinandersetzung mit dieser Rolle einige generelle Bemerkungen zu *Così fan tutte* und zur Rollencharakteristik des Don Alfonso vorausgeschickt seien.[5]

## II. Mozarts *Così fan tutte* und das Rollenprofil des Don Alfonso

*Così fan tutte* gilt der älteren wie der neueren Mozart-Opernforschung als – um mit Stefan Kunze zu sprechen – »in vielerlei Hinsicht [...] unter Mozarts Werken das radikalste«.[6] Die Rezeption der Oper, die bei ihrer Erstproduktion in Wien bereits nach zehn Vorstellungen wieder vom Spielplan genommen wurde und bis heute weitaus seltener aufgeführt wird als etwa *Don Giovanni* und *Le nozze di Figaro*, ist vor allem im 19., aber auch noch im 20. Jahrhundert zwiespältig: Die Unwahrscheinlichkeit der Handlung, vor allem aber der häufig als schwach kritisierte Text Da Pontes führten zu zahlreichen Bearbeitungen, die dazu dienten, »die Frivolität und Unwahr-

---

[5] Zum Folgenden vgl. Stefan Kunze, Mozarts Opern, Stuttgart: Reclam 1984; Bruce Alan Brown, W.A. Mozart. Così fan tutte, Cambridge: Cambridge University Press 1995; Constanze Natošević, »Così fan tutte«. Mozart, die Liebe und die Revolution von 1789, Kassel u.a.: Bärenreiter 2003; Jörg Krämer, Mozarts »Da Ponte-Opern«, in: Mozarts Opern, hg. von Dieter Borchmeyer und Gernot Gruber (=Das Mozart-Handbuch, Bd. 3), Teilbd. 1, Laaber: Laaber-Verlag 2007, S. 281–359; Manfred Hermann Schmid, Mozarts Opern. Ein musikalischer Werkführer, München: Beck 2009; sowie die Beiträge im Band Così fan tutte. Beiträge zur Wirkungsgeschichte von Mozarts Oper, hg. von Susanne Vill, Bayreuth: Mühl'scher Universitätsverlag 1978 (=Schriften zum Musiktheater, Bd. 2).

[6] Kunze, Anm. 5, S. 443.

scheinlichkeit im Libretto zu beseitigen und Mozarts ›göttliche Musik‹ für die Opernbühne zu retten«.[7]
Obwohl die Figuren in *Così fan tutte* als gleichwertig agierende Personen konzipiert sind, kommt der Rolle des Don Alfonso besondere Bedeutung zu. In Da Pontes Textbuch wird er als »vecchio filosofo«[8] bezeichnet, eine Bezeichnung, die ihn gemäß der Terminologie des 18. Jahrhunderts als einen umfassend gebildeten Gelehrten und Vertreter der Aufklärung ausweist.[9] Als zentrale Figur der Oper ist er der Initiator und Drahtzieher des sich entwickelnden Handlungsgeflechts und innerhalb der Interaktionen der Figuren der einzige, der in jeder Phase des Stückes die wahren Zusammenhänge kennt – ›aufgeklärt‹ im wahrsten Sinne des Wortes. Er ist es, der die auf sein Geheiß agierenden und reagierenden Paare nicht nur lenkt, sondern geradezu manipuliert; nachdem sich Ferrando und Guglielmo zu Beginn des ersten Aktes im Rahmen der Wette verpflichtet haben, den Anweisungen Don Alfonsos zu folgen, entwickelt die Handlung eine charakteristische Eigendynamik, die allein von Don Alfonso gesteuert wird, während die übrigen Personen sich mehr oder weniger passiv dem Lauf der Dinge überlassen. Folgerichtig wird ihm am Schluss der Oper die Verantwortung zugewiesen: Als Initiator der Intrige liegt die ›Schuld‹ bei ihm und nicht bei den beiden Frauen, die die Liebesprobe – ein beliebtes Sujet der Opera buffa – nicht bestanden haben.
Charakteristisch für die Figur des Don Alfonso ist das Moment der Täuschung, der Verstellung: Die von ihm selbst initiierte Intrige verlangt es, dass Don Alfonso, je nach dramatischem Kontext, zwei unterschiedliche Rollen spielt: einerseits sich selbst, d.h. den wahren Don Alfonso, den ironisch-spöttischen Zyniker, und andererseits den falschen Don Alfonso, den vermeintlich hilfsbereiten Mentor der beiden Paare, der Anteil nimmt an den jeweiligen amourösen Befindlichkeiten. Dieser charakteristischen Ambivalenz des Rollenprofils ist die textliche wie musikalische Gestaltung der Partie

---

[7] Susanne Vill, Così fan tutte, in: Pipers Enzyklopädie des Musiktheaters, hg. von Carl Dahlhaus und dem Forschungsinstitut für Musiktheater der Universität Bayreuth unter Leitung von Sieghart Döhring, 6 Bde., München/Zürich: Piper 1986–1997, Bd. 4 (1991), S. 327–334, hier S. 331.

[8] Vgl. Wolfgang Amadeus Mozart, Neue Ausgabe sämtlicher Werke, in Verbindung mit den Mozartstädten Augsburg, Salzburg und Wien hg. von der Internationalen Stiftung Mozarteum, Salzburg, Bd. II/5/18: Così fan tutte, hg. von Faye Ferguson und Wolfgang Rehm, Kassel u.a.: Bärenreiter 1991, S. 2.

[9] Zur Charakterisierung Don Alfonsos als Repräsentant der »alt gewordene[n]‹ Aufklärung am Ende des 18. Jahrhunderts« vgl. Natošević, Anm. 5, S. 74–80, hier S. 74.

angepasst. Sprachlich wird der echte Don Alfonso, der prosaisch-spöttische Skeptiker und scharfsinnige Rationalist im Sinne aufklärerischen Gedankengutes, durch einen klaren, ›trockenen‹ Duktus charakterisiert, während der falsche, sich verstellende Don Alfonso die pathetische Sprache der Opera seria spricht. In Mozarts musikalischer Umsetzung ist Alfonsos Partie, die – dem generellen Konzept des Drahtziehers entsprechend – breiten Raum in der Partitur einnimmt und deren Schwerpunkt auf Rezitativen und den Ensembles liegt, durch eine auf Bläser verzichtende Instrumentierung, durch bewusste Wahl der Tonarten je nach dramatischer Situation und durch eine spezifische Gestaltung des Vokalparts individuell charakterisiert.

## III. Don Alfonso in der Interpretation Fischer-Dieskaus

Wie sieht nun Fischer-Dieskaus Auseinandersetzung mit dieser Rolle, dieser Figur, mit Mozarts *Così fan tutte* generell aus? Was hat den Sänger an dieser Partie, die zweifellos mit besonderen sängerischen und darstellerischen Ansprüchen verbunden ist, besonders fasziniert – und welche der mit der Rolle verbundenen Anforderungen stellten möglicherweise Probleme dar? Fischer-Dieskau selbst hat sich mehrfach zu seinem Verständnis der Partie des Don Alfsono geäußert, so etwa in *Zeit eines Lebens*:

> In der Opera buffa *Così fan tutte* vertritt der »Philosoph« Don Alfonso, den ich immer mit besonderem Bedürfnis nach Akribie sang, die Überzeugung, kein weibliches Wesen könne unverbrüchliche Treue halten. Selbst bei dem Schwesterpaar Fiordiligi [...] und Dorabella, den Bräuten seiner Freunde Ferrando und Guglielmo, will er keine Ausnahme gelten lassen, was den Protest der beiden verliebten Offiziere hervorruft. Nun soll ein von Don Alfonso eingefädelter Liebestest, bei dem die beiden Liebhaber exotisch verkleidet ihre Bräute wechselseitig zu verwirren haben, erweisen, daß Treue ein utopisches Ideal ist, ohne Bestand in der Wirklichkeit. Der Verlauf des Abenteuers bestätigt Don Alfonsos sensualistische Überzeugung vom Nichtvorhandensein der Beständigkeit. Ich hütete mich davor, als Miesmacher aufzutrumpfen, sondern entschuldigte mit Da Ponte die Flatterhaftigkeit der Frauen als ›necessità del core‹. Ich philosophierte dem Textdichter nach, daß die Natur den jungen Männern zuliebe keine Ausnahme machen und Frauen erschaffen könne, die anders als in ihrem Plan beschaffen sind. Dabei kam mir zu Hilfe, daß Mozarts Vertonung des ironischen Textes von einem tiefen Gefühlsernst diktiert zu sein scheint, der alle Parodie-Offerten des Textes regelmäßig negiert.[10]

---

[10] Fischer-Dieskau, Anm. 1, S. 181.

Don Alfonso ist in Fischer-Dieskaus Verständnis somit weniger der abgeklärte, zynische und zur Grausamkeit neigende Intrigant, wie er in modernen Inszenierungen mitunter präsentiert wird, sondern in erster Linie der das Geschehen lenkende, letzten Endes durchaus nachsichtige ›Philosoph‹. Bezeichnend für Fischer-Dieskaus Annäherung an die Partie ist die auch an anderer Stelle betonte Überzeugung von der hohen Qualität der Mozart'schen Musik, deren besondere affektive Qualitäten sich der Sänger im Sinne seines individuellen Rollenverständnisses zunutze machte. In einem Interview mit Wolf-Eberhard von Lewinski äußerte er sich wie folgt:

> *Ihr Alfonso hat viel Charme und Hintersinn zugleich, ist ein Filou oder ein Philosoph – oder vielleicht etwas ganz anderes, nur ein sadistischer Skeptiker, ein bedenkenlos-charakterlos Intrigierender. Wie hat Mozart ihn Ihrer Meinung nach gesehen – gibt es direkte Entscheidungshilfen in der Musik?*
>
> Wie beim Giovanni die eingelegten »Schlager« am Kern des Menschen vorbeiziehen, so legt den Alfonso seine Funktion innerhalb des Ensembles fest. In der Tat ist er entweder ein am Rande Kichernder oder ein formal Einleitender. Also einer, der die Philosophie der Liebe zu kennen meint, sich aber nicht zurückhält, seine Mitmenschen als Figuren im Spiel das Ganze immer wieder durchexerzieren zu lassen. Was Mozart aus dem Marionettenrücken des Dichters an Wärme und Wahrhaftigkeit menschlicher Empfindung herausholt, ist ein Wunder.[11]

Was Fischer-Dieskau aus der Rolle des Don Alfonso ›herausholt‹, könnte man, in Analogie zu diesem Zitat, vielleicht nicht als ein Wunder, wohl aber als eine höchst eigenständige, facettenreiche und differenzierte musikalische Interpretation auf hohem künstlerischen Niveau bezeichnen – dies hat zumindest meine Untersuchung ergeben, die sich in erster Linie auf zwei der zuvor genannten Einspielungen stützt, nämlich jene von 1962 unter der Leitung von Eugen Jochum – die Studioaufnahme der Deutschen Grammophon in Berlin – und einen Livemitschnitt von den Salzburger Festspielen unter Karl Böhm aus dem Jahr 1972.

Der Vergleich zweier Einspielungen im Hinblick auf einen einzelnen Gesangsinterpreten wirft stets das Problem auf, wie die unterschiedlichen Komponenten, die eine Aufnahme auszeichnen, miteinander in Beziehung zu setzen und zu gewichten sind. Es liegt auf der Hand, dass im konkreten Fall bereits die unterschiedlichen Aufnahmesituationen – im einen Fall eine reine Studioaufnahme ohne Verbindung zu einer szenischen Produktion, im

---

[11] Wolf-Eberhard von Lewinski, Dietrich Fischer-Dieskau. Tatsachen – Meinungen – Interviews, Mainz: Schott/München: Piper 1988, S. 99f.

anderen Fall der Livemitschnitt einer vielbeachteten Produktion der Salzburger Festspiele – unterschiedlichen Gesetzmäßigkeiten folgt: Von der rein technischen Seite abgesehen vermittelt der Livemitschnitt einen unmittelbaren, ungeschminkten Eindruck des singulären Opernabends einschließlich der Reaktionen des Publikums, aber auch möglicher Fehler der Interpreten und unerwünschter Nebengeräusche. Die Studioaufnahme liefert durch die Möglichkeit der Wiederholung, der Korrektur und der technischen Manipulation demgegenüber ein grundsätzlich anderes, ›geschöntes‹ musikalisches Ergebnis, gibt aber den ausführenden Künstlern die Möglichkeit, eine ganz bestimmte, von ihnen als optimal betrachtete musikalische Interpretation zu präsentieren und sich ganz auf den sängerischen Vortrag konzentrieren zu können, ohne Rücksicht auf Bühnenhandlung, Personenregie, Kostüme und Requisiten. Hinzu kommen die je unterschiedlichen akustischen Verhältnisse, die divergierende Orchester- und Sängerbesetzung und vor allem die je individuellen künstlerischen Intentionen des Dirigenten sowie – im konkreten Fall – eine zeitliche Distanz zwischen den Aufnahmen von immerhin zehn Jahren.

Es gilt also beim Vergleich von Fischer-Dieskaus Don Alfonso-Interpretationen von 1962 und 1972 die unterschiedlichen Produktions- und Aufnahmekontexte zu berücksichtigen und das jeweils Charakteristische der Interpretation herauszufiltern. Hierbei vermitteln beide Aufnahmen zunächst einmal übereinstimmend den Eindruck, dass der Sänger seine Rolle nicht nur sorgfältig einstudiert, sondern umfassend verinnerlicht hat, in dem deutlichen Bemühen, ihr seinen sehr persönlichen Stempel aufzudrücken – oder, wie es Hans A. Neunzig einmal formuliert hat, »in Musik und Text und Charakter der Figur ganz und gar einzudringen, [...] der zu werden, der da singt.«[12] Obwohl die Partie kaum Gelegenheit zu publikumswirksamer sängerisch-belkantistischer Profilierung gibt, hat Fischer-Dieskau sie offenbar sehr ernst genommen – seine eigene, bereits zitierte Behauptung, er habe gerade diese Rolle immer »mit besonderem Bedürfnis nach Akribie« gesungen,[13] erscheint angesichts der Klangdokumente höchst plausibel.

Beim Vergleich der Einspielungen fällt ferner auf, dass sich des Sängers Auffassung von der Rolle des Don Alfonso und den zur adäquaten Ausgestaltung einzusetzenden vokalen Stilmitteln nicht *grundsätzlich* ändert – wohl aber in bemerkenswerten Facetten und Nuancen, die natürlich auch auf die angesprochenen Aufnahmesituationen und vor allem die unterschiedlichen

---

[12] Hans A. Neunzig, Dietrich Fischer-Dieskau. Eine Biographie, Stuttgart: DVA 1995, S. 101.
[13] Fischer-Dieskau, Anm. 1, S. 181.

Mozart-Interpretationen der Dirigenten Jochum und Böhm zurückzuführen sind. Fischer-Dieskaus Rollenverständnis, die einmal gefundene eigenständige, persönliche Interpretation bleibt weitgehend unabhängig von der je unterschiedlichen Produktions- bzw. Aufführungssituation, des Ensembles und des musikalischen Leiters zumindest in ihren Grundzügen konstant, oder vereinfacht ausgedrückt: Fischer-Dieskaus Don Alfonso von 1962 ist keine vollkommen andere Figur als jene von 1972. Was sie verbindet, ist das Bestreben, dem Rollenprofil in seiner spezifischen Ambivalenz, dem Spannungsfeld zwischen echten und nur gespielten Emotionen durch eine entsprechend subtile und facettenreiche vokale Interpretation gerecht zu werden und es plastisch hörbar zu machen. Der ›echte‹ Alfonso, wie er zum Beispiel in der ersten Szene im Dialog mit Ferrando und Guglielmo in Erscheinung tritt, ist musikalisch gekennzeichnet durch einen trockenen, leichten Parlando-Ton, durch einen agilen, mehr sprechenden als deklamierenden rezitativischen Duktus, durch eng am Text entlang gesungene, pointierte, bisweilen allerdings überartikulierte Tongebung – dagegen charakterisiert den ›falschen‹ Alfonso eine expressive und mit einer großen Bandbreite an vokalen Effekten operierende Gestaltungsweise. Mit anderen Worten: Der Hörer vermag allein anhand des Stimmklanges und der geschickt eingesetzten vokalen Stilmittel – und durchaus unabhängig vom Text – zwischen dem ›echten‹ und dem ›falschen‹ Don Alfonso zu unterscheiden. Besonders deutlich wird dies im Rezitativ, das breiten Raum in der Partie einnimmt. Wie der Liedsänger widmet auch der Opernsänger Fischer-Dieskau dem Text, der Bedeutung der Worte besondere Aufmerksamkeit. Seinen Gesang im Rezitativ zeichnet nicht nur eine deutliche, stets bestens verständliche und pointierte Aussprache des italienischen Textes aus, sondern vor allem die jedes Wort artikulierende Präzision seines Gesangs und die differenzierte Wortausdeutung u.a. mittels rubato, Akzenten auf zentralen Textwörtern, dynamischen Abstufungen und feinen farblichen Nuancierungen. Gerade im Rezitativ nutzt der Sänger die gesamte Bandbreite der ihm zur Verfügung stehenden stimmlichen Ausdrucksmöglichkeiten, von kaum noch hörbarem Flüstern bis zu volltönend-akzentuierter Tongebung – hier ist allerdings mitunter auch die zuvor zitierte Akribie hörbar, die zuweilen zur Überartikulation einzelner Phrasen und damit zu einem Verlust an Leichtigkeit und Eleganz führt.

## IV. »Vorrei dir, e cor non ho« (I/3)

Neben den rezitativischen Passagen sind die Ensembles das eigentliche musikalische Aktionsfeld des Don Alfonso – hingegen hat ihn Mozart mit nur einer einzigen, noch dazu mit 38 Takten und einer Dauer von weniger als einer Minute besonders kurzen ›Arie‹ bedacht, der Nr. 5 »Vorrei dir, e cor non ho« in der dritten Szene des ersten Aktes (vgl. Abb. 1, S. 57–58). Alfonso hat die Wette mit Guglielmo und Ferrando abgeschlossen und soll nun Fiordiligi und Dorabella die (falsche) Mitteilung machen, dass die beiden zum Militärdienst einberufen seien. Musikalisch kleidet Mozart diese Szene in ein kurzes Rezitativ und die folgende Arie in Form einer pathetischen Aria agitata in f-Moll, in der Alfonso in kurzen, abgehackten Phrasen sein (gespieltes) Entsetzen über die vermeintlich bevorstehende Trennung der Liebenden ausdrückt, musikalisch begleitet von »der durchgehend festgehaltenen erregten Begleitfigur mit dem hintergründigen Charakter der schweifenden Linien in den geteilten Violen gegen das Pizzicato der Bässe«.[14] Die durch Seufzermotive geprägte Streicherbegleitung und die immer wieder durch Pausen unterbrochene Gesangslinie vermitteln Aufgeregtheit, Kurzatmigkeit, Schrecken und Schmerz – allesamt Gefühle, die Alfonso in dieser Situation nur vortäuscht.

Dass in dieser Arie der falsche Alfonso spricht, ist aus Fischer-Dieskaus Interpretation in beiden Einspielungen deutlich herauszuhören. Die freie, leichte Tongebung im Parlando-Ton, die seinen Gesang in den Rezitativen auszeichnet, weicht hier einem expressiven, pathetischen Duktus à la Opera seria mit überakzentuierten Seufzer- und Rubato-Effekten der Singstimme, an dem der Zuhörer unabhängig vom Text die Intrige, die Täuschung und Verstellung Don Alfonsos deutlich zu erkennen vermag. Dennoch gleitet Fischer-Dieskaus Interpretation nicht ins vordergründig-Parodistische, allzu Buffoneske ab – hier manifestiert sich seine Überzeugung, »daß Mozarts Vertonung des ironischen Textes von einem tiefen Gefühlsernst diktiert zu sein scheint, der alle Parodie-Offerten des Textes regelmäßig negiert«.[15] Grundsätzlich gilt dies für beide Einspielungen, wenngleich jene von 1962 insgesamt gemäßigter, kultivierter erscheint, da Fischer-Dieskau hier eine voluminösere, kantablere Stimmführung wählt. Demgegenüber kommt in der Salzburger Aufnahme von 1972 (dem Livemitschnitt), die auch ein etwas

---

[14] Kunze, Anm. 5, S. 492.
[15] Siehe Anm. 10.

Abb. 1: Wolfgang Amadeus Mozart, Arie des Don Alfonso »Vorrei dir, e cor non ho«, T. 1–38 (I/3), Serie II – Bühnenwerke – Werkgruppe 5 – Band 18 – Teilband 1: Akt I – vorgelegt von Faye Ferguson und Wolfgang Rehm, BA 4606, S. 62–63, © Bärenreiter-Verlag Karl Vötterle GmbH & Co. KG, Kassel

rascheres Tempo aufweist, der abgerissene, aufgeregte Duktus sowohl im Orchester als auch im Singstimmenpart in überdeutlicher und sehr dramatischer Weise zum Ausdruck.
Vergleicht man nun Fischer-Dieskaus Interpretation dieser Arie mit Aufnahmen anderer Sänger, so wird deutlich, dass die Bandbreite der Deutungs- und Ausdrucksmöglichkeiten selbst bei diesem kurzen und vermeintlich ›anspruchslosen‹ Stück relativ groß ist, wie die Untersuchung ausgewählter Einspielungen aus der Zeit zwischen 1951 und 1992 gezeigt hat.[16] Hierbei erweist sich Sesto Bruscantinis Interpretation in der ältesten der untersuchten Aufnahmen (mit dem Orchester des Glyndebourne-Festivals unter Fritz Busch) als diejenige, die am stärksten die buffoneske Seite im Rollenprofil des Don Alfonso reflektiert, die Fischer-Dieskau ja gerade nicht in den Vordergrund seiner künstlerischen Umsetzung stellt: Bruscantini betont den komödiantisch-parodistischen Effekt, der mit dieser Arie aufgrund des dramaturgischen Kontextes verbunden ist, durch einen mit seufzer- und schluchzerähnlichen vokalen Effekten durchzogenen Duktus der Singstimme, die hier, im Unterschied zu anderen Einspielungen, durchaus nicht immer mit dem begleitenden Instrumentalsatz korrespondiert. Ebenfalls zu den älteren Einspielungen gehört jene mit dem Bass-Bariton Paul Schöffler, der den Don Alfonso zwischen 1947 und 1962 wiederholt und mit großem Erfolg bei den Salzburger Festspielen gesungen und 1955 unter Karl Böhm eingespielt hat. Sein Vortrag zeichnet sich durch eine insgesamt eher kehlige Stimmgebung und eine dunklere Färbung der Vokale aus, ferner durch einen homogeneren, auf expressive Akzente und Effekte sowie dynamische Kontraste weitgehend verzichtenden Duktus – selbst das von Mozart vorge-

---

[16] Folgende Aufnahmen wurden berücksichtigt: Sesto Bruscantini/Orchestra of the Glyndebourne Festival/Fritz Busch, Mozart's Così fan tutte (aufg. 1951), Guild GHCD 2303/4 (publ. 2004); Paul Schöffler/Wiener Philharmoniker/Karl Böhm, Mozart. Così fan tutte (aufg. 1955), Decca 417 185-2 (publ. 1993); Walter Berry/Philharmonia Orchestra of London/Karl Böhm, Mozart. Così fan tutte (aufg. 1961), EMI 7 69330 2 (publ. 1988); Richard van Allan/Royal Opera House Covent Garden Orchestra/Colin Davis, Mozart. Così fan tutte (aufg. 1974), Philips 422 542 2 (publ. 1991); Gabriel Bacquier/London Philharmonic Orchestra/Georg Solti, Mozart. Così fan tutte (aufg. 1974), Decca 430 101-2 (publ. 2003); José van Dam/Wiener Philharmoniker/Riccardo Muti, Mozart. Così fan tutte (aufg. 1982), EMI 769 580-2 (publ. 1988); John Tomlinson/Berliner Philharmoniker/ Daniel Barenboim, Mozart. Così fan tutte (aufg. 1989), Erato 2292-45475 2 (publ. 1990); Carlos Feller/English Baroque Soloists/John Eliot Gardiner, Mozart. Così fan tutte (aufg. 1992), Archiv 437 829 2 (publ. 1993); Huub Claessens/ La Petite Bande Orchestra/Sigiswald Kuijken, Wolfgang Amadeus, Così fan tutte (aufg. 1992), Accent 9296/98 (publ. 1994); Thomas Allen/Orchestra of the Age of Enlightenment/Simon Rattle, Così fan tutte. Mozart (aufg. 1995), EMI 5 56170 2 (publ. 1996).

schriebene zweimalige subito piano auf »voi« in Takt 28 und 31 ist hier vernachlässigt, bei Fischer-Dieskau hingegen, der Mozarts Tempo- und Dynamikvorschriften stets akribisch folgt, deutlich hörbar. Schöfflers stärker auf Linie gedachte, allzu starke Kontraste vermeidende kantable Interpretation wird durch eine entsprechend ›homogene‹ instrumentale Begleitung gestützt. Auch in der Aufnahme mit dem London Philharmonic Orchestra unter Georg Solti aus dem Jahr 1974 tritt der Orchestersatz in den Hintergrund und erlaubt so dem Sänger des Don Alfonso, Gabriel Bacquier, die freie und nuancenreiche Entfaltung seiner Stimme und die textgebundene Betonung einzelner zentraler Wörter bzw. Silben mittels vokaler Stilmittel wie etwa eines deutlich hörbaren Glissando auf »pietà« in T. 26–27 und 29–30. In deutlichem Gegensatz zu dieser Auffassung der Arie des Don Alfonso steht die Interpretation von John Tomlinson mit den Berliner Philharmonikern unter Daniel Barenboim, in der das besonders rasche Tempo – das Stück dauert in dieser Einspielung nur mehr 35 Sekunden – zu einem allzu gehetzten, die Entfaltungsmöglichkeiten der Stimme stark einschränkenden und insgesamt wenig überzeugenden Höreindruck führt. Eine besonders gelungene Verflechtung von Orchestersatz und Singstimme bietet dagegen die Einspielung mit Walter Berry und dem Philharmonia Orchestra of London unter Karl Böhm, die zu Recht als eine der schönsten Mozart-Einspielungen Böhms gilt: Hier ist es dem Dirigenten in eindrucksvoller Weise gelungen, auch den feinsten Nuancen der Mozart'schen Komposition nachzuspüren, die verschiedenen Schichten hörbar zu machen und dem Sänger Walter Berry so die Möglichkeit zu geben, durch subtil eingesetzte Agogik, dynamisch differenzierte Stimmgebung und einen insgesamt stärker deklamatorischen Gestus eine besonders facettenreiche Interpretation dieser Arie zu liefern.

## V. Zur Salzburger Produktion von 1972

Neben dem Vergleich mit anderen Interpretation liefern auch die Dokumente zur Rezeption von Fischer-Dieskaus Don Alfonso-Auftritten, die vor allem zu den Salzburger Produktionen von 1972 und 1973 in großem Umfang vorliegen, aufschlussreiche Erkenntnisse zum Rollenverständnis und zur Publikumsresonanz.[17] Hierbei fällt auf, dass die meisten Presseberichte, ins-

---

[17] Mein herzlicher Dank gilt an dieser Stelle Franziska Lettowsky, der Leiterin des Archivs der Salzburger Festspiele, die mir Bildmaterial und Presseberichte in großzügiger Weise zugänglich gemacht hat. Vgl. dazu auch Dietlinde Schrey, Die Inszenierungen von Mo-

besondere die unmittelbar nach der Premiere der neuen *Così fan tutte* am 30. Juli 1972 in Salzburg erschienenen Aufführungskritiken, so einhellig positiv ausfallen, dass es schwerfällt, aus den überschwänglich-enthusiastischen Lobeshymnen konkrete Informationen insbesondere zur sängerischen Interpretation herauszulesen – was den Kritiker Wolfgang Eschmann veranlasste, einzuräumen, »daß ich mich der Gefahr gegenübersehe, lauter Superlative gebrauchen zu müssen, wenn ich das Ereignis auch nur annähernd würdige«[18]. Schon die Schlagzeilen über den Presseartikeln machen dies deutlich: In der *Frankfurter Allgemeinen Zeitung* etwa ist zu lesen: »Hell und makellos. ›Così fan tutte‹ unter Rennerts Regie und Böhms Leitung«,[19] in den *Salzburger Nachrichten*: »Im Einklang mit dem Herzschlag Mozarts«,[20] im *Münchner Merkur*: »›Così fan tutte‹ wie noch nie«,[21] in den *Bremer Nachrichten*: »So machen's nicht alle. Sternstunde der Oper unter Karl Böhm: ›Così fan tutte‹«[22] usw.

So positiv wie die Kritiken zur Produktion im Ganzen – lediglich Rennerts Inszenierung wird auch kritisch gesehen[23] – fallen im Besonderen die Urteile zu Fischer-Dieskaus Gestaltung der Partie des Don Alfono aus. Dabei fällt auf, dass Äußerungen zur Rollencharakteristik im Allgemeinen und zu darstellerisch-performativen Aspekten in Fischer-Dieskaus Umsetzung dieses Konzepts im Besonderen gegenüber Beschreibungen der sängerischen

---

zarts Idomeneo, Die Enführung aus dem Serail, Le nozze di Figaro, Don Giovanni, Così fan tutte und Die Zauberflöte bei den Salzburger Festspielen ab 1962, unter besonderer Berücksichtigung der Reaktionen der Presse des deutschsprachigen Raumes, Diplomarbeit (mschr.), Wien 1987, S. 162–173. Siehe Abb. 2 und 3.

[18] Wolfgang Eschmann, Mozart-Ereignis: Böhms Così fan tutte mit einem olympischen Starsänger-Ensemble, in: Rhein-Zeitung, Koblenz, 4. August 1972.

[19] Hans Heinz Stuckenschmidt, Hell und makellos. »Così fan tutte« unter Rennerts Regie und Böhms Leitung, in: Frankfurter Allgemeine Zeitung, 29. Juli 1972.

[20] Gottfried Kraus, Im Einklang mit dem Herzschlag Mozarts. »Così fan tutte« unter Karl Böhm und Günther Rennert – Salzburg hat wieder »Così«-Ensemble, in: Salzburger Nachrichten, 29. Juli 1972.

[21] Helmut Schmidt-Garre, Zweite Salzburger Festspiel-Premiere. »Così fan tutte« wie noch nie, in: Münchner Merkur, 29. Juli 1972.

[22] Klaus Adam, So machen's nicht alle. Sternstunde der Oper unter Karl Böhm: »Così fan tutte«, in: Bremer Nachrichten, 2. August 1972.

[23] Vgl. z.B. Andrea Seebohms Kritik der Wiederaufnahme (Salzburg: »Così fan tutte« als Reprise. Eine Farce, weiter nix?, in: Der Kurier, 2. August 1973): »Zu sehen ist nämlich das peinliche Mißverständnis eines Klasseregisseurs, der sich auf Kosten Mozarts und Da Pontes einen Jux machen wollte: Zu sehen ist die Rennertsche ›Così fan tutte‹-Produktion aus dem Vorjahr, die zum absoluten Kassenschlager und Publikumshit geworden ist, obwohl sie weder Stil noch Geschmack noch Charme besitzt.«

Abb. 2: Dietrich Fischer-Dieskau als Don Alfonso (mit Brigitte Fassbaender, Gundula Janowitz, Reri Grist, Hermann Prey und Peter Schreier), Salzburger Festspiele, 1972, ©Archiv der Salzburger Festspiele (Foto: Steinmetz)

Darbietung deutlich überwiegen. Zum Gesang Fischer-Dieskaus schreibt etwa Gottfried Kraus in den *Salzburger Nachrichten*: »[...] Dietrich Fischer-Dieskau demonstriert seinen überlegenen Deklamationsstil und seinen in jedem Wort und jeder Phrase evidenten künstlerischen Verstand«,[24] der Rezensent der *Stuttgarter Zeitung*, Wolfram Schwinger, urteilt: »Mit seiner unerhörten vokalen Skala, die ihre manieristischen Über- und Untertreibungen ganz verloren zu haben scheint, vermag er alle Nuancen auszudrücken, die die gefährliche Zweigleisigkeit der Komödie überhaupt erst nachvollziehbar machen.«[25]

---

[24] Kraus, Anm. 20.
[25] Wolfram Schwinger, Imagination des Doppelbödigen. Zweiter Abend der Salzburger Festspiele mit »Così fan tutte« unter Karl Böhm und Rennert, in: Stuttgarter Zeitung, 29. Juli 1972.

Abb. 3: Dietrich Fischer-Dieskau als Don Alfonso, Salzburger Festspiele, 1972, ©Archiv der Salzburger Festspiele (Foto: Steinmetz).

Viel breiteren Raum nehmen demgegenüber die Äußerungen zum Gesamtprofil der Rolle, zur Charakterisierung der Figur und hierbei vor allem zur darstellerischen Kompetenz und zum komödiantischen Talent des Sängers ein, dem in Salzburg offensichtlich eine insgesamt überzeugende Verkörperung der Rolle gelungen ist. Imre Fabian etwa schrieb in der *Opernwelt*: »Wie er Regie führt, im Hintergrund stehend das Spiel sich entfalten läßt, die Fäden knüpft, die einzelnen Figuren mit eleganten Gesten leitet, ist die Meisterleistung eines großen Sängerdarstellers.«[26]

---

[26] Zit. nach: Schrey, Anm. 17, S. 169.

Auch andere Autoren betonen Fischer-Dieskaus überzeugende Verkörperung des »verschmitzten, souveränen Drahtziehers«[27] und Intriganten Don Alfonso. So schreibt z.b. Werner Oehlmann im *Berliner Tagesspiegel*:

> Dietrich Fischer-Dieskau endlich als Don Alfonso ist mehr als der zynisch-trockene Philosoph des Librettos und der gesanglich wenig hervortretende Baßbuffo der Partitur: Ein überlegener, bald jovialer, bald grausamer Lenker der Komödie, Regisseur, pseudotragischer und burlesker Auftritte, Dirigent imaginärer Kriegsmusik, Anstifter aus Lust und verschlagener Komplize Despinas, am Ende noch die Verirrten durch menschliche Wärme und Weisheit versöhnend; [...].[28]

Dass die Charakterisierung der Figur des Don Alfonso als ›Regisseur‹ des Geschehens in Günther Rennerts Regiekonzept eine wesentliche Rolle spielt, hat der Regisseur selbst ausdrücklich betont:

> Ausschlaggebend für die Balance des Werkes ist die Figur des Don Alphonso. Er darf weder ein Intrigant mit boshaftem Vergnügen an menschlichen Schwächen, noch ein Voyeur des amourösen Qui pro quo sein, sondern durchaus ein philosophierender Grandseigneur der Aufklärungsepoche mit viel Kenntnis der menschlichen Seele. Sein abgeklärtes, vielleicht auch etwas pädagogisches – das lag in der Zeit – Vergnügen ist Ausgangspunkt für ein Schachbrett heiter-diabolischer Verführungsmanipulation. Hieraus ergibt sich eine gezielte, sorgsam erarbeitete Choreografie des scheinbar Improvisierten, in Wirklichkeit aber eine bewußte Psychologie der Irritation.[29]

In Fischer-Dieskau fand Rennert offensichtlich eine geradezu ideale Besetzung für dieses Konzept. In welchem Maße der Sänger hierbei seine *eigenen* Vorstellungen einbringen konnte, darüber lässt sich zumindest spekulieren – Fischer-Dieskau selbst gibt dazu einen Hinweis, wenn er über seine Zusammenarbeit mit Günther Rennert schreibt:

> Bei [...] Günther Rennert bekam ich immerhin eine Vorstellung davon, was Theater sein kann. [...] Typisch schien mir Rennerts häufig dirigierender Gestus während der Proben, als hätte er ein imaginäres Orchester und nicht Einzelpersonen vor sich. Dennoch ließ er sich zunächst einmal vielerlei persönliche Auffassung anbieten, wie auch ein guter Kapellmeister zunächst den Willen und die Fähigkeiten des Orchesters abtastet, bevor er eigene Vorstellungen kundtut.[30]

---

[27] Erich Limmert, Das Festspielereignis des Jahres. Mozarts »Così fan tutte« unter Böhm und Rennert in Salzburg, in: Hannoversche Allgemeine, 5. August 1972.
[28] Werner Oehlmann, Unter blauem Theaterhimmel. »Così fan tutte« – Zweite Premiere in Salzburg, in: Der Tagesspiegel, Berlin, 29. Juli 1972.
[29] Günther Rennert, Opernarbeit. Inszenierungen 1963–1973, München: dtv 1974, S. 228.
[30] Fischer-Dieskau, Anm. 1, S. 160f.

## VI. Ausblick

Aus den verschiedenen Einzelbeobachtungen, aus Fischer-Dieskaus eigenen Äußerungen, dem Vergleich von Tonaufnahmen und den zuletzt kursorisch gestreiften Rezeptionsdokumenten lässt sich das Charakteristische seiner speziellen Interpretation zumindest erahnen: Fischer-Dieskau setzt seine ausdrucksvolle, agile und wandelbare Stimme für eine Partie mit ambivalentem Rollenprofil ein, deren musikalische Faktur und deklamatorischer Gestus dem sprachnahen vokalen Artikulations- und Deklamationsstil des Sängers ebenso entgegenkommen wie seinen darstellerischen und speziell komödiantischen Qualitäten. Gleichwohl bleiben viele Fragen offen, weshalb dieser Beitrag als Anstoß zu weiterer Forschung dienen soll, die vor allem detailliertere Interpretationsanalysen unter Einbeziehung auch der konzertanten Aufführung von 1988, den Vergleich mit anderen Interpreten, die Sichtung und Wertung weiterer Dokumente zur Rezeption und auch zur Auseinandersetzung der verantwortlichen Dirigenten mit *Così fan tutte* sowie die Gegenüberstellung der Partie des Don Alfonso mit anderen Mozart-Rollen Fischer-Dieskaus zum Thema haben könnte.

## Anhang:
## Fischer-Dieskau als Don Alfonso in Mozarts *Così fan tutte*[31]

### 1962 (Dezember)

Studioaufnahme Berlin
Irmgard Seefried (Fiordiligi)/Nan Merriman (Dorabella)/Hermann Prey (Guglielmo)/Ernst Haefliger (Ferrando)/Erika Köth (Despina)/Dietrich Fischer-Dieskau (Don Alfonso)/Berliner Philharmoniker, RIAS Kammerchor/ Eugen Jochum, Mozart. Così fan tutte, Deutsche Grammophon 2709 012 (LP, publ. 1973), 449 580-2 (CD, publ. 1996).

### 1972 (30. Juli bis 28. August)

Neuinszenierung Salzburger Festspiele
Gundula Janowitz (Fiordiligi)/Brigitte Fassbaender (Dorabella)/Hermann Prey (Guglielmo)/Peter Schreier (Ferrando)/Reri Grist (Despina)/Dietrich Fischer-Dieskau (Don Alfonso)/Wiener Philharmoniker, Chor der Wiener Staatsoper/Karl Böhm.
Live-Mitschnitt (30. Juli 1972): Wolfgang Amadeus Mozart, Così fan tutte, Allegro Corporation/Opera d'Oro POD 7013 (publ. 2006).

### 1972 (27. November bis 10. Dezember)

Neuinszenierung Deutsche Oper Berlin
Pilar Lorengar (Fiordiligi)/Brigitte Fassbaender (Dorabella)/Barry McDaniel (Guglielmo)/Luigi Alva (Ferrando)/Erika Köth (Despina)/Dietrich Fischer-Dieskau (Don Alfonso)/Chor und Orchester der Deutschen Oper Berlin/ Karl Böhm.

---

[31] Vgl. Monika Wolf, Dietrich Fischer-Dieskau: Verzeichnis der Tonaufnahmen, Tutzing: Schneider 2000, S. 226f., sowie Dies., Fischer-Dieskau: Diskographie in chronologischer Folge, Norderstedt: Books on Demand 2005, S. 48, 87.

## 1973 (31. Juli bis 23. August)

Wiederaufnahme Salzburger Festspiele
Gundula Janowitz (Fiordiligi)/Brigitte Fassbaender (Dorabella)/Hermann Prey (Guglielmo)/Peter Schreier (Ferrando)/Reri Grist (Despina)/Dietrich Fischer-Dieskau (Don Alfonso)/Wiener Philharmoniker, Chor der Wiener Staatsoper/Karl Böhm.
Rundfunkaufnahme (live) 6.8.1973 (ORF).

## 1975 (18. und 21. Dezember)

Auftritte in Washington (siehe Anm. 3).

## 1988 (12. März)

Konzertante Rundfunkaufnahme Paris (Radio France)
Margret Marshall (Fiordiligi)/A. James (Dorabella)/Hakan Hakegard (Guglielmo)/Keith Lewis (Ferrando)/Barbara Bonney (Despina)/Dietrich Fischer-Dieskau (Don Alfonso)/Orchestre National de France/Neville Marriner.

## 1992 (31. Dezember)

Galakonzert (Wohltätigkeitsgala der Marianne Strauß Stiftung) München, Bayerische Staatsoper – Finale des I. Aktes
Lucia Popp (Fiordiligi)/Marjana Lipovsek (Dorabella)/Thomas Hampson (Guglielmo)/Robert Swenson (Ferrando)/Annegeer Stumphius (Despina)/ Dietrich Fischer-Dieskau (Don Alfonso)/Bayerisches Staatsorchester, Chor der Bayerischen Staatsoper/Wolfgang Sawallisch.
Rundfunk- und TV-Übertragung (live) (Bayerischer Rundfunk).

ANDREA LINDMAYR-BRANDL (SALZBURG)

# Das Entsetzen ins Gesicht geschrieben.
# Dietrich Fischer-Dieskaus Körperinterpretation
# der *Winterreise*. Ein Werkstattbericht

In diesem Beitrag geht es nicht um die klanglichen Qualitäten von Fischer-Dieskaus Stimme, sondern um die körperliche Darstellungskraft des Sängers, darum, wie er sich dem Publikum auf der Bühne präsentiert. Grundlage der Untersuchung ist eine Video-Aufnahme der *Winterreise*, die 1979 mit Alfred Brendl eingespielt wurde. Nach einem kurzen Überblick aktueller Forschungen auf diesem Gebiet und den methodischen Schwierigkeiten, die dabei zutage treten, werden anhand eines detaillierten Beobachtungsprotokolls grundlegende Charakteristika der Körpersprache Fischer-Dieskaus festgestellt. Typisch sind für ihn die Intensität seiner Augen, der Blick in die Ferne, aber auch das gesamte Mienenspiel. Im Gegensatz dazu verhält sich sein Körper ruhig, Arme und Hände sind wenig bewegt, das Gewicht auf beiden Beine fest verankert. Ein Vergleich mit anderen Sängern seiner Generation unterstreicht diese Beobachtungen und zeigt weitere Forschungsperspektiven auf.

This paper is not about the tonal qualities of Fischer-Dieskau's voice but the corporal expressive power of the singer, the way he presents himself on stage to the audience. The inquiry is based on a video recording of the *Winterreise*, produced in 1979 together with Alfred Brendel. After a short survey of some recent studies in this field and the methodological challenges connected with this approach, basic characteristics of Fischer-Dieskau's body language are determined by means of a detailed observation record. Typical for him are the intensity of his eyes, the glance into far distance but also the whole facial expression. In contrast to this, his body remains calm, arms and hands barely move, and the weight is anchored on both legs. A comparison with other singers of his generation makes these observations more differentiated and indicates new perspectives for further research.

Die Interpretationsforschung hat in den letzten Jahrzehnten einen großen Aufschwung erfahren – sowohl was die Verfügbarkeit von Tonaufnahmen betrifft als auch durch die Entwicklung von technisch unterstützen Forschungsmethoden. In den Studien dieses speziellen Forschungsgebiets geht es grundsätzlich um Phänomene des Klangs – um Tempo, Phrasierung, Klangfärbung, Dynamik usw. – Parameter, die für die Realisierung klassischer Musik eine zentrale Rolle spielen. Aus unserer persönlichen Erfahrung als Konzertbesucher wissen wir jedoch, dass bei einer Aufführung zu dem rein klanglichen Ereignis etwas hinzukommt, das auf keinen Tonträger gebannt werden kann: die körperliche Präsenz des Künstlers. Eine Tonaufnahme eines bestimmten Konzerts ist immer nur ein Abglanz der Aufführung selbst, sie kann bestenfalls die Erinnerung daran wecken, aber nie die Fülle der Eindrücke wiedergeben, die das Publikum im Moment des Musizierens erlebt haben mag. Dass dabei aber nicht nur eine gewisse Aura des Künstlers zu tragen, sondern eine konkrete Interpretationsebene ins Spiel kommt, die vom körperlichen Agieren des Musikers ausgeht, wurde in der Forschung bislang nicht hinreichend gewürdigt. Dabei wissen wir, dass Menschen viel stärker »Augentiere« als »Ohrentiere« sind, also vorrangig vom Sehsinn beherrscht werden, und dass auch im künstlerischen Bereich Körpersprache als Mittel der nonverbalen Kommunikation eine zentrale Rolle spielt. Speziell bei der Darbietung von Musik reicht das körperliche Gebärden der Interpreten weit über das rein klanglich Notwendige der Tonproduktion hinaus. Es unterstützt die musikalische Interpretation und charakterisiert die einzelnen Musiker in ihrer jeweiligen Individualität. Wenn wir Dietrich Fischer-Dieskau als Musikerpersönlichkeit in seiner gesamten Breite studieren wollen, dann gehört auch seine körperliche Ausdrucksfähigkeit beim Musizieren wesentlich dazu.

Ausgangspunkt der folgenden Untersuchungen ist eine von insgesamt neun Aufnahmen der *Winterreise* allein mit Alfred Brendel, die in der Diskografie von Monika Wolf verzeichnet sind.[1] Die Wahl fiel aus einem praktischen Grund auf diese Aufnahme. Es handelt sich unter diesen Dokumenten um die einzige Videoaufzeichnung, eine Studioaufnahme in der Siemensvilla (Berlin) vom Jänner 1979. Sie umfasst als Bonus auch Probenausschnitte und wurde 2005 als DVD in den Handel gebracht.[2] Fischer-Dieskau schätzte die Aufnahme und vor allem auch die Aufnahmebedingungen:

> Bei einer ganzen Serie von Fernsehaufnahmen mit dem Regisseur Klaus Lindemann fühlten wir [= DFD und Alfred Brendel] uns durch ruhige Kameraführung und unauffälliges Aufnahmeteam angenehm berührt. Einzig, daß schon zur Probe an gesondertem Tag eine Menge Gesichter in der Ferne sich auf die Technik einstellten und gar aufnahmen, war weder in Alfreds noch in meinem Sinne. Das Ergebnis freilich, das uns Lindemann stolz vorführte, zeitigte so viel Aufschlußreiches und Interessantes, daß wir unser placet zur Veröffentlichung gaben.[3]

---

[1] Monika Wolf, Dietrich Fischer-Dieskau. Verzeichnis der Tonaufnahmen, Tutzing: Schneider 2000, S. 375f.
[2] Dietrich Fischer-Dieskau/Alfred Brendel, Franz Schubert. Winterreise (aufg. 1979, Sender Freies Berlin), TDK 24121 00149 (publ. 2005).
[3] Dietrich Fischer-Dieskau, Nachklang. Ansichten und Erinnerungen, Stuttgart: DVA 1987, S. 295.

## I. Forschungsansätze

Für das Studium der Körperinterpretation ist nicht das Ohr das zentrale Organ der Wahrnehmung, sondern das Auge – es geht darum, die Feinheiten des Ausdrucks zu erkennen, die Bewegungen des Körpers differenziert wahrzunehmen und zu beschreiben sowie das Zusammenspiel verschiedener Körperbewegungen in Bezug zur Musik zu setzen. Diese Qualitäten sind vorrangig in der Tanzforschung ausgeprägt, wo der Körper und seine Bewegungen im Zentrum des Interesses stehen. Claudia Jeschkes Studie *Tanz als BewegungsText* (1999) bietet hierfür einen guten Anknüpfungspunkt.[4] In ihrem dynamisch angelegten Modell wird Bewegung als Prozess gesehen und Körperbewegung als Aktion, zunächst unabhängig von einer Ästhetisierung und Funktionalisierung. Diese Trennung der verschiedenen Parameter ist auch beim Studium der Körperinterpretation von Liedern von Bedeutung, da sich hier unvermittelt Text und Musik mit der Körpersprache des Sängers verbinden und der komplexe Prozess erst dekonstruiert werden muss. Zum anderen macht Jeschke in ihrer Inventarisierung von Bewegung – einem komplexen Zeichensystem zur Notation von Tanz – auf die Vielfalt der Körpersektoren wie Kopf, Rumpf, Gliedmaßen, Gelenke sowie Körperflächen aufmerksam und verbindet diese mit den Begriffen Mobilisation, Koordination, Belasten und Energieaufwand bzw. Energieverteilung. Dieser sehr differenzierte Ansatz in der Körperbeobachtung und -beschreibung hilft, die Vielfalt der Bewegungsmöglichkeiten zu erkennen, eignet sich aber eher für die Untersuchung einer großräumig angelegten Bühnenrolle eines Sängers als für eine doch verhältnismäßig statische Liedinterpretation, wie sie uns mit Fischer-Dieskaus Aufnahme der *Winterreise* vorliegt.
Ein weiterer Forschungsansatz findet sich im Bereich der Musikforschung, speziell in der Musikpädagogik. Hier ist es vor allem Jane Davidson, Professor of Music Performance Studies an der Universität Sheffield und Chair of Music an der Universität von West-Australien, die in zahlreichen Beiträgen zur Erforschung dieses Themenbereichs beigetragen hat.[5] In Zu-

---

[4] Claudia Jeschke, Tanz als BewegungsText, Tübingen: Niemeyer 1999 (=Theatron. Studien zur Geschichte und Theorie der dramatischen Künste, Bd. 28).
[5] Ihre jüngsten Publikationen zu diesem Themenfeld sind: Jane W. Davidson/Stephen Malloch, Musical communication: The body movements of performance, in: C. Trevarthe/Stephen Malloch (Hg.), Communicative Musicality, New York: Oxford University Press 2009, S. 565–583; Jane W. Davidson, The activity and artistry of solo vocal performance: Insights from investigative observations and interviews with western classical singers, in: Musicae Scientiae Special issue (2007), S. 109–140; dies., »She's the one«: Multiple

sammenarbeit mit anderen Kollegen untersuchte sie die Ökonomie der Körperbewegungen während des Musizierens, deren Funktion in Parallele mit dem Sprechen, die Kategorisierung von Körperbewegungen wie etwa Handgesten, die Reaktion des Publikums auf solche Gebärden und andere körperbezogene Phänomene. Die Methodik dieser Studien ist vielfältig, unter anderem markierte man verschiedene Positionen am Körper und verfolgte deren Bewegungen während des Musizierens mittels einer Kamera.[6] Untersuchungsobjekte waren Instrumentalisten (u.a. Pianisten) sowie einige Sänger, vor allem Studierende an Musikuniversitäten, sowie Popstars wie Robbie Williams oder Annie Lenox. So interessant diese Untersuchungen auch sind, so haben sie doch ein anderes Ziel als das von uns verfolgte. Sie dienen vor allem dazu, bei Musikstudenten und deren Lehrern das Bewusstsein für die Wichtigkeit der Körperinterpretation zu schärfen und konkrete Ausdrucksgesten und deren Publikumswirkung zu diskutieren. Unser Blick ist dem genau entgegengesetzt: Wir beobachten einen anerkannten Künstler der klassischen Musik und analysieren die für ihn charakteristische Körpersprache.

Für die Analyse der Videoaufnahmen von Fischer-Dieskau, die – das sei vorweggenommen – vor allem auf das Gesicht des Sängers fokussiert sind, ist ein anderer Forschungsbereich stärker von Relevanz, nämlich jener der Verhaltenspsychologie. In den späten 1970er Jahren entwickelte der amerikanische Psychologe Paul Ekman eine bis heute erfolgreich angewandte Technik zur Aufzeichnung und Erkennung von Mimik und den damit verbundenen Emotionen. Die Technik nennt sich FACS: Facial Action Coding System.[7] Auf Grundlage der genauen physiologischen Kenntnis der Gesichtsmusku-

---

Functions of Body Movement in a Stage Performance by Robbie Williams, in: Anthony Gritten/Elaine King (Hg.), Music and Gesture, Aldershot: Ashgate 2006, S. 208–225.

[6] Jane W. Davidson, Bodily communication in musical performance, in: Dorothy Miell/ Raymond MacDonald/David J. Hargreaves (Hg.), Musical Communication, Oxford: Oxford University Press 2005, S. 215–237, hier S. 218; auch Marcelo M. Wanderley/ Bradley W. Vines, Origins and Functions of Clarinettists' Ancillary Gestures, in: Anthony Gritten/Elaine King (Hg.), Music and Gesture, Aldershot: Ashgate 2006, S. 165–191.

[7] Paul Ekman (Hg.), Emotion in the human face, Cambridge u.a.: Cambridge University Press ²1982 (Oxford 1972) (=Studies in Emotion and Social Interaction); ders., Gefühle lesen. Wie Sie Emotionen erkennen und richtig interpretieren, engl. Übersetzung von Susanne Kuhlmann-Krieg, München: Spektrum 2007 (engl. Originalausgabe: Emotions Revealed. Understanding Faces and Feelings, London 2003). Siehe auch die homepage von ›A human face‹: www.face-and-emotion.com/dataface/general/homepage.jsp; und den E-Learning-Kurs ›about facs‹ an der Universität des Saarlandes: www.uni-saarland. de/fak5/orga/Kurs/home.htm (download Ende Januar 2011).

latur hat Ekman 44 »action units« isoliert und deren Zustandekommen, optisches Erscheinungsbild sowie Ausdrucksstärke akribisch beschrieben und mit Fotos und Videos dokumentiert. Er unterscheidet zwischen Mimik im Obergesicht (Augenbereich und Stirn) und Mimik im Untergesicht (Nase, Mund, Kinn, Wange) sowie zwischen vertikalen, horizontalen, schrägen und kreisförmigen Bewegungen. FACS wird nicht nur in der Forschung erfolgreich eingesetzt, sondern auch im Bereich des Kommunikationstrainings sowie vom amerikanischen Geheimdienst als eine Art Lügendetektor.[8] Um diese Technik zu beherrschen, muss ein anspruchsvolles Trainingsprogramm absolviert werden. Doch schon eine erste Beschäftigung mit FACS lässt erkennen, dass es sich dabei um ein wichtiges Werkzeug handelt, das uns das Minenspiel von Sängern in äußerster Differenzierung verständlich machen kann.

Schließlich sei noch auf ein weiteres Forschungsgebiet verwiesen, das für unsere Studie methodisch vielversprechend erscheint, nämlich das der Kommunikationswissenschaft. Körpersprache und Kommunikation sind Thema einer umfangreichen Sekundärliteratur, die es noch zu durchforsten gilt.[9]

## II. Forschungsmaterial

Grundlage der Studie ist die schon genannte Videoaufzeichnung der *Winterreise* aus dem Jahr 1979 mit Alfred Brendel am Klavier sowie Ausschnitte von den vorangegangenen Proben.[10] Es geht also ausschließlich um Liedinterpretation, nicht um Bühnendarstellungen von Fischer-Dieskau (das wäre ein anderes Thema). Und es steht nur ein einziger, aber ganz besonderer Liederzyklus im Zentrum, eben die *Winterreise* op. 89, D 911, entstanden

---

[8] Erst jüngst hat sich auch die Filmindustrie des FACS bedient, um virtuell erzeugten Menschen, sog. Avatars, Leben ins Gesicht zu zaubern. Vgl. verschiedene Tageszeitungen, z.B. Der Standard, 17. November 2010, S. 11.

[9] Beispielhaft seien genannt: Michael Argyle, Körpersprache und Kommunikation, Paderborn: Junfermann 1996; Joachim Bauer, Warum ich fühle, was du fühlst. Intuitive Kommunikation und das Geheimnis der Spiegelneutrone, München: Heyne 2007; Ray Lee Birdwhistell, Kinesics and Context. Essays on Body-Motion Communication, London: Penguin 1971; Klaus R. Scherer/Harald G. Wallbott (Hg.), Nonverbale Kommunikation, Weinheim/Basel: Beltz 1984; Joseph A. Devito, The Interpersonal Communication Book, Boston: Pearson Education [12]2009; Edward T. Hall, The hidden dimension, New York: Anchor Books 1990. Ich danke Michael Leitner für die zahlreichen Literaturhinweise.

[10] »The Rehearsal«. Folgende Nummern aus dem Liederzyklus sind dokumentiert: Nr. 7, 8, 10–13, 16, 21–24.

zwischen Februar und Herbst 1827, im vorletzten Lebensjahr Schuberts. Wichtig ist weiters der schon erwähnte Umstand, dass es sich um eine Studioaufnahme handelt, also um eine Aufführung ohne Publikum, einer künstlichen Konzertsituation in einem sterilen Raum. Eine Beschränkung anderer Art ist, dass wir nur jene Bilder untersuchen können, die uns der Kameramann durch seine spezifischen Einstellungen und die Regie durch das Schneiden des Filmmaterials zur Verfügung stellen. Dabei konzentrierten sie sich vor allem auf das Gesicht des Künstlers, der Körper als Ganzes wird kaum gezeigt.

Als Vergleichsmaterial stehen zum einen andere Ton/Bild-Aufnahmen von Fischer-Dieskau zur Verfügung, insbesondere eine Aufnahme von Schubertliedern aus den 1970er Jahren mit Wolfgang Sawallisch (*The Art of Dietrich Fischer-Dieskau*), eine Live-Aufnahme der *Schönen Müllerin* von der Schubertiade 1991 mit Andràs Schiff am Klavier sowie ein »Franz Schubert Recital« aus der DVD *Autumn Journey*, 1992 im Opernthreater Nürnberg mit Hartmut Höll aufgenommen.[11] Zum anderen bilden Filmdokumente der *Winterreise* von anderen Sängern, die man leicht im Internet findet (z.B. auf youTube), eine weitere Vergleichsgruppe, leider durchwegs von schlechter Bild- und Tonqualität. Dabei ist zu unterscheiden zwischen Sängern, die derselben Generation wie Fischer-Dieskau angehören (Hermann Prey und Peter Schreier), Sängern einer jüngeren Generation (Thomas Quasthoff und Thomas Hampson) und Sonderfällen wie Ian Bostridge – dazu unten mehr. Das Studium des vorliegenden Bildmaterials wird durch die technischen Möglichkeiten, die ein reguläres Abspielgerät (bzw. Wiedergabeprogramm) auf aktuellem technischem Stand zu bieten hat, vertieft. Nach oftmaligem Durchsehen des Bildmaterials kann es z.B. hilfreich sein, einmal ein rein visuelles Studium vorzunehmen, indem man den Ton abschaltet. Damit ist man zum einen zwar weniger abgelenkt von den akustischen Ereignissen, verliert zum anderen allerdings auch den Zusammenhang des Optischen mit der Musik. Ideal ist bei dieser Übung, wenn man das Klingende im Inneren still mithören kann. – Um die rasch wechselnde Mimik und Gestik besser verfolgen zu können, kann wiederum die Zeitlupenfunktion genützt werden.

---

[11] Dietrich Fischer-Dieskau u.a., The Art of Dietrich Fischer-Dieskau. Master of the Lied, DVD 2 (aufg. 1960–1982) Deutsche Grammophon 00440 073 4050 (publ. 2005); ders./ András Schiff, Schubertiade Feldkirch 1991. Franz Schubert. Die schöne Müllerin (Live-Aufnahme im Montforthaus, Feldkirch, 20. Juni 1991), ORF Landesstudio Vorarlberg, TDK (publ. 2005); ders., Autumn Journey. A Film by Bruno Monsaigeon (aufg. 1991), NVC Arts 1991/Sender Freies Berlin 1995, Warner Music Video (publ. 2007).

Ein gewöhnlicher DVD-Player bietet eine Verlangsamung bis zum 8-fachen des originalen Tempos. Ist man an einer Passage besonders interessiert, so besteht auch die Möglichkeit, mit stehenden Bildern zu arbeiten und diese unmittelbar aneinander zu fügen. Auch das Stoppen eines schnellen Bewegungsablaufs in ein stehendes Bild kann zu Einsichten in das Ausdruckspotential einer Bewegungseinheit führen.

Um das Beobachtete aufzuzeichnen, stehen verschiedene Schriftsysteme zur Verfügung. Aus der Tanzwissenschaft kann man an das abstrakte Zeichensystem IVB (Inventarisierung von Bewegung) anknüpfen, das Claudia Jeschke entwickelt hat.[12] Ekman kodiert seine »action units« ganz neutral mit durchlaufenden Zahlen. Hilfreich fand ich schließlich auch ein System, das Jane Davidson und Steven Malloch in einem erst jüngst erschienen Beitrag vorstellen, bei dem musikalische Phrasen und der Zustand einzelner Körperteile sprachlich in Bezug gesetzt werden.[13] Ein mit dieser Methode angelegtes Beobachtungsprotokoll vom Beginn des *Frühlingstraums*, Lied Nr. XI der *Winterreise*, ist im Anhang zu finden.

## III. Erste Beobachtungen

Um einen ersten Eindruck von Fischer-Dieskaus Körpersprache zu gewinnen, empfehle ich die genaue Beobachtung der Eröffnungsnummer des Liederzyklus, *Gute Nacht*, da hier der emotionale Impetus relativ konstant ist und ungefähr in der Mitte des gesamten Intensitätsspektrums liegt. Der Beginn des Liedes ist in der Totale gefilmt, links der Pianist am Klavier sitzend, rechts davon der Sänger knapp vor dem Instrument stehend. Besonders interessiert uns dabei aber die Körperhaltung: Fischer-Dieskau steht mit leicht gegrätschten Beinen im Raum, mit sehr geradem Oberkörper und geradem, hoch erhobenen Kopf sowie locker nach unten hängenden Armen, die an der Körperseite leicht angelegt sind. Der Körper steht völlig im Gleichgewicht und ist fast militärisch gerade ausgerichtet. Aus dieser Distanz sind während des Klaviervorspiels bis zum ersten Einsatz des Gesangs nur minimale Bewegungen zu erkennen – das Heben des Brustkorbs zum Atemholen sowie eine leichte Neigung des Kopfes nach rechts (vom Beobachter aus gesehen). Erst bei näherem Heranzoomen kann man bei der zweiten

---

[12] Jeschke, Anm. 4.
[13] Davidson/Malloch, Anm. 5, S. 571f.

Textzeile »Das Mädchen sprach von Liebe ...« Fischer-Dieskaus nach oben gerichteten Blick ausmachen. Auffällig ist insgesamt die innere Konzentration des Sängers, die sich durch eine intensive, aber zugleich beherrschte Mimik ausdrückt. Dazu kommen kleine Kopfbewegungen; Oberkörper und Hände bleiben weitgehend unbewegt, sofern sie überhaupt im Bild sind. Denn die Regie zeigt uns nach der ersten Totale ausschließlich das Gesicht des Sängers in Großaufnahme, nur bei Klavierzwischenspielen schwenkt die Kamera kurz zum Begleiter. Erst am Ende des Liedes wird der Blickwinkel nach und nach geöffnet und erreicht in den letzten Takten wieder die Totale. Das Bild gleicht nun beinahe völlig dem der Anfangseinstellung, so als ob dazwischen nichts geschehen wäre. Lediglich die Füße von Fischer-Dieskau stehen nun etwas näher beieinander.

## IV. Fragestellungen

Was interessiert uns an diesen optischen Eindrücken, wie kann man die Interpretation des Künstlers erhellen? Die ersten Beobachtungen mögen genügen, um konkrete Fragestellungen zu formulieren. Ausgehend von der vorliegenden Aufnahme der *Winterreise* können etwa folgende drei Fragenkomplexe herausgearbeitet werden:
– Was ist das Spezifische an der Körpersprache von Fischer-Dieskau? Wodurch erreicht er seine Ausdruckskraft?
– Interpretiert er die *Winterreise* anders als andere Schubert-Lieder?
– Wodurch unterscheidet er sich von anderen Sängern in der Interpretation des Liederzyklus?

Im Folgenden soll auf den ersten Punkt etwas ausführlicher eingegangen werden. Die anderen beiden Fragestellungen werden nur kurz berührt, daher ist auch schon im Titel von einem »Werkstattbericht« die Rede.

## V. Fischer-Dieskaus Körpersprache

Nach Studium der gesamten Aufnahme der *Winterreise* kann man festhalten, dass die Körpersprache Dietrich Fischer-Dieskaus als Liedsänger eindeutige Charakteristika aufweist und sich sehr auf sein Gesicht konzentriert.
Am stärksten eingesetzt und am ausdrucksvollsten sind seine Augen. Besonders bei den Großaufnahmen kommt die ungeheure Intensität seines

Blickes zur Geltung, der entweder nach innen gerichtet ist oder ins Freie, oft auch ins Leere schaut. Die Augen sind immer wieder extrem weit geöffnet, teilweise sogar aufgerissen. Fast ebenso ausdrucksstark ist aber auch das Zukneifen der Augen oder überhaupt das Schließen bei besonders intensiven Textstellen.[14] Auch ruckartige Pupillenbewegungen kommen vor. Allein die Ausdrucksbreite der Augenpartie ist jedenfalls enorm. Sie reicht von innigstem Vergehen, von reinem Entzücken über ernste, tiefe Blicke bis hin zur Verzweiflung und zum ärgsten Entsetzen, als ginge es tatsächlich um Leben und Tod. Um diese Vielfalt der Mimik im Obergesicht zu erreichen, sind fast ununterbrochen die beiden Stirnmuskeln aktiv, ebenso der Ringmuskel um die Augen und der Muskel an der Nasenwurzel. Auch die Augenbrauen sind ständig in Bewegung, werden öffnend nach oben gezogen, dramatisch zusammengekniffen oder verfinsternd nach unten geschoben. In kurzen Singpausen kann Fischer-Dieskau seine Stirnmuskulatur schnell entspannen, so dass der Eindruck entsteht, als schiebe sich sein Haar wie eine Perücke nach vorn.

Typisch für seine Körperinterpretation ist nicht nur das reiche Augenspiel, sondern auch die Blickrichtung und damit verbunden die Kopfhaltung. Unverhältnismäßig oft richtet Fischer-Dieskau bei bestimmten Passagen den Blick sehnend nach oben – so, als ob er in einen imaginären Himmel schauen würde. Er beugt dabei seinen Kopf leicht nach hinten und verbleibt in dieser Position für eine kurze Weile, was beim Beobachter den Eindruck von Entrückung entstehen lässt. Gelegentlich ist der Kopf dabei auch leicht schräg gestellt. Eine zweite charakteristische Haltung ist der intensive Blick von unten. Dafür senkt er den Kopf deutlich – so, als ob ein Stier seine Hörner zeigen wollte – und blickt sozusagen aus sich heraus nach oben. Damit verbunden ist ein starkes Runzeln der Stirn und ein eindringlicher Blick, bei dem die dunkelbraunen großen Pupillen eine beschwörende Wirkung ausüben.

Das nach den Augen am stärksten eingesetzte Ausdrucksmittel ist der Mund. Das Besondere an Fischer-Dieskaus Körpersprache ist, dass er keine typische Lippenstellung zur Gestaltung des Tons einnimmt, sondern eine sehr variantenreiche, natürlicher agierende Mundmuskulatur zur Verfügung hat und diese auch entsprechend einsetzt. Beim Beobachten des Videos mit weggeschaltetem Ton kann man leicht vergessen, dass er singt – man denkt eher an intensives Sprechen, wenn man die Bewegungen der Mundpartie

---

[14] Vgl. dazu die Augenbewegungen im Beobachtungsprotoll zum Beginn des Frühlingstraums im Anhang.

verfolgt. Allerdings ist dieses musikalische Sprechen mit sehr viel extremerer Mimik verbunden und wechselt weit rascher als das natürliche Sprechen. Die schon bei der Beschreibung der Augen erwähnte breite Palette an Gefühlsäußerung wird durch spezifische Mundstellungen in ihren jeweiligen Ausdrucksgehalten unterstützt. Dazu zählt nicht nur das minimale Heben der Mundwinkel als kurzes Aufblitzen von Freude oder, wenn länger andauernd, als süßliches oder seliges Lächeln. Fischer-Dieskau verfügt insgesamt über eine Fülle von Mundstellungen – von fast geschlossenen Lippen über nach vorne gestülpte Lippen, einer durchschnittlichen, offenen Lippenposition sowie hochgezogener Oberlippe und vorgeschobenem Kinn bis hin zu einer extrem großen Mundöffnung als Ausdruck des Entsetzens, ohne Scheu, dabei auch unschön, ja sogar entstellt zu wirken.

Bewegungen des Kopfes stellen bei Fischer-Dieskau nur ein mittelmäßig ausgeprägtes Element der musikalischen Interpretation dar. Neben den schon genannten Positionen, verbunden mit dem Blick nach oben oder dem Blick von unten sowie der Schrägstellung als Ausdruck des Entzückens, kann man auch nachdrückliches Kopfnicken feststellen, das etwa den Inhalt des Liedtextes bestärkt. Am häufigsten jedoch bewegt sich der Kopf in ausdrucksstärkeren Passagen durch drehende Mikrobewegungen in der Horizontalen, was einem ganz leichten kurzen Kopfschütteln gleichkommt. Insgesamt ist der Kopf aber verhältnismäßig wenig – und vor allem wenig intensiv bewegt.

Auch die Körpersprache der Arme und Hände ist wenig ausgeprägt. Soweit das Video die Positionen der Arme erkennen lässt, hängen diese in der Grundposition gerade und entspannt nach unten. Gerne winkelt er die rechte Hand an und umgreift dabei den linken Unterarm. Manchmal winkelt er auch beide Hände an oder legt sie am Klavier ab und macht bestenfalls kleine Fingerbewegungen. Noch weniger bewegt sind Rumpf und Unterkörper Fischer-Dieskaus. Er steht gerade, mit beiden Beinen fest am Boden und schwankt nur bei wenigen Passagen leicht seitlich, macht eine kleine Drehung des Oberkörpers oder eine Mikrobewegung nach vorne. Bei extremen Gefühlsausbrüchen kann er den Körper auch ein wenig anheben, was umso intensiver wirkt, als er ihn sonst fast ganz ruhig hält.

## VI. Vergleich mit anderen Schubert-Aufnahmen Fischer-Dieskaus

Vergleicht man nun diesen Befund, der sich allein aus der Studioaufnahme der *Winterreise* ableitet, mit den Probenaufnahmen, so wird deutlich, dass es sich hier um eine gänzlich andere Aufführungssituation handelt. Dementsprechend verschieden ist auch die Körpersprache von Fischer-Dieskau. Gegenüber der ›offiziellen‹ Studioaufnahme, in der sich die große intellektuelle Konzentration des Sängers in dessen hoher Körperspannung widerspiegelt, erlebt man hier einen sehr viel lockereren Interpreten, der einen weitaus größeren Bewegungsradius zeigt, sowohl was Arme als auch Beine und Oberkörper betrifft. Im Gegensatz dazu ist die Ausdrucksstärke des Gesichts etwas reduzierter, auch wenn die grundlegenden Charakteristika, wie wir sie bei der Studioaufnahme feststellen konnten, sehr wohl vorhanden sind. Bemerkenswert ist, dass der unmittelbare Vergleich von Probe und Aufführung desselben Liedes deutlich macht, dass die Körpersprache bei ein- und denselben Passagen selten dieselbe ist, auch nicht in abgeschwächter Form. Fischer-Dieskau legt bei der Probe also nicht Mimik und Gestik fest, sondern interpretiert spontan in der unmittelbaren Situation, wobei er aus einem für ihn typischen Repertoire körpergebundener Ausdrucksmittel schöpft. Die anderen verfügbaren, oben bereits erwähnten Aufzeichnungen von verschiedenen Schubertinterpretation des Künstlers[15] stammen aus unterschiedlichen Zeiten: die Aufnahme mit Wolfgang Sawallisch aus den 1970er Jahren, also etwa zeitgleich wie die vorliegende Einspielung; die beiden anderen Aufnahmen – das Schubert-Recital mit Hartmut Höll am Klavier und die Live-Aufnahme der *Schönen Müllerin* von der Schubertiade Feldkirch mit András Schiff – vom Anfang der 1990er Jahre sind damit 20 Jahre jünger. Sie dokumentieren die letzten aktiven Sänger-Jahre Fischer-Dieskaus. Ohne hier ins Detail gehen zu können, wird deutlich, dass in den frühen Aufnahmen zwar dieselbe Körpersprache wie in der *Winterreise* gesprochen wird, letztere jedoch nicht das volle Ausdrucksrepertoire des Künstlers zeigt. Entsprechend der Thematik des Liederzyklus ist bei der *Winterreise* die Interpretation eingeschränkt auf Gefühlsäußerungen wie Kälte, Schrecken, Verzehren und Entsetzen, wobei die starke intellektuelle Konzentration des Sängers der intensiven Konzentration seiner Körpersprache entspricht. Bei den jüngeren Aufnahmen ist wiederum ein größerer Aktionsradius festzu-

---

[15] Siehe Anm. 11.

stellen. Insbesondere bei der *Schönen Müllerin* entsteht der Eindruck, dass die verminderte Stimmqualität durch eine umso intensivere Körperinterpretation wettgemacht wird. Am deutlichsten zu erkennen ist dieser Befund bei dem Lied *Ungeduld*. Hier ist Fischer-Dieskau nicht auf die Gesanglinie konzentriert und die Interpretation ist weniger aus der Gefühlslage des Liedes heraus bestimmt, als dem Erzählen verpflichtet. Dementsprechend werden einzelne Passagen eher gesprochen als gesungen, Mimik und Gestik sind exaltiert, auch wenn sie nach wie vor die für den Sänger typischen Charakteristika aufweisen.

## VII. Vergleich mit anderen Sängern

Schließlich soll der Interpretationsvergleich zumindest andeutungsweise auch auf andere Interpreten ausgeweitet werden, wobei das Lied *Frühlingstraum* – Nr. 11 der *Winterreise* – als Beispiel dienen soll. Es eignet sich durch die rasche Abfolge von intensiver Ruhe und starker Erregtheit dafür besonders gut. Wir konzentrieren uns im Folgenden auf die ersten beiden Abschnitte (T. 1–26), in denen der Wanderer zunächst in einer Art Rückblende auf das vorangegangene Lied des Zyklus, *Rast* (»Nun merk ich erst, wie müd ich bin …«), verklärt von seinem Traum erzählt, einer Fantasiewelt von bunten Blumen, wie sie im Mai blühen, von grünen Wiesen und lustigem Vogelgeschrei. Der zweite Abschnitt eröffnet dann durch einen abrupten Wechsel im Stimmungsgehalt. Aus der idealisierten Traumwelt wird der Protagonist durch das Krähen der Hähne vom Dach grausam in eine Welt katapultiert, in der es kalt und finster ist. In allen mir zur Verfügung stehenden Aufnahmen wird dieser unvermittelte Bruch von der Kameraführung durch den Wechsel von der Totale in die Großaufnahme des Gesichts des Sängers unterstrichen.

Dietrich Fischer-Dieskaus Interpretation[16] dieser beiden Abschnitte zeichnet sich durch eine ruhige Körperhaltung mit intensivem Minenspiel aus. Dominierend sind zunächst die weitgehend geschlossenen Augen, ein träumender, zarter und verzauberter Gesichtsausdruck sowie ein kleiner, sprechender Mund, der auf die Schlüsselworte »Mai« und »Vogelgeschrei« mit Mikrobewegungen der Mundwinkel reagiert und für einen ganz kurzen Moment ein Lächeln andeutet. Im zweiten Abschnitt dominieren das bereits beschrie-

---

[16] Vgl. dazu das Beobachtungsprotokoll im Anhang.

bene intensive Augenspiel sowie extreme Mundbewegungen, so dass der Ausdrucksgehalt dieser Passage auch ohne Kenntnis des Textes allein aus der Körpersprache des Sängers verstanden werden kann.
Im Gegensatz dazu vermittelt die Interpretation von Hermann Prey, der immer wieder als großer Gegenspieler Fischer-Dieskaus gehandelt wurde,[17] ein völlig anderes Bild.[18] Prey steht in der verfügbaren Aufnahme unbewegt und sehr gerade, hält sich mit beiden Händen am Klavier fest und zeigt vor allem auch im Gesicht keinen Ausdruck. Der Blick ist starr nach innen gerichtet, erst bei dem musikalischen Höhepunkt im zweiten Abschnitt (»da schrien die Raben vom Dach«) kommt etwas Bewegung in der Mimik auf, wobei auch der Kopf kleine, nachdrückliche Bewegungen macht. Ebenso ist der Mund nur wenig weit geöffnet und nur selten in Extrempositionen – insgesamt also hinsichtlich der Körpersprache eine sehr reduzierte Interpretation. Die stimmlichen Unterschiede werden bei diesen Beobachtungen nicht berücksichtigt.
Peter Schreier, zehn Jahre jünger als Fischer-Dieskau, ist körperlich bewegter als Hermann Prey. Er steht frei vor dem Klavier, mit angewinkelten Armen, wobei sich die Finger der rechten und linken Hand immer wieder berühren. Schon während des Klaviervorspiels schwankt sein Körper durch Gewichtsverlagerung von rechts nach links bzw. dreht sich an der vertikalen Achse. Auffällig ist an seiner Interpretation die starke Aktivität der Hände, die den Liedverlauf durch gestische Bewegungen intensiv mitgestalten. Seine Gesichtsmimik ist gegenüber Prey lebendig, im Vergleich mit Fischer-Dieskau jedoch weitaus geringer, vor allem die Augen sind vergleichsweise starr. Bei ausdrucksstarken Passagen, wie etwa bei den Worten »da war es kalt und finster«, weitet er nicht die Augen, sondern senkt die Augenlider, so dass sich die Augenöffnung schlitzartig verkleinert, was einen bedrohlichen Ausdruck hervorruft. Auch beim schon oben genannten musikalischen Höhepunkt dieses Abschnittes, auf den Fischer-Dieskau mit weit aufgerissenen Augen und extrem großer Mundöffnung reagiert, steigert Schreier seinen körperlichen Ausdruck verhältnismäßig wenig. Die Interpretation des vertonten Textes gelingt ihm vielmehr durch eine unvermittelt eingesetzte Aggressivität in der Stimme, die die Kälte der hier beschriebenen realen Welt das Auditorium beinahe körperlich erfahren lässt.
Nur kurz ansprechen will ich die beiden Videoaufnahmen des *Frühlingstraums* von zwei Sängern einer deutlich jüngeren Generation, nämlich von Tho-

---

[17] Fischer-Dieskau, Anm. 3, S. 260f.
[18] http://www.youtube.com/watch?v=9tinPw2hdeU (download Anfang Februar 2011).

mas Quasthoff und Ian Bostridge.[19] Quasthoff ist insofern ein interessanter Vergleichspartner, als er durch seine körperliche Behinderung auf die rein mimetische Interpretation des Gesichtes angewiesen ist. Tatsächlich kann sich die Ausdruckskraft Quasthoffs, vor allem von Augen und Mund, mit der von Fischer-Dieskau messen, auch wenn sie wiederum eine ganz eigene Charakteristik aufweist. So etwa sind die Mundwinkel Quasthoffs aus gesangstechnischen Gründen immer nach oben gezogen, wodurch die Ausdrucksmöglichkeiten der Lippen und der Mundöffnung vergleichsweise reduziert sind. Auffällig ist auch das starke Schwanken des gesamten Oberkörpers, das insgesamt auf eine weniger konzentrierte Körperspannung schließen lässt.

Ganz anders wiederum ist der von Ian Bostridge vermittelte Eindruck; einem Sänger, der nicht nur mit dem Kopf, sondern intensiv mit seinem ganzen Körper die Liedinterpretation unterstützt. In der vorliegenden Aufnahme sieht man zunächst nur die obere Körperhälfte des Sängers, der an einer weißen Wand lehnt. Während des ersten, ruhigen Abschnittes ist nur der Kopf leicht bewegt, und auch das Minenspiel – Mund, Augen, Augenbrauen – verläuft vergleichsweise reduziert. Bostridges Interpretation wirkt ganz und gar ›natürlich‹, weniger ›sängerisch‹, aber dennoch ausdrucksstark. Radikal ist der Wechsel zum bewegten zweiten Abschnitt. In einer abrupten Bewegung wirft er unvermittelt den Kopf nach unten und setzt nun im Gegensatz zum Beginn intensive Mundbewegungen ein, um der emotionalen Kraft des Textes Ausdruck zu verleihen. Auch der Blick geht nach unten und ist nicht mehr dem Beobachter zugewandt, der somit nur mehr indirekt Anteil am Geschehen nimmt. In dieser Stellung verbleibt Bostridge bis zum Ende dieses Abschnittes. Erst dann wird durch die Öffnung des Blickwinkels deutlich, dass der Sänger am Boden kauert, eine Position, die freilich nur in einer filmisch inszenierten Interpretation der *Winterreise* möglich ist. Dieser Sonderfall demonstriert, wie groß der Aktionsradius eines Sängers sein kann, wenn man das Medium Film gezielt und künstlerisch in den Interpretationsprozess miteinbezieht.

---

[19] www.youtube.com/watch?v=sr4TUmdKIYM; www.youtube.com/watch?v=5gkOOG YnNlc&feature=related (download Anfang Februar 2011). Beide Aufnahmen sind auch als DVD verfügbar: Thomas Quasthoff/Daniel Barenboim, Schubert. Winterreise (aufg. 2005), Deutsche Grammophon B000A3VTSO (publ. 2005); Ian Bostridge/Julius Drake/ David Alden, Franz Schubert. Winterreise (aufg. 1997), Warner Music Group Germany B0000505FS (publ. 2001).

## VIII. Forschungsperspektiven und Ausklang

Die Fülle des Vergleichsmaterials wirft weitere Problemfelder auf, die erst in zukünftigen Studien beantwortet werden können. Dazu gehört zum einen die Einbeziehung des Bühnengesangs (inwiefern verändert sich Fischer-Dieskaus Körpersprache, wenn er eine Bühnenrolle interpretiert?), aber auch ein noch intensiverer Vergleich mit anderen Sängern. Möglicherweise ergibt sich beim systematischen Studium eine Typologie von Körperinterpretation, sei es bei Sängern, bei bestimmten Instrumentalisten oder auch bei Dirigenten. Berücksichtigt man weiters das sich gesellschaftlich verändernde Verhältnis zum Körper, wird auch die historische Komponente bedeutsam. Wann und warum wurde in früheren Zeiten eine stärkere oder eine schwächere Körpersprache bevorzugt und ab wann empfand man eine Gestik oder Mimik als überzogen? Haben nationale Interpretationsschulen auch das Körperliche mit eingeschlossen? Und wie weit steuern oder beeinträchtigen bestimmte Gesangstechniken die körperliche Ausdrucksfähigkeit? Schließlich stellt sich auch die Frage, ob es in der Interpretation von Musik genderspezifische Ausdrucksformen gibt. Gerieren sich Sängerinnen grundsätzlich anders als Sänger oder dominiert eher die individuelle, persönliche Körpersprache? Jeder einzelne dieser Fragenkomplexe muss sorgfältig aufbereitet werden und kann meines Erachtens nur im Rahmen eines größeren Projekts sinnvoll bearbeitet werden. Wichtig ist hierbei die Zusammenarbeit mit Experten für Körperkommunikation und Spezialisten, die Kenntnisse von den physischen Voraussetzungen des Gesangs oder des Instrumentalspiels haben, sowie mit Gesangslehrern und mit einschlägig praktizierenden Musikern. Dass eine tiefere Kenntnis der Körperinterpretation sehr wohl der Mühe wert ist, hoffe ich mit meinem Beitrag angedeutet zu haben.

Lassen wir zum Abschluss auch den Künstler selbst zur Frage der Körperinterpretation zu Wort kommen. In seiner Abhandlung zur Geschichte und Interpretation des Gesangs betont Fischer-Dieskau, dass Stimmkultur auf dem Konzertpodium nicht mit »fader Leblosigkeit« gleichzusetzen sei. »Der Körper, das Instrument des Sängers, darf sich nicht zu einer naturfeindlichen Erstarrung zwingen.«[20] An anderer Stelle spricht er gezielt den Liedgesang und indirekt seine ihm eigene Körperinterpretation an:

---

[20] Dieter Fischer-Dieskau, Töne sprechen, Worte klingen. Zur Geschichte und Interpretation des Gesangs, Stuttgart: DVA 1985, S. 462.

> Blicken wir auf das Klavierlied: Hier verbietet sich körperliche Bewegung und Gestik als gewolltes ›Vorzeigen‹ eines dramatischen Impetus. Handlungsschauplatz ist das Gesicht des Sängers, der vom inneren Erleben durchleuchtet jede aufgesetzte Mimik scheuen sollte. Schließlich läßt ein fast nicht wahrnehmbares Mitgehen der Körperhaltung auf ein Spannungsfeld der Musik schließen. Wer aber solch eine Begrenzungen äußerlicher Art auf sich nimmt, trifft andererseits im Lied auf Gestaltungsmöglichkeiten, wie sie wohl kaum ein anderes Gesangsgebiet bereithält.[21]

Dass Fischer-Dieskau selbst diese Gestaltungsmöglichkeiten in ihrer Fülle ausgeschöpft hat und dabei die Körperinterpretation eine entscheidende Rolle spielt, scheint mir außer Frage zu stehen. In der *Winterreise*, die seiner Meinung nach die »größte Herausforderung [ist], vor die sich ein Liedsänger je gestellt sehen kann«, ist seine Interpretationskraft zu ihrer größten Intensität gereift. »Der Gegensatz von Jungsein und einer Resignation, die eigentlich dem Alter zugehört, von emotionaler Kraft des Gefühls und einem Sich-Aufgeben vor dem Auswegslosen, ist in Müllers Gedichten [...] genauso eingegangen wie in Schuberts Musik«[22] – und in Fischer-Dieskaus Interpretation, möchte man ergänzen.

---

[21] Ebd., S. 467.
[22] Ebd., S. 77.

# Anhang

Beobachtungsprotokoll
(Text in Großbuchstaben kennzeichnet körpersprachliche Details, die im Gesamteindruck dominieren.)

XI. *Frühlingstraum*, T. 1–26

32:52 Vorspiel am Klavier [Kamera am Pianisten.]
33:01 »Ich träumte von bunten Blumen,«
[Schwenk vom Pianisten zum Sänger; bei »Blumen« ist Fischer-Dieskau im Bild.]

| Oberkörper | gerade |
|---|---|
| Arm | beide Hände Klavier |
| Kopf | leicht nach rechts geneigt |
| Mund | klein, sprechend |
| Augen | zu |
| Gesamt | träumend, für sich |

33:05 »so wie sie wohl blühen im Mai;«

| Oberkörper | gerade, minimales Schaukeln |
|---|---|
| Arm | kleine Fingerbewegungen |
| Kopf | bei »Mai« langsames, ganz leichtes Schütteln |
| Mund | bei »Mai« etwas geöffnet, minimales Lächeln |
| Augen | ZU, Augenbrauen kurz gehoben, lebhafte Muskelbewegungen an der Nasenwurzel |
| Gesamt | zart, verzehrend |

33:09 »Ich träumte von grünen Wiesen,«

| Oberkörper | gerade, minimale Bewegungen durch das Atmen |
|---|---|
| Arm | kl. Finger der linken Hand geht nach unten |
| Kopf | leichtes Schütteln |
| Mund | klein, etwas zugespitzt |
| Augen | ZU, ein klein wenig auf |
| Gesamt | verzaubert |

33:14  »von lustigem Vogelgeschrei,«

| Oberkörper | gerade, bei »Vogelgeschrei« minimale Drehung zum Klavier |
|---|---|
| Arm | Finger der linken Hand aktiv |
| Kopf | minimale Bewegungen |
| Mund | bei »Vogelgeschrei« etwas aufgemacht |
| Augen | bei »Vogelgeschrei« ZU, GEÖFFNET, wieder zu |
| Gesamt | innerlich froh |

33:17  »von lustigem Vogelgeschrei.«

| Oberkörper | gerade, fast ganz ruhig |
|---|---|
| Arm | ruhig |
| Kopf | kleine Bewegung von Linksdrehung zurück in Ausgangsposition |
| Mund | bei »Vogelgeschrei« minimales Lächeln |
| Augen | zugedrückt |
| Gesamt | selig |

33:22  Fermate (Luft eingesogen, Augen auf)
33:24  »Und als die Hähne krähten,«

| Oberkörper | DEUTLICHE DREHUNG WEG VOM KLAVIER und Öffnung (zum Publikum) |
|---|---|
| Arm | linke Hand nach unten, rechte Hand angewinkelt |
| Kopf | gerade |
| Mund | deutliches Sprechen |
| Augen | offen |
| Gesamt | aufwachend, kurzatmig |

33:27  »da ward mein Auge wach,«

| Oberkörper | gerade |
|---|---|
| Arm | rechtE Hand geht auch nach unten |
| Kopf | gerade |
| Mund | Mundwinkel angestrengt zurückgezogen, zunehmend größer |
| Augen | Blick gerade, Augenbrauen bewegt |
| Gesamt | erschreckt, leicht aggressiv |

33:30 »da war es kalt und finster,«

| | |
|---|---|
| Oberkörper | GERADE, bei »finster« kleine Drehung zurück zum Klavier |
| Arm | (Hände nach unten hängend[23]) |
| Kopf | am Ende Kopf leicht nach unten gekippt |
| Mund | stark artikuliertes Öffnen, Lippen vor, am Ende weit auf, BEI LETZTER SILBE WEIT AUF |
| Augen | WEIT GEÖFFNET, bei »finster« kleine Muskelbewegungen auf der Stirn |
| Gesamt | unheimlich |

33:33 »es schrien die Raben vom Dach,«

| | |
|---|---|
| Oberkörper | instabil, KURZ NACH OBEN HEBEND, seitlich wankend und leicht nach vorne gebeugt |
| Arm | (Hände nach unten hängend) |
| Kopf | ruckartig wieder aufgerichtet, unruhig |
| Mund | großer Mund, STARK ARTIKULIERT, bei »Raben« und bei »Dach« WEIT AUFGERISSEN |
| Augen | sehr weit offen, Augenbrauen hochgezogen, Stirn in Falten |
| Gesamt | stark bewegt |

33:36 »da war es kalt und finster,«

| | |
|---|---|
| Oberkörper | ruhig, am Ende Oberkörper wieder zurück in gerade Position |
| Arm | (Hände nach unten hängend) |
| Kopf | LEICHT NACH OBEN GEKIPPT, am Ende wieder gerade |
| Mund | Bewegungen wieder etwas zurückgenommen, stark artikulierend, eher sprechend |
| Augen | BLICK NACH OBEN IN DIE FERNE, bei »kalt« PUPILLEN NACH LINKS, bei »finster« VERFINSTERTER BLICK |
| Gesamt | unheimlich, dunkel |

33:40 »es schrien die Raben vom Dach.«

| | |
|---|---|
| Oberkörper | minimale Bewegungen (geht mit Kopf mit), leicht nach vorne gebeugt, etwas schief |
| Arm | (Hände nach unten hängend) |
| Kopf | starkes, schnelles Schütteln |
| Mund | bei »Raben« und bei »Dach« EXTREM GROSSE ÖFFNUNG |
| Augen | BLICK WIEDER GERADE AUS, bei »Raben« und bei »Dach« AUGEN AUFGERISSEN |
| Gesamt | hoch dramatisch, entsetzt |

33:44 Fermate

---

[23] Hier und im Folgenden sind nur die Oberarme sichtbar.

MARTIN EYBL (WIEN)

# Robert Schumanns *Liederkreis* op. 39 in der Interpretation durch Dietrich Fischer-Dieskau

Von Schumanns Liederzyklus erschienen auf Tonträgern insgesamt sechs Gesamtaufnahmen, bei denen D. Fischer-Dieskau von G. Moore, G. Weißenborn, Chr. Eschenbach und A. Brendel begleitet wurde. Die Aufnahmen werden als analytische Befunde gelesen, mit dem Ziel, den Konnex zwischen der musikalischen Struktur und den Besonderheiten der Interpretation aufzuzeigen. Der Sänger nützt Atmung und Phrasierung, agogische und dynamische Mittel, um Bezüge im Wort- oder Notentext zu verdeutlichen und um Spannung aufzubauen und aufrecht zu halten. Damit differenziert, erläutert und bereichert er den Notentext, um Zusammenhang stiftende Elemente der Komposition zu akzentuieren.

Schumann's lied-cycle is available in six LP or CD editions in which D. Fischer-Dieskau is accompanied by G. Moore, G. Weißenborn, Chr. Eschenbach, and A. Brendel. The recordings will be interpreted here as analytical statements in order to show the nexus between musical structure and the specifics of Fischer-Dieskau's performance. The singer uses breathing, phrasing, agogic and dynamic means to underline internal connections of words and music, in the same way creating and keeping up tension. He thus differentiates, comments and enriches the score to mark those elements of the composition that create coherence.

I.

Die Aufgabe von musikalischer Analyse besteht im Erfassen von Strukturelementen in ihrem jeweiligen Kontext. Die Beziehungsnetze zwischen den Komponenten eines Werkes können als Gegenstand von Analyse auf verschiedene Weise dargestellt werden. Man wird zunächst an Formate denken, die ausdrücklich als Analysen ausgewiesen sind: sprachlich ausformulierte Werkuntersuchungen oder – seltener – die bildliche Umsetzung analytischer Erkenntnisse wie etwa bei Heinrich Schenker oder Hans Keller. Der von Hans von Bülow entwickelte und von Hugo Riemann übernommene Typus der instruktiven Ausgabe, in der den Ausführenden die Struktur der Stücke durch Zusätze wie Artikulationszeichen, dynamische Angaben oder Phrasierungsbögen erläutert wird, kann jedoch, wie Hans-Joachim Hinrichsen in seiner 1999 erschienenen Habilitationsschrift eindrucksvoll gezeigt hat, ebenso als Darstellungsweise von musikalischer Analyse betrachtet werden wie die praktische Aufführung selbst. Hinrichsen wies auf die Doppeldeutigkeit des Begriffs »musikalische Interpretation« hin: begriffliches Vermitteln von musikalischem Verstehen einerseits, praktische Aufführung von Musik andererseits. Er strich den inneren Zusammenhang beider Bereiche hervor und stellte fest, dass »die angemessene Aufführung von Musik deren hermeneutisch-analytische Deutung nicht bloß voraussetzt, sondern diese auch ihrerseits wiederum beeinflußt«.[1] Hinrichsen exemplifizierte diese Wechselbeziehung zwischen beiden Formen der Interpretation am Beispiel Hans von Bülows.

Bülow bezeichnete seine Konzerte als »Klavier-Vorträge«,[2] setzte sich auch für die Eindeutschung des Begriffs »Recital«[3] ein und betonte damit die instruktive Komponente seiner Auftritte als Dirigent und Pianist. Er behielt im wahrsten Sinne des Wortes als ausführender Musiker sein Publikum im Blick. Max Kalbeck schreibt 1881 über ein Konzert Bülows in Wien:

> Noch höheres Interesse gewährte es, mit dem Künstler von Angesicht zu Angesicht sich in die labyrinthischen Gänge der Beethoven'schen Musik zu vertiefen. Man konnte in seinen beweglichen Mienen lesen, wie in einer Partitur. Gleich einem vom Katheder herabdozirenden Professor hat Bülow die eigenthümliche Angewohnheit, sein Auditorium im Auge zu behalten, um die Aufmerksamkeit noch mehr zu fesseln, die Unaufmerksamen anzuspornen und mit scharfen Blicken zu verfolgen.[4]

Hinrichsen beschreibt die bei Bülow so auffällige Nähe von Analyse und Aufführung nicht als individuelle Besonderheit, sondern stellt den Musiker als repräsentative Figur einer epochalen Veränderung am Ende des 19. Jahrhunderts vor. Die traditionelle Analogie von Musik und Sprache sei »vom Inhaltlich-Semantischen ins Syntaktisch-Strukturelle verschoben«[5] worden, was zur Ausbildung von wissenschaftlicher Analyse auf der Basis von Vortragspraxis führte. Analysen haben dementsprechend in jeder Erscheinungsform eine enge Beziehung zur praktischen Ausführung. Sie können, wie die instruktiven Ausgaben, bewusst auf die praktische Umsetzung abzielen oder beziehen sich zumindest implizit auf die Praxis, indem sie als

---

[1] Hans-Joachim Hinrichsen, Musikalische Interpretation. Hans von Bülow, Stuttgart: Steiner 1999 (=Beihefte zum Archiv für Musikwissenschaft, Bd. 46), Zitat S. 9; ausführlicher dazu S. 231–234.
[2] Ebd., S. 235.
[3] Ebd.
[4] Wiener Allgemeine Zeitung, 13. Februar 1881, zitiert nach Hinrichsen, Anm. 1, S. 331.
[5] Ebd., S. 234.

Grundlage einer gelungenen, dem Gehalt eines Werkes entsprechenden Aufführung verstanden werden oder sich unausgesprochen auf bestimmte Aufführungstraditionen stützen. Doch nicht nur Analyse zielt auf Praxis und zehrt von der Praxis, die Beziehung lässt sich auch umgekehrt betrachten: Praktische Aufführung von Musik beinhaltet immer auch eine analytische Komponente. Wie stark diese an die Oberfläche tritt, ist individuell unterschiedlich; doch ist der analytische Anteil grundsätzlich in jeder praktischen Interpretation vorhanden und rekonstruierbar.

Auf diesen Überlegungen aufbauend werden für die folgenden Beobachtungen Aufnahmen mit Dietrich Fischer-Dieskau als analytische Befunde aufgefasst. Es soll hier keine enge Beziehung zwischen Hans von Bülow und Dietrich Fischer-Dieskau konstruiert werden. Zu stark unterscheiden sich die Vortragstile beider Künstler, die jeweils ihr eigenes Zeitalter auf besondere Weise repräsentieren. Eine Gemeinsamkeit besteht immerhin im Nimbus des denkenden Musikers, des musikalischen Intellektuellen, der beiden Künstlern von manchen vorwurfsvoll, von manchen begeistert zugesprochen wurde. Aufnahmen mit Dietrich Fischer-Dieskau eignen sich für die Frage, welche analytischen Erkenntnisse Interpretationen dokumentierten, deshalb gut, weil der Sänger vielleicht mehr als andere bestimmte Aspekte der Musik akzentuiert. Die Frage nach analytischen Erkenntnissen zielt ja primär auf das Außergewöhnliche in Interpretationen. Das Auffällige und Irreguläre kann als Reaktion auf Probleme und Besonderheiten der kompositorischen Struktur verstanden werden, die hervorgekehrt und miteinander in Beziehung gesetzt werden.
Seit der deutsche Medientheoretiker Friedrich Kittler 1985 sein Buch *Aufschreibesysteme 1800–1900* veröffentlichte, ist das Rauschen zu einem aktuellen Forschungsgegenstand geworden. Kittler bestimmt »ein unmenschliches Rauschen als das Andere aller Zeichen und Schriften«.[6] Ein neu erwachtes Interesse an diesem Phänomen belegen Buchtitel wie *Zwischen Rauschen und Offenbarung. Zur Kultur- und Mediengeschichte der Stimme* (Friedrich A. Kittler), *Semantik des Rauschens: über ein akustisches Phänomen in der deutschsprachigen Literatur* (Katja Stopka) oder *Vom Rauschen singen. Robert Schumanns Liederkreis op. 39 nach Gedichten von Joseph von Eichendorff* (Christiane Tewinkel).[7] In der Tat

---

[6] Friedrich Kittler, Aufschreibesysteme 1800–1900, München: Fink 1985, S. 234.
[7] Friedrich A. Kittler (Hg.), Zwischen Rauschen und Offenbarung. Zur Kultur- und Mediengeschichte der Stimme, Berlin: Akademie-Verlag 2002; Katja Stopka, Semantik des Rauschens: über ein akustisches Phänomen in der deutschsprachigen Literatur, Mün-

spielt das Rauschen in Eichendorffs Dichtung eine bedeutende Rolle; der Dichter stelle, so die Germanistin Katja Stopka, »das Rätselhafte der Natur [...] konsequent als unverständliches Rauschen dar«.[8] In der Auswahl von Gedichten, die Robert Schumann seinem Liederkreis zugrunde legte, ist auffällig oft vom Rauschen die Rede.[9] Die Orientierungslosigkeit am Beginn des achten Liedes etwa *In der Fremde* (2) belegt Stopkas Beobachtung eindrücklich: »Ich hör die Bächlein rauschen / Im Walde her und hin, / Im Walde in dem Rauschen / Ich weiß nicht, wo ich bin.« Dietrich Fischer-Dieskaus Buch über Robert Schumann erschien 1981, und das Kapitel über den *Liederkreis* op. 39 widmet dem Rauschen keine besondere Aufmerksamkeit.[10] Dennoch wird dem Sänger kaum entgangen sein, dass in Schumanns Liedern das Rauschen bisweilen zu hören ist, oft jedenfalls besungen wird. Schon die onomatopoetische Lautgestalt des deutschen Wortes dürfte Fischer-Dieskau gereizt haben. Dazu wird das Wort von Eichendorff wie auch von Schumann durch die jeweiligen Mittel ihrer Kunst mehrfach deutlich markiert. Das Rauschen soll im Folgenden als Leitbegriff auf der Suche nach Fallbeispielen für die analysegeleitete Interpretationskunst Dietrich Fischer-Dieskaus dienen.

## II.

Schumanns *Liederkreis* op. 39 in der Interpretation durch Dietrich Fischer-Dieskau wurde in insgesamt sechs Gesamtaufnahmen auf Tonträgern veröffentlicht (Tab. 1). Allein vier davon entstanden in den Jahren 1954 bis 1964. Neben dem deutschen Pianisten und Dirigenten Günther Weißenborn (1911–2001) tritt in diesen Aufnahmen Gerald Moore als der bevorzugte Liedbegleiter auf. Mit großem zeitlichem Abstand erschienen 1977 und

---

chen: m-press Meidenbauer 2005; Christiane Tewinkel, Vom Rauschen singen. Robert Schumanns Liederkreis op. 39 nach Gedichten von Joseph von Eichendorff, Würzburg: Königshausen und Neumann 2003. Das Rauschen in der Musik thematisieren etwa auch Sabine Sanio/Christian Scheib (Hg.), Das Rauschen, Graz: Wolke-Verlag 1995.

[8] Stopka, Anm. 7, S. 73. – Ein Zusammenhang mit der »alttestamentarischen Auffassung eines weltdurchwirkenden pneuma und der antiken beziehungsweise spätantiken Vorstellung einer Sphärenharmonie« erscheint mir hingegen weniger überzeugend, siehe Tewinkel, Anm. 7, S. 20.

[9] Ebd., S. 18.

[10] Dietrich Fischer-Dieskau, Robert Schumann, Wort und Musik. Das Vokalwerk, Stuttgart: DVA 1981, S. 69–79.

1985 Aufnahmen mit den renommierten Pianisten Christoph Eschenbach und Alfred Brendel als Begleiter. Die einzige Live-Aufnahme dieser Serie entstand 1959 bei den Salzburger Festspielen. Die üblichen Probleme eines Konzertmitschnitts – Huster, Textaussetzer, manche weniger gelungene Phrasen – werden durch die Dramatik und Spannung leicht aufgewogen, die sich wohl nur in der Konzertsituation so intensiv einstellen.

| Interpret | Label | |
|---|---|---|
| Gerald Moore | EMI London 1954 | EMI: CD 5 68509 2 |
| Günther Weißenborn | WDR Köln 1955 | audite: 95.582 CD[11] |
| Gerald Moore | Salzburg live 1959 | Orfeo: CD C 140 301 A |
| Gerald Moore | EMI Berlin 1964 | EMI: CD 5 67687 2[12] |
| Christoph Eschenbach | DG Berlin 1977 | DG: CD POCG-9001/9 |
| Alfred Brendel | Philips Berlin 1985 | Philips: CD 416 352-2 |

Tab. 1: D. Fischer-Dieskau, Gesamtaufnahmen von Robert Schumanns Liederkreis op. 39 auf Tonträgern publiziert. Angaben (falls nicht gesondert ausgewiesen) nach Monika Wolf, *Dietrich Fischer-Dieskau. Verzeichnis der Tonaufnahmen*, Tutzing: Schneider 2000, S. 400f.

Fischer-Dieskaus letzte Gesamtaufnahme weist in der Transposition der zwölf Lieder eine Besonderheit gegenüber allen übrigen auf. In Schumanns Liederzyklus erscheint die Tonartenfolge wohl überlegt, die Tonarten sind klug austariert. Neben einem Lied in a-Moll gibt es nur Lieder mit Kreuz-Vorzeichnung: je drei Lieder mit einem #, mit drei und mit vier, dazu je ein Lied in H-Dur (5 #) und in Fis-Dur (6 #) jeweils am Ende der ersten und zweiten Hälfte des Zyklus. Lieder mit b-Vorzeichnung fehlen. Fischer-Dieskau singt 1985 den gesamten Zyklus um einen Ganzton nach unten transponiert. Natürlich fallen nun auch unvermeidlich Lieder in b-Tonarten darunter, doch bleiben die tonalen Beziehungen der Lieder untereinander erhalten. Das Lied *Auf einer Burg* etwa changiert merkwürdig zwischen e-Moll und a-Moll und seine beiden Teile enden halbschlussartig mit einem E-Dur-Dreiklang. Die deutlich spürbare Tendenz nach a-Moll wird im darauf

---

[11] Dietrich Fischer-Dieskau/Hertha Klust/Günther Weißenborn, R. Schumann: Kerner-Lieder Op. 35, Liederkreis Op. 39, audite 95.582 CD (publ. 2007).
[12] Dietrich Fischer-Dieskau/Gerald Moore/ Mitglieder der Münchner Philharmoniker, Dietrich Fischer-Dieskau: Lieder & Arias, EMI CD 5 67687 2 (publ. 2002).

folgenden Lied *In der Fremde* (2) eingelöst. Bei den meisten Gesamtaufnahmen von op. 39 verwendete Fischer-Dieskau die übliche Version für Bariton und sang acht Lieder in Originallage, vier Lieder einen Ganzton bis zu einer kleinen Terz nach unten transponiert. Die beiden erwähnten Lieder standen dabei im Verhältnis einer Terz: e-Moll – g-Moll. 1985 blieb hingegen Schumanns Konzeption entsprechend das Quintverhältnis erhalten: d-Moll – g-Moll. Nur ein Lied in dieser Aufnahme wurde mehr als einen Ganzton abgesenkt: Die *Mondnacht* erscheint wie in allen übrigen Aufnahmen in Des-Dur (und nicht im originalen E-Dur).

Die folgenden Beobachtungen basieren auf dem Vergleich von 72 Einzelaufnahmen, in denen nur eine Tendenz klar erkennbar erscheint: Die stimmliche Kraft in den frühen Aufnahmen weicht zunehmend einer sängerischen Ökonomie. (Sängerische Ökonomie bei Dietrich Fischer-Dieskau wäre ein lohnendes eigenes Thema!) Ansonsten ist in den Schumann-Aufnahmen keine kontinuierliche Entwicklung bemerkbar. Die Unterschiede zwischen den Aufnahmen sind erklärbar als unterschiedliche Antworten auf immer dieselben Fragen. Die Differenzen zeigen musikalisch-strukturelle Probleme an, die sich dem Analytiker Fischer-Dieskau stellten und für die der Interpret Fischer-Dieskau verschiedene Lösungen anbot – oder, um den spielerischen Aspekt eines interpretierenden Umgangs mit Musik zu betonen: die er ausprobierte.

## III.

Die Probleme, die eine Komposition dem Analytiker und Interpreten Dietrich Fischer-Dieskau stellte, kann man nicht rekonstruieren, ohne die Probleme in den Blick zu nehmen, die der Text eines Liedes dem Komponisten stellte. Zwei Lieder aus op. 39 tragen den Titel *In der Fremde*, Nr. 1 und Nr. 8. Das erste Lied prägt zunächst einen Balladenton aus, Fischer-Dieskau spricht von der »Assoziation des Erzählens«, von einem »Es war einmal«.[13] In gleichmäßiger Deklamation fließt die Gesangsmelodie dahin. Die zweite Strophe schlägt demgegenüber einen neuen Ton an. Die Musik wendet sich in die parallele Dur-Tonart (fis-Moll – A-Dur). Eine echoartige zarte Melodie erscheint im Klavier-Diskant. Der Text spricht von der Zukunft. Alles weitet sich; genügte für die erste Strophe der Ambitus von drei Tönen mit

---

[13] Fischer-Dieskau, Anm. 10, S. 71.

einem vierten Ton als deutlich markiertem Höhepunkt, so streckt sich nun die Melodie weit nach oben und umfasst den Ambitus einer Oktave. Auch die Dauern der Phrasen weiten sich. Für die ersten fünf Zeilen des Gedichts genügen jeweils zwei Takte, und in jeden Takt fallen zwei Betonungen. Jetzt kommt auf den Takt nur mehr eine Betonung: »da *ru*he ich *auch*« und »[über mir rauscht die] *schö*ne *Wald*einsam*keit*«. Dazu kommen Wiederholungen in der zweiten Strophe (hervorgehoben sind die Abweichungen des komponierten Texts gegenüber Eichendorffs Original):

> Wie bald, *ach* wie bald kommt die stille Zeit,
> /: Da ruhe ich auch, :/ und über mir
> *Rauscht* /: die schöne Waldeinsamkeit :/
> /: Und keiner *kennt mich mehr* hier. :/

Durch Dehnungen und Wiederholungen nimmt die zweite Strophe den doppelten Raum der ersten Strophe ein. Eichendorff hebt in seiner, der ursprünglichen Version des Gedichtes *ein* Wort besonders hervor, jede Zeile beginnt auftaktig, außer einer, die mit dem Wort »Rauschet« beginnt:

> Nr. 1 *In der Fremde*
>
> Aus der Heimat hinter den Blitzen rot
> Da kommen die Wolken her,
> Aber Vater und Mutter sind lange tot,
> Es kennt mich dort keiner mehr.
>
> Wie bald, wie bald kommt die stille Zeit,
> Da ruhe ich auch, und über mir
> Rauschet die schöne Waldeinsamkeit
> Und keiner mehr kennt mich auch hier.

Schumann fasst den Text entsprechend der grammatikalischen Struktur zusammen. Er ändert »rauschet« in »rauscht«, damit nicht zwei Betonungen aufeinander treffen (»und über *mir rau*schet die *schö*ne Waldeinsamkeit« – »und über *mir* rauscht die *schö*ne Waldeinsamkeit«). Dadurch entsteht eine lange Texteinheit, die in Kombination mit der erwähnten Dehnung eine viertaktige Phrase füllt, während ansonsten in diesem Lied Zweitakter die kleinsten Formeinheiten bilden. Schumann lässt hier mit arpeggierten Dreiklängen in der rechten Hand gleichsam das Rauschen hören.
Die älteste Einspielung aus dem Sample (siehe Tab. 1), 1954 mit Gerald Moore, stellt mit 2' 07" die langsamste Aufnahme dieses Liedes dar. Die schnellste folgt übrigens gleich ein Jahr später (1' 54" mit Weißenborn) –

ein Hinweis darauf, dass von einer kontinuierlichen Entwicklung Fischer-Dieskaus bezüglich der Tempi nicht die Rede sein kann. Bereits in der ersten Strophe singt Fischer-Dieskau 1954 lange Phrasen, indem er jeweils zwei Zeilen zusammenfasst und dazwischen nur kurz atmet. Die langen vier Takte beim Text »und über mir rauscht« nimmt er mit nur einem Atem, interpretiert sie drängend und crescendo und bezieht nach einem kurzen Atemzug auch die folgenden beiden Takte mit der Wiederholung des Texts mit ein, wodurch der langsame stufenweise Abstieg der Melodie zurück zum Grundton, zurück zum ursprünglichen engen Tonraum noch sinnfälliger wird.

Ein weiteres Detail: Schumann schreibt für die zweite Hälfte der ersten Strophe pp vor:

> Aus der Heimat hinter den Blitzen rot
> Da kommen die Wolken her,
> *Aber Vater und Mutter sind lange tot,*
> *Es kennt mich dort keiner mehr.*

Dietrich Fischer-Dieskau nimmt dieses Gestaltungsmittel auf und bringt auch Textwiederholungen im Pianissimo: »Da ruhe ich auch, *da ruhe ich auch*«. Ein Schauer wird nach der vorangegangenen Heiterkeit beim Gedanken an den Tod spürbar: »[...] und keiner kennt mich mehr hier, *und keiner kennt mich mehr hier*« – verbunden mit einem Ritardando der Ausdruck des Verschwindens.

## IV.

»Wie bald, ach wie bald kommt die *stille* Zeit, / Da ruhe ich auch, und über mir / *Rauscht* die schöne Waldeinsamkeit [...]«– herrscht hier nicht ein merkwürdiger Gegensatz zwischen Stille und Rauschen? Die Kombination der beiden Begriffe begegnet neuerlich im Gedicht *Auf einer Burg*.

> Nr. 7 *Auf einer Burg*
>
> Eingeschlafen auf der Lauer
> Oben ist der alte Ritter;
> Drüber gehen Regenschauer,
> Und der Wald rauscht durch das Gitter.

Eingewachsen Bart und Haare,
Und versteinert Brust und Krause,
Sitzt er viele hundert Jahre
Oben in der stillen Klause.

Draußen ist es still und friedlich,
Alle sind ins Tal gezogen,
Waldesvögel einsam singen
In den leeren Fensterbogen.

Eine Hochzeit fährt da unten
Auf dem Rhein im Sonnenscheine,
Musikanten spielen munter,
Und die schöne Braut, die weinet.

Dietrich Fischer-Dieskau scheint in seinen Interpretationen die Verweise im Gedicht besonders wichtig zu nehmen. Durch ähnliche Ausführung und Betonung ihrer Besonderheit stellt er deutliche Verbindungen zwischen einander entsprechenden Stellen her. Das Gedicht ist streng zweiteilig vertont, das heißt, erste und zweite Strophe entsprechen Strophe 3 und 4. Dadurch entspricht »[der] Wald rauscht« in der ersten Strophe den »leeren« Fensterbogen in der dritten. Beide Stellen sind durch den Rhythmus hervorgehoben, da die Punktierung, die bis dahin dominiert, hier und nur hier entfällt. Fischer-Dieskau gibt den Worten (etwa in der Aufnahme von 1977) durch Zurücknahme von Dynamik und Tempo besondere Intensität. Der zugehörige F-Dur-Dreiklang bringt im e-Moll-Kontext des Liedes eine neue, kühle Farbe; er begleitet eine Wendung nach C-Dur. Zum andern erscheint in den Strophen 1 und 2 das Wort »oben« jeweils am Beginn einer Zeile; Fischer-Dieskau macht darauf aufmerksam, indem er beide Male als ein Enjambement das Wort an die vorhergehende Zeile bindet und erst danach atmet. Schließlich betont der Sänger, wie in allen Aufnahmen zu hören ist, in der zweiten Strophe auffällig die Reimwörter »Haare«, »Krause« und »Jahre«.[14] Die Versteinerung, von der die zweite Strophe erzählt, kommt durch ein liegendes, starr festgehaltenes C zum Ausdruck, das die ungewöhnlichsten Zusammenklänge produziert, und durch die ausladende Melodiebewegung in großen Intervallen, die langsam aufwärts führt – »[l]eiernde Sequen-

---

[14] Lediglich in der Liveaufnahme von 1959 hebt der Sänger das Wort »Jahre« mit so viel Emphase hervor, dass ihm der Atem fehlt, um auch das zweite Mal »oben« an die vorhergehende Zeile zu binden. – In den frühen Aufnahmen von 1954 und 1955 werden die Reimwörter »Haare« und »Krause« weniger stark akzentuiert als später.

zen«, schreibt Dietrich Fischer-Dieskau, »die sich um sich selbst zu drehen scheinen«.[15] Wo diese Bewegung abbricht, bei den Worten »hundert Jahre«, dringt in den Einspielungen eine Bitterkeit hervor, die an dieser Stelle nicht verständlich ist. Der Sinn davon ergibt sich erst aus der Parallele zur letzten Strophe. Was hier hervorgehoben wird, reimt sich nicht: unten – munter, (Sonnen-)scheine – weinet. Die Ordnung ist zusammengebrochen, die Bewegung wälzt sich unentrinnbar nach oben und bricht im bitteren »munter«, um endlich dem Unglück zur Sprache zu verhelfen: »die schöne Braut [...] weinet«.

Auch in diesem Gedicht herrschen Stille und Rauschen am selben Ort. Doch lässt der Text erkennen, was Stille hier meint: einen von Menschen verlassenen Ort, die menschenleere Natur. Der Klang dieser Natur ist das Rauschen, ein Klang neben den Menschen, über den Menschen, jenseits der Menschen. Im folgenden Lied wird das Rauschen als etwas Bedrohliches vorgestellt, als ein unüberhörbarer Hinweis, dass die Natur den Menschen überdauern würde.

## V.

Lobt man einen Musiker mit der Feststellung, er würde das ausführen, was in den Noten steht? Sollte das nicht eine Selbstverständlichkeit sein? Das Lied *Im Walde* weist ungewöhnlich viele Ritardandi im Notentext auf.

Nr. 11 *Im Walde*

Es zog eine Hochzeit den Berg entlang,
Ich hörte die Vögel schlagen,
Da blitzen viel Reiter, das Waldhorn klang,
Das war ein lustiges Jagen!

Und eh ichs gedacht, war alles verhallt,
Die Nacht bedecket die Runde,
Nur von den Bergen noch rauschet der Wald
Und mich schauerts im Herzensgrunde.

---

[15] Fischer-Dieskau, Anm. 10, S. 75.

Es wäre ein Leichtes, Aufnahmen von Sängerinnen und Sängern beizubringen, die damit wenig anzufangen wissen. Dietrich Fischer-Dieskau selbst sieht in diesen agogischen Vorgaben eine »erhebliche Erschwerung der Darstellung«.[16] Schumann isoliert die einzelnen Beobachtungen, die Eichendorff in der ersten Strophe vereint, die Hochzeit, den Vogel, die Reiter. Anfangs hält die Musik inne, und es folgen lange Pausen in der Singstimme (vier Takte, dann drei Takte). Ähnlich ist der Beginn der zweiten Strophe gestaltet, so als würde das lyrische Ich jedem Gedanken nachlauschen, als würden die Eindrücke »als Fragen stehenbleiben«[17] (Dietrich Fischer-Dieskau). Doch überraschend früh setzt die dritte Zeile ein, nicht auftaktig wie die bisherigen Zeilen: »*Nur* von den Bergen [...]«. Berge und Wald sind dabei vom Komponisten mit einem bedrohlichen Crescendo versehen.

In der Studioaufnahme mit Gerald Moore von 1964 beginnen die Ritardandi, wie von Schumann vorgeschrieben, in der Mitte der Phrase, und die Temposchwankungen fallen deutlich weniger extrem aus als in dem fünf Jahre zuvor entstandenen Salzburger Livemitschnitt. Das wiederholte Gleiten in eine andere Zeitdimension und die wiederholte Rückkehr daraus durch das unermüdlich wieder das Grundtempo aufnehmende Klavier gelingen jedoch in der früheren Aufnahme überzeugender, vielleicht gerade durch die extremen und – gegenüber Schumanns Vorschrift – zu früh einsetzenden Ritardandi. Am Ende und ohne jede Verzögerung führt das von den Bergen her hörbare Rauschen des Waldes zum existenziellen »Schauer im Herzensgrunde«, den Fischer-Dieskau ausdrucksvoll mit einem Portamento über eine Oktav nach unten umsetzt.

## VI.

Auch im letzten Beispiel, dem berühmtesten Lied aus op. 39, herrschen Rauschen und Stille als scheinbare Gegensätze zugleich. In der *Mondnacht* »rauschten leis die Wälder«, während die Seele »durch die stillen Lande« flog. Wieder befinden wir uns in einer menschenleeren Szenerie, doch haftet ihr diesmal nichts Bedrohliches an. Im Gegenteil, das Rauschen in der reinen, allumfassenden Natur wirkt anziehend, verführerisch. Eichendorffs Gedicht beschreibt eine Verschmelzungsfantasie: Zwischen Himmel und

---

[16] Ebd., S. 78.
[17] Ebd.

Erde fliegt die Seele in der Hoffnung, die Entfremdung und Einsamkeit zu überwinden.

### Nr. 5 *Mondnacht*

Es war, als hätt der Himmel
Die Erde still geküßt,
Daß sie im Blütenschimmer
Von ihm nun träumen müßt.

Die Luft ging durch die Felder,
Die Ähren wogten sacht,
Es rauschten leis die Wälder,
So sternklar war die Nacht.

Und meine Seele spannte
Weit ihre Flügel aus,
Flog durch die stillen Lande,
Als flöge sie nach Haus.

Schumanns Lied kommt mit erstaunlich wenig Material aus. Die zweite Strophe entspricht genau der ersten, und innerhalb der Strophen gleichen sich beide Hälften, so dass in der Singstimme derselbe Achttakter viermal unmittelbar hintereinander erklingt. Die einzige Unregelmäßigkeit besteht darin, dass Schumann nicht »daß *sie*« betont, sondern »*daß* sie«, und die Zeile damit einen Moment verspätet beginnt, ein Effekt, der im zweiten Teil der dritten Strophe (»*flog* durch«) wiederkehrt. Dietrich Fischer-Dieskau betont die Reihung, indem er – ganz markant etwa in der Aufnahme von 1954 – jedes einzelne Element zelebriert und ein Ritardando ans Ende jeder Gedichtzeile setzt. Dass daraus Spannung resultiert, ist nicht selbstverständlich. Doch wird vom Sänger jedes Detail ernst genommen. Der bereits die erste Phrase dominierende und später so oft wiederholte Querstand zwischen $d^1$ (notiert $d^2$) in der Singstimme und $des^1$ im Bass des Klaviers[18] wird jedes Mal aufs Neue zum Ausdruck des Dehnens und Streckens und nimmt das Aufspannen der Flügel vorweg, von dem der Text später spricht. Ein Mittel, Spannung aufzubauen, ist das Aushalten der Schlusstöne jeder Zeile – oft erheblich über Schumanns Vorgabe hinaus. Fischer-Dieskau macht dies beispielsweise in der Liveaufnahme aus Salzburg viel zu konsequent, als

---

[18] Bezogen auf die von Fischer-Dieskau verwendete Transposition des Liedes nach Des-Dur. Im originalen E-Dur bilden $eis^2$ und $e^1$ den Querstand.

dass man im Halten der Töne über den notierten Wert hinaus eine Nachlässigkeit erblicken könnte. In der dritten Strophe gelingt es Fischer-Dieskau durch dasselbe Mittel und durch ein mehrfaches, von Schumann nur einmal vorgeschriebenes Crescendieren der Schlusstöne (beispielhaft auch hier der Salzburger Konzertmitschnitt oder auch die späte Aufnahme mit Brendel), die Spannung über die Pausen hinweg aufzubauen und zu halten.

## VII.

In den ausgewählten Beispielen zeigte sich, dass Dietrich Fischer-Dieskau nur selten den bloßen Worttext zur Grundlage seiner Interpretation nimmt. Das Enjambement des doppelten »oben« im Lied *Auf einer Burg* bezieht sich auf die Dichtung und spielt für Schumanns Komposition keine besondere Rolle. Meist unterstreicht er Elemente der Komposition, markiert sie, damit sie verständlich werden. Er macht durch Atmung und Phrasierung die komponierten Spannungsbögen deutlich (Nr. 1), betont durch dynamische Akzente Worte und Töne, die schon durch große Melodiesprünge hervorgehoben sind (Nr. 7), er verdeutlicht den Abgrund, in den ein Oktavsprung führt, durch Portamento und kostet gliedernde Ritardandi aus, indem er sie früher als vorgeschrieben ansetzt (Nr. 11). In all diesen Fällen wird forcierend unterstrichen, was bereits komponiert ist.

In anderen Fällen nimmt Fischer-Dieskau Elemente der Komposition und führt sie weiter, indem er sie auf andere Stellen überträgt. Zu denken ist hier an das Pianissimo, das der Sänger in Nr. 1 von der ersten Strophe auch in die zweite übernimmt, oder das Aufbauen von Spannung durch Manipulation der Zeilenschlüsse im Lied *Mondnacht*. Auch Schumann lässt einzelne Schlusstöne lange aushalten oder dynamisch anschwellen, jedoch weniger oft als in Fischer-Dieskaus Aufnahmen, wo der vervielfachte Effekt keineswegs willkürlich erscheint, sondern genau seine Wirkung tut. Es ließe sich argumentieren, dass Fischer-Dieskau das ausführt, was Schumann gar nicht immer so genau notierte.

Schließlich wendet Fischer-Dieskau Tempomodifikationen an, um einzelne, bei Schumann durch andere Mittel hervorgehobene Details der Komposition zu akzentuieren, Ritardandi etwa bei den Querständen in Nr. 5 oder beim Waldesrauschen und den leeren Fensterbögen in Nr. 7 (hier auch mit Pianissimo verbunden).

So beleuchten die Interpretationen von Dietrich Fischer-Dieskau wesentliche Aspekte der textlichen und kompositorischen Struktur. Sie weisen den Weg für analytische Erkenntnisse und sind zugleich deren Darstellungsform. Umgekehrt ermöglichen analytische Einsichten ein tieferes Verständnis von Fischer-Dieskaus interpretatorischen Entscheidungen und deren Spielraum. Analysieren mit seinen Aufnahmen im Ohr, seinen Aufnahmen lauschen nach einer sorgfältigen Lektüre des Notentextes – in beiden Verfahrensweisen kommt die Wechselwirkung zwischen der Perspektive von Interpretation und deren Gegenstand zum Tragen. Praktische und theoretische Interpretation, das zeigt sich auch am Ausnahmekünstler Dietrich Fischer-Dieskau, sind aufeinander bezogen, befruchten, ja bedingen einander.

HARTMUT KRONES (WIEN)

# Alban Berg, *Vier Lieder*, op. 2

Entgegen anderslautenden Meinungen hat Dietrich Fischer-Dieskau Alban Bergs *Vier Lieder*, op. 2, nur einmal eingespielt: 1970 zusammen mit Aribert Reimann für die Schallplatte *Lieder der Neuen Wiener Schule*. Diese Aufnahme wurde dann einige Male in andere Anthologien übernommen, wodurch – neben tatsächlichen Falschmeldungen – der Eindruck entstand, es gäbe weitere Einspielungen. Anhand zweier Rundfunkmitschnitte von Liederabenden der Salzburger Festspiele konnten dann aber doch vergleichende Untersuchungen angestellt werden. Sie wurden hier nach den Prinzipien der wissenschaftlichen (historischen) Aufführungspraxis bzw. gemäß der von den Komponisten der Wiener Schule vertretenen Forderung vorgenommen, die ›Komponistenmeinung‹ habe immer Vorrang vor der ›Interpretenmeinung‹. Unter diesem Blickwinkel musste festgestellt werden, dass sich Dietrich Fischer-Dieskau in vielen Details der Phrasierung und Dynamik keineswegs an die vom Notentext vorgegebenen Interpretationsvorgaben hält und selbst Pausen, die (im Sinne der alten ›Suspiratio‹) ›Atemlosigkeit‹ oder ›Erstaunen‹ bzw. ›Erschrecken‹ erkennen lassen sollen, unterdrückt. Ähnliches gilt für den Begleiter, der Bergs Interpretationsanweisungen ebenfalls nicht selten missachtet. Dass Fischer-Dieskaus Legato- und Piano-Kultur dennoch zu bestechen wissen, sei aber gebührend vermerkt.

Contrary to different reports, Dietrich Fischer-Dieskau recorded Alban Berg's *Vier Lieder*, op. 2, only once: in 1970, he produced the record *Lieder der Neuen Wiener Schule* together with Aribert Reimann. This recording was anthologised several times, through which – besides actually false reports – the impression of the existence of further recordings came into being. But by means of two broadcast-recordings of lieder recitals from the Salzburger Festspiele comparative investigations could be carried out. These inquiries were made according to the principles of the scientific (›historical‹) performing practice respectively according to the demand of the composers of the Viennese School that the composer's view should always have precedence over the interpreter's view. Under these points of view, we must perceive that in many details of phrasing and dynamics Dietrich Fischer-Dieskau does not at all keep to the interpretation-instructions of the compositional text. He even suppresses rests, which symbolise ›breathlessness‹, ›surprise‹ or ›fright‹ (in the sense of the old ›Suspiratio‹). And the like applies to his accompanist, who often disregards Berg's interpretation-instructions, too. Nevertheless, Fischer-Dieskau must be praised duly for his brilliant legato- and piano-culture.

## I.

Zunächst möchte ich den Veranstaltern dieses Symposions, insbesondere meinem Kollegen Wolfgang Gratzer, für die Einladung danken, hier über Dietrich Fischer-Dieskaus Interpretationen der *Vier Lieder für eine Singstimme mit Klavier*, op. 2, von Alban Berg zu sprechen; eine Einladung, die ich besonders gerne angenommen habe, weil das Œuvre von Alban Berg als eines Komponisten der Wiener Schule zu meinen Hauptinteressengebieten zählt. Angesichts meiner primären fachlichen Ausrichtung möge eine zweite Vorbemerkung folgen: Als Vertreter der wissenschaftlich fundierten und daher auch ›historischen‹ (bzw. ›historisch informierten‹) Aufführungspraxis geht es mir beim Betrachten von Interpretationen vorrangig darum, ob der oder die Ausführende(n) die Intentionen des Komponisten erfüllen oder nicht – also, um nun bewusst mit Dietrich Fischer-Dieskau zu sprechen, darum, ob alles das eingelöst wird, »was aus der Notation abzulesen ist«,[1] bzw. ob die Interpretation (auch) »dem Notentext und dem Sinne einer Partitur ganz und gar gerecht wird«.[2]

Eine dritte Vorbemerkung: Von den zwei bei Monika Wolf verzeichneten Studioaufnahmen Fischer-Dieskaus von Bergs *Vier Liedern*, op. 2,[3] existiert lediglich die 1970 vorgenommene und mit Copyright 1971 veröffentlichte Langspielplatte *Lieder der Neuen Wiener Schule*[4] mit Aribert Reimann am Klavier, und diese mittlerweile auch als CD.[5] Die angeblichen Aufnahmen der Lieder Nr. 2 und Nr. 4 aus dem Opus 2 auf einer Langspielplatte *Jugendlieder*,[6] die mittlerweile ebenfalls auch auf CD[7] erschienen ist, entpuppen sich hingegen als Falschmeldung: Das Lied »op. 2, Nr. 2« ist in Wirklichkeit das Jugendlied *Wo der Goldregen steht* (Text: F. Lorenz), und das Lied »op. 2, Nr. 4« stellt das Jugendlied *Abschied* (Text: Elimar von Monsterberg) dar – beide

---

[1] Dietrich Fischer-Dieskau, Töne sprechen, Worte klingen. Zur Geschichte und Interpretation des Gesangs, Stuttgart: DVA/München: Piper 1985, S. 144.
[2] Dietrich Fischer-Dieskau, Musik im Gespräch. Streifzüge durch die Klassik mit Eleonore Büning, Berlin: Propyläen 2003, S. 229.
[3] Monika Wolf, Dietrich Fischer-Dieskau: Verzeichnis der Tonaufnahmen, Tutzing: Schneider 2000, S. 48–54.
[4] Deutsche Grammophon-Gesellschaft, LP 2530 107. Die Aufnahmen sind dann 1985 auch auf die Schallplatte Alban Berg. Lieder, Deutsche Grammophon-Gesellschaft, LP 413 802-1, übernommen worden. Weiters fanden sie Eingang in die CD Nr. 3 der 8 CDs umfassenden, 2003 herausgegebenen Alban Berg Collection, DGG 9869345.
[5] CD 431 744-2 (publ. 1991).
[6] EMI LP 27 0195 1B (publ. 1985).
[7] CDM 7 63570 (publ. 1990).

Lieder sind auch im Booklet als »op. 2/2« und »op. 2/4« bezeichnet. Und das Jugendlied *Grenzen der Menschheit* (Text: Johann Wolfgang v. Goethe) erhielt dort die Opusnummer 3, obwohl allgemein bekannt sein sollte, dass Bergs »Opus 3« ein Streichquartett ist. Und genauso falsch sind die Angaben von Monika Wolf in ihrem Buch über die Tonaufnahmen von Dietrich Fischer-Dieskau; sie wurden unhinterfragt übernommen.[8]

Von den österreichischen Rundfunkmitschnitten der *Vier Lieder*, op. 2, vom 10. August 1971 (Salzburg, mit Aribert Reimann am Klavier), 8. August 1985 (Salzburg, mit Hartmut Höll am Klavier) und 28. Oktober 1985 (Wien, mit Hartmut Höll) existieren offenbar nur die beiden Aufnahmen aus Salzburg. Denn der für Wien angegebene Mitschnitt ist im ORF Wien weder in der Kartei noch (nach einer Suchaktion durch einen befreundeten Mitarbeiter) in natura zu finden, sodass befürchtet werden muss, dass dieser Mitschnitt der großen Löschaktion in den späten 1980er Jahren zum Opfer gefallen ist (wie so viele unwiederbringliche Aufnahmen zeitgenössischer Musik). Damals wurden die Tonbänder aus Einsparungsgründen noch einmal verwendet – es ist zu hoffen, dass es noch private Mitschnitte gibt. Hingegen haben sich die beiden Salzburger Mitschnitte im ORF-Landesstudio Salzburg erhalten: der des Konzertes vom 10. August 1971[9] sowie der des Konzertes vom 8. August 1985.[10]

Da bei der Einspielung einer Schallplatte bzw. CD bekanntlich die Möglichkeit besteht, die Werke mehrmals ganz oder auch teilweise aufzunehmen und dann eventuell sogar durch Schnitte eine insgesamt optimale Aufnahme zu erhalten, sollen die folgenden Betrachtungen, die sich vor allem auf das erste Lied des Zyklus, *Aus: ›Dem Schmerz sein Recht‹* (*Schlafen, Schlafen, nichts als Schlafen!*) nach Friedrich Hebbel, op. 2/1, konzentrieren, von der vorliegenden Studioaufnahme ausgehen und jeweils danach einem Vergleich mit den beiden Mitschnitten unterzogen werden. Dabei kann es in allen Fällen nicht ausbleiben, dass auch der von Aribert Reimann bzw. Hartmut Höll ausgeführte Klavierpart in die Betrachtung einfließt.

---

[8] Wolf, Anm. 3, S. 49f., 53.
[9] Archiv-Nr. PS 50/410/3_S.
[10] Archiv-Nr. PS 50/1010/2/1_S. Die beiden Aufnahmen wurden mir nach dem Symposion vom Landesstudio Salzburg zur Verfügung gestellt, wofür den Damen und Herren des Studios ein herzlicher Dank ausgesprochen sei.

## II.

Die 1970 gemeinsam mit dem Begleiter Aribert Reimann aufgenommene Schallplatten-Produktion *Lieder der Neuen Wiener Schule* umfasst acht Lieder von Arnold Schönberg, neun Lieder von Anton Webern sowie die *Vier Lieder*, op. 2, von Alban Berg, der somit den geringsten Anteil stellt. Von Schönberg wurden damals die Lieder *Erwartung* (op. 2/1), *Die Aufgeregten* (op. 3/2), *Geübtes Herz* (op. 3/5), *Verlassen* (op. 6/4), *Der verlorene Haufen* (op. 12/2), *Ich darf nicht danken* (op. 14/1), *Sommermüd* (op. 48/1) und *Tot* (op. 48/2) aufgenommen, von Webern *Vorfrühling* (1899), *Gefunden* (1904), *Bild der Liebe* (1904), *Am Ufer* (1908), *Dies ist ein Lied* (op. 3/1), *An Bachesranft* (op. 3/3), *Noch zwingt mich treue* (op. 4/2), *So ich traurig bin* (op. 4/4) und *Ihr tratet zu dem Herde* (op. 4/5), und von Berg die *Vier Lieder*, op. 2: *Aus: ›Dem Schmerz sein Recht‹ (»Schlafen, nichts als Schlafen!«)* nach Friedrich Hebbel sowie *Drei Lieder aus ›Der Glühende‹* nach Alfred Mombert: *I.* »Schlafend trägt man mich in mein Heimatland«, *II.* »Nun ich der Riesen Stärksten überwand« und *III.* »Warm die Lüfte«.[11] Die Auswahl wurde wohl nicht zuletzt aus Gründen des Stimmumfangs von Dietrich Fischer-Dieskau bzw. der von ihm bevorzugten höheren Lage vorgenommen, da in allen diesen Liedern längere Passagen in tiefer Lage fehlen. – Mit der hier eingespielten Aufnahme der *Vier Lieder*, op. 2, von Alban Berg scheint Fischer-Dieskau besonders zufrieden gewesen zu sein, gab er sie doch nicht nur für eine weitere Schallplatte von 1985, sondern auch für die 2003 vorgelegte, acht CDs umfassende Alban-Berg-Anthologie der Deutschen Grammophon Gesellschaft frei (siehe Anm. 3). Und es ist wohl auch kein Zufall, dass er seit 1970 keine weitere Studio-Einspielung dieser Lieder mehr vorgenommen hat.

Das erste Lied aus Bergs Opus 2, *Aus: ›Dem Schmerz sein Recht‹ (Schlafen, Schlafen nichts als Schlafen!)* nach Friedrich Hebbel, betont sowohl zu Beginn als auch am Ende geradezu ostentativ die gewählte Grundtonart d-Moll, indem sowohl in den ersten beiden als auch in den letzten beiden Takten ausschließlich Töne des d-Moll-Dreiklanges erklingen[12]. Der 3. T. lässt sodann den Dominantseptakkord auf B (b-d-f-as) als Quintsextakkord (mit dem D im Bass) erklingen, der 4. T. den Sixte-ajoutée-Akkord d-f-a-h, einen Akkord, den Alban Berg selbst in seiner Analyse der Schönberg'schen *Gurrelieder* als

---

[11] Sowohl die Titel als auch die Texte der Lieder werden jeweils gemäß der Schreibweisen der Originalausgaben zitiert.

[12] Das gesamte Opus findet sich im Anhang dieses Beitrages.

»nur kleine Eintrübung«[13] sah und als eine Art von ›Auffassungskonsonanz‹ mit nur leicht dissonanter Wirkung leicht negativen Inhalten zuordnete – dementsprechend bahnt sich in unserem Lied mit dem 4. T. jene schmerzliche Entwicklung an, die ihren ersten Ausbruch bei der Textstelle »jener Wehen, die mich trafen« erfährt.
Was ist nun die Rolle der Singstimme in diesem Gefüge? In ihrem ersten Einsatz-Takt ›singt‹ sie das Klavier-Intervall $f^1$-a in verkürzter Form nach,[14] dabei jenen trochäischen Rhythmus konstituierend, der der Textvorlage gemäß im Verlauf des Liedes eine hohe Bedeutung erhält. Auch im 3. und 4. T. übernimmt die Singstimme die Klavierlinie, zuletzt im Krebs: h-$f^1$ statt $f^1$-h. Von Bedeutung ist dabei noch die Zweipoligkeit, ja innere Zweistimmigkeit dieser Führung: dem liegenden bzw. auf der oberen Ebene statisch verharrenden $f^1$ tritt die aufwärtsschreitende Chromatik a-b-h entgegen, die im Klavier noch durch das as zu a-as-b-a-h ergänzt wird.
Warum diese lange Analyse? Weil man diese kunstvolle Struktur bei der Realisation des Liedes herausarbeiten sollte. Berg lässt, wohl primär, um die aus der Tiefe steigende Chromatik des Sängers hörbar zu machen, das Klavier in dreifachem p verharren, während der Sänger nur pianissimo vorgeschrieben hat und sicher trotz des Nebensilben-Status der Silbe »-fen« die Linie a-b-h hörbar machen sollte; dies auch unter dem Aspekt, dass kein Decrescendo notiert erscheint, was in Bergs Opus 2 bei vielen leiser zu singenden Nebensilben der Fall ist. Entscheiden Sie nun bitte selbst, ob Dietrich Fischer-Dieskau dies in der Studio-Einspielung tut.[15]
Wenn überhaupt, konnten Sie die Tonhöhe des zweimaligen »-fen« bestenfalls erahnen, hören wohl kaum. Eigentlich hört man zweimal ein gesungenes f (in der Bariton-Lage) und zwei nahezu undefinierbar gemurmelte tiefe Töne, deren aufsteigende Chromatik vom A zum H nicht wahrnehmbar ist. – Angesichts dieses anhand der Studio-Einspielung getroffenen Befundes überrascht dann positiv, dass Fischer-Dieskau in seinem Salzburger Konzert vom 10. August 1971 diese chromatische Linie geradezu ostentativ ausmusizierte und wir in dem Mitschnitt die Zweipoligkeit ›statischer Hochton – chromatisch aufsteigende Linie‹ ungemein gut hören. Es ist fast

---

[13] Alban Berg, Arnold Schönberg. Gurrelieder. Führer, Leipzig/Wien: Universal-Edition 1913, insbes. S. 19, 59.
[14] Die Tonhöhen-Bezeichnungen werden gemäß dem Druck (Violinschlüssel ohne Oktavierung) angegeben, außer wenn dezidiert auf von Fischer-Dieskau um eine Oktave tiefer gesungene Töne verwiesen wird.
[15] Hier wurden die ersten neun Takte der Schallplatten-Einspielung vorgespielt.

anzunehmen, dass Fischer-Dieskau das Manko beim Abhören der Studioaufnahme bemerkte und dann ein besonderes Augenmerk darauf legte, die Chromatik beim nächsten Mal darzustellen. Und auch im Salzburger Konzert vom 8. August 1985 war die Linie A-B-H (wenn auch etwas weniger) gut hörbar.

Fahren wir in der Betrachtung der Einspielung des Liedes fort: Die bislang schon dichte Mittelstimmen-Chromatik, die durch die tiefe Chromatik des Klaviers (linke Hand Oberstimme) A-B-As-H-A noch gegenläufig ergänzt wird, erfährt ab T. 5 eine zusätzliche Stülpung nach außen. Der Bass (linke Hand Unterstimme) bewegt sich in ähnlicher Weise chromatisch auf- und abwärts (Takte 6-11: D-Es-D-Es-D-Cis), insbesondere aber werden hier Singstimme und Klavier-Oberstimme tätig: das $f^1$ von »*Schla*-fen« wird T. 5 von der Hauptnote zum Vorhalt, wobei die Gleichzeitigkeit mit dem fis des Klaviers wieder durch chromatische Schübe des Begleitinstrumentes zustande kommt: Das Klavier verschiebt den erstmals T. 4/4 (4. Achtelnote) erklingenden Tritonus f+h in T. 5 zunächst nach fis+$c^1$, dann T. 7 zu g+$cis^1$, dann T. 8 wieder zu fis+$c^1$ sowie g+cis, und dies in stetem Wechsel bis T. 11. Die Oberstimme, deren Auflösungs-Ton e T. 5 noch in der Diatonik blieb, vielleicht, weil das Schlafen ja noch als angenehm empfunden werden kann, kleidet das »Kein Erwachen« nun vollends in Chromatik, wobei der Ton $dis^1$ (T. 6) gleichsam die Auslöser-Funktion übernimmt und das $fis^1$ von »Er-*wa*-chen« (T. 7/1) chromatischer Vorhalt zum leitereigenen $f^1$ wird – wir werden hören, dass Fischer-Dieskau dies sehr gut erkannt hat und dementsprechend (in allen drei Aufnahmen) das spätere »keinen Traum« (T. 8f.) weniger dissonant gestaltet – sicher auch, weil Alban Berg deutlich die Lautstärke differenziert: p – pp. Allerdings werden die Worte »keinen Traum« 1971 in Salzburg mit einem enormen Ritardando versehen (1985 immer noch, aber etwas weniger), so dass, da das in T. 8 im Klavier eingeschriebene Crescendo ja nicht ausführbar, geschweige denn verlängerbar ist, die Steigerung zum Vorhalt »Traum« etwas zerfasert. Zudem heißt es ja »keinen Traum«, während ein solch extremes Ritardando einen Traum eher suggeriert als verneint.

Die Erkenntnis, dass die Chromatik mit dem $dis^1$ anhebt, wird auch dadurch gefördert, dass das Klavier in T. 9/4 das chromatische Geschiebe ein drittes Mal mit dem $dis^1$ beginnt; und Berg zeigt durch seine Phrasierung genau, dass dem so ist: T. 9/1-3 Abphrasierung $f^1$-$e^1$, dann neuer Beginn mit dem dis, noch dazu auf relativ gutem Taktteil T. 9/4. Dem Pianisten Aribert Reimann allerdings bleibt diese ganz offensichtliche Gestaltungsweise verborgen – er benützt den T. 9 zu einem geradezu ›klassisch philharmonischen‹

Legato, und zwar sowohl in der Einspielung als auch im Konzert Salzburg 1971; bei Hartmut Höll (Salzburg 1985) ist dieses Legato etwas weniger deutlich vorhanden, eine ostentativ neue Artikulation setzt aber auch er nicht an. Wäre Reimann Sänger, würde er hier aus Atemnot sterben, doch kann ein Pianist auch während eines Dauerlegatos atmen. Und angesichts dieses Dauerlegatos wird auch die im Klavier ab T. 7 immer knapper gestaltete Rückbildung des Seufzers in den Takten 10 und 11 obsolet, da man die Berg'sche Gestaltung (ab T. 6/5) dis$^1$-e$^1$-fis$^1$-f$^1$-e$^1$ / dis$^1$-e$^1$-fis$^1$-f$^1$-e$^1$ / dis$^1$-e$^1$-fis$^1$-f$^1$-e$^1$ / fis$^1$-f$^1$-e$^1$ / fis$^1$-f$^1$, noch dazu im Accelerando und Crescendo, nicht mehr im Sinne des Komponisten wahrnimmt (auch hier ist Hartmut Höll 1985 in Salzburg weitaus näher am Notentext gewesen).
Hören wir uns nun das Lied bis T. 12 an, wobei auch Vorbehalte gegen Reimanns nicht im Sinne Bergs artikulierte Gestaltung der Arpeggien angemeldet seien. Sie stellen nämlich im ersten Fall T. 11 übermäßige Dreiklänge g-h-es mit dem Vorhalt f (zum es) dar, also mit dem bislang gleichsam ostinaten Vorhaltston f – Berg will diese vier Noten als Einheit phrasiert haben, so dass die Viertongruppe immer mit dem g beginnt. Und beim zweiten Mal T. 12 ist das e Vorhalt zum d und somit zum Grundton der am Anfang des Liedes deutlich präsenten d-Moll-Sphäre. (Auch bei Hartmut Höll ist diese Artikulation nicht auszunehmen, wir hören ein gleichmäßiges Arpeggio.) Schließlich wird Dietrich Fischer-Dieskaus Steigerung der zwei langen Vorhalte (»wehen« T. 11 – »trafen« T. 12) ebenfalls Bergs Intention nicht gerecht, da der Komponist »wehen« im mezzoforte gesungen haben will und die Dynamik danach sukzessive bis zum piano bei »Leisestes« zurücknimmt.[16] Die nächste Gesangs-Phrase, »Leisestes Erinnern kaum«, deren zweiter Teil (T. 14) d$^2$-cis$^2$-b$^1$-h$^1$ eine exakte Umkehrung der Legato-Linie in der linken Hand des Klaviers (b-h-d$^1$-cis$^1$) darstellt, singt Fischer-Dieskau durch seine Piano-Kultur in allen drei Aufnahmen geradezu perfekt, wenngleich er 1985 in Salzburg im Wort »Leisestes« (T. 13) die Tonfolge c-h-a in etwas befremdlicher Weise glissandiert, wohl, um dadurch den Superlativ »Leisestes« prononciert darzustellen. Danach hat man fast das Gefühl, dass er bei dem Aufschwung »daß ich, wenn des Lebens Fülle« (T. 15f.) den im Klavier erklingenden chromatischen Quartfall c-H-B-As-G mitbedenkt, dessen Abstieg vom c zum G trotz des Textes »Lebens Fülle« ja Schmerz verströmt, den Fischer-Dieskau im Klang seiner Worte deutlich erkennen lässt, und dies in allen drei Aufnahmen; und ähnlich ist es bei der Fortsetzung

---

[16] Hier wurden die ersten zwölf Takte der Schallplatten-Einspielung vorgespielt.

»wieder klingt in meine Ruh'« (T. 17–19), wo dem chromatischen Quartfall $es^2$-$d^2$-$des^2$-$c^2$-$h^1$-$ais^1$ der Singstimme T. 18f. die hochsteigende chromatische Klavierquart A-ais-h-$c^1$-$cis^1$-$d^1$ entgegenstrebt und dann die Basis für den von Fischer-Dieskau T. 19 (»Ruh'«) wunderbar ausgeführten Oberstimmen-Seufzer $h^1$-$ais^1$(bzw. hier h-ais) abgibt. Angesichts der unendlich vielen Klavier-Seufzer der Takte 14–19 ist dann allerdings unverständlich, warum der Klavier-Seufzer $h^1$-$a^1$im T. 20, den Alban Berg so deutlich abphrasiert, um nach der Seufzerpause T. 20/4 neu anzuheben, sowohl bei Aribert Reimann als auch bei Hartmut Höll einem uniform erklingenden durchgehenden Legato ($h^1$-$a^1$-$gis^1$-$a^1$-$h^1$) weichen muss, noch dazu, wo die Linie $gis^1$-$a^1$-$h^1$-$b^1$-$a^1$(T. 20f.) die exakte Quart-Transposition aufwärts der ab T.6 ja thematischen Linie $dis^1$-$e^1$-$fis^1$-$f^1$ darstellt. Fischer-Dieskaus offenbar bewusst prononciertes Ausmusizieren des ›teuflischen‹ Tritonus-Sprunges $h^1$-$f^1$von T. 20 überzeugt hingegen, könnte allerdings bei Reimann von der Pseudokadenz im Klavier H-c-cis-d-G deutlicher konterkariert werden (bei Höll hören wir diese Führung besser). Auch die Schlusschromatik der Singstimme in den Takten 20-23 ist perfekt gemäß ihrem Ausdrucksgehalt gestaltet, insbesondere das Schlussdiminuendo mit Ritardando lassen uns jenen Schauer empfinden, der hier einkomponiert ist. Umso unverständlicher erscheint, dass Reimann hier zwar T. 24/3 den Initialcharakter des Tones $dis^1$ erkennen lässt, dann aber den dem Gesangs-Diminuendo (T. 22–24) entsprechenden Pianissimo-Vorhalt von T. 24/6 zu T. 25/1, der ja die Gesangs-Kadenz $a^1$-$d^1$ imitiert, überaus laut spielt, also forte-mezzoforte anstatt pianissimo-piano. Und auch bei den Klavier-Reminiszenzen an die Sprünge des Beginns (Takte 27 $f^1$-h, T. 28 $f^1$-b) erklingen die von Alban Berg mit crescendo zum jeweils folgenden $f^1$ notierten $fis^1$-Vorhalte jeweils (bei deren Anschlagen) lauter als die Folgenote (was auch für Höll, Salzburg 1985, gilt); zudem lassen sowohl Reimann als auch Höll diese $fis^1$-Vorhalte ungemein lange erklingen, wodurch sie sich klanglich fast nicht mehr auf das folgende $f^1$ beziehen.[17]

---

[17] Hier wurde das gesamte Lied vorgespielt.

III.

Es ist nun aus Zeitgründen nicht möglich, jedes Lied in der bisherigen Breite zu betrachten, doch sollen – nicht zuletzt angesichts der Kürze der Nummern II und III – auch die Einspielungen bzw. Mitschnitte dieser Lieder einige Betrachtungen erfahren. Im zweiten Lied, *Drei Lieder aus ›Der Glühende‹. I.* »Schlafend trägt man mich in mein Heimatland«, besticht vor allem Dietrich Fischer-Dieskaus Kunst des weit gespannten Legatos, wenngleich das (das Komma negierende) Überbinden im T. 11 immens stört, weil dadurch Bergs bewusstes Voneinander-Abheben dreier Natur-Erscheinungen zu einer Zweipoligkeit wird. Berg möchte ab T. 10 gesungen haben: »über Gipfel / über Schlünde / über ein dunkles Meer / in mein Heimatland«, Fischer-Dieskau singt jedoch: »über Gipfel, über Schlünde [als wenn diese beiden Begriffe eine Einheit wären], / über ein dunkles Meer [...]«. Offensichtlich ließ sich Fischer-Dieskau hier von dem Legato der Linie fes$^2$-es$^2$-c$^2$-g$^1$in T. 9 dazu verführen, die in T. 11 um einen Halbton nach unten versetzte, ansonsten aber identische Linie ebenfalls zu binden – er hat dabei allerdings den Beistrich, der die Gipfel von den (etwas durchaus Anderes bezeichnenden) Schlünden trennt, eliminiert. Zusätzlich hat er die T. 11 im Klavier sogar durch ein Decrescendo angezeigte Abphrasierung übersehen, die die dem Wort »Gipfel« beigegebenen Töne es$^2$-d$^2$ deutlich als Seufzer-Melodik ausweist, während in T. 9 das Wort »Ferne« sogar ein Crescendo erhält, um eben kein Seufzer zu sein. Interessanterweise sind auch hier die beiden Mitschnitte weitaus näher am Text; in beiden ist der Beistrich nach »Gipfel« gleichsam zu hören.

Die in der Einspielung herrschende Legato-Ästhetik lässt übrigens auch Aribert Reimann in der linken Hand zu einem Durchbinden von T. 4 zu T. 5 sowie von T. 5 zu T. 6 greifen, was ebenfalls zur Gänze Bergs Intentionen widerspricht, der hier eindeutig Seufzer artikuliert. Die bisweilen vertretene Meinung, dass die Komponisten eben nicht über den Taktstrich hinweg Legato-Bögen bzw. Artikulations-Bögen gesetzt hätten, wird gleich zu Beginn des Liedes und erst recht ab T. 6f. (bis zum Schluss), und das auch für die linke Hand, *ad absurdum* geführt: Wir sehen hier jeweils, dass Berg sehr wohl Bindebögen über den Taktstrich setzte, wenn er solche Phrasierungen wollte. Eine Bergs Intention und Anweisung extrem widersprechende Bindung hören wir von Hartmut Höll (Salzburg 1985) im T. 8, wo er die beiden Phrasen so bindet, dass das abzuphrasierende g$^2$ zum Auftakt für das ausdrücklich als Neubeginn einer musikalischen Einheit ausgewiesene

$d^3$ wird. – Fischer-Dieskaus Legato-Kultur besticht hier jedoch in allen Aufnahmen, ganz besonders in der absteigenden Chromatik der letzten Takte.[18] Im dritten Lied mit dem Text »Nun ich der Riesen Stärksten überwand« findet ebenfalls eine Uminterpretation durch den Sänger statt. Berg will offensichtlich die Worte »hallen schwer«, noch dazu durch ein Crescendo, inhaltlich an die »Märchenhand« binden (T. 6/7), T. 3/4 aber nicht die Phrase »mich aus dem dunkelsten Land« an das Wort »heimfand« – was angesichts des hier angebrachten Zäsurzeichens als eine Art von Seufzer im Sinne der alten (hier positiven) ›Suspiratio‹ zu interpretieren ist: »mich aus dem dunkelsten Land – [= ungefähr »aah«] heimfand an einer weißen Märchenhand / hallen schwer«; und jetzt, als soeben angeschlagene Glocke: »die Glocken«. Diese deklamatorische Setzung ist ganz typisch für die Wiener Schule, doch Dietrich Fischer-Dieskau sieht, den Text wohl mehr vom Dichter her interpretierend, das nicht so: Er überbindet »hallen schwer die Glocken«. Offensichtlich folgte er hier seinem eigenen Verdikt, dass es »Vortragsindikationen« gäbe, »die nicht etwa in den Noten, sondern in den Gedichtworten stehen«,[19] doch geht dadurch Bergs spezielle, geradezu realistische Nachzeichnung verloren. Hingegen beachtete Fischer-Dieskau Bergs Anweisung in den beiden Konzerten (Salzburg 1971 sowie Wien 1985) ganz genau, »die Glocken« werden von »hallen schwer« deutlich abgesetzt. Allerdings singt Fischer-Dieskau in beiden Mitschnitten die »-hand« von »Märchenhand« so kurz, dass vor »hallen schwer« eine relativ lange Pause eintritt und somit auch das Crescendo nicht stattfindet (was hier angesichts des Atmens vor »die Glocken« auch gesangstechnisch keineswegs notwendig gewesen wäre).

Eigenartig berührt in der Einspielung zudem die halb gesprochene, fast manieriert wirkende Tongebung bei den Worten »Land« (T. 4) und »Gassen« (T. 9), bei denen sich Fischer-Dieskau eines nur halb gesungenen Sprechgesangs[20] bedient, den der Komponist angesichts seiner Legato- bzw.

---

[18] Hier wurde das zweite Lied der Folge (op. 2/2) vorgespielt.
[19] Fischer-Dieskau, Anm. 1, S. 112. Zum Gesamtspektrum von Fischer-Dieskaus musikschriftstellerischer Arbeit vgl. den Beitrag von Oswald Panagl in vorliegendem Band.
[20] Fischer-Dieskau wendet sich allerdings vehement dagegen, solche interpretatorische Eigenheiten als »manieriert« zu bezeichnen: »In diesem Kontext, nämlich der Verteidigung eines glatten, unpersönlichen Perfektionismus fallen Ausdrücke wie ›manieristisch‹, in deren Namen Künstlern vorgeworfen wird, sie hätten einzelne Züge übergewichtig auf Kosten des Ganzen herausgehoben. Hier wird eine darstellerische Konzeption verkannt, die sich gerade an der Idee von Ausgleich und Gewichtsverteilung mißt, also eigentlich klassizistischem Wesen huldigt. Das Kunstwerk soll nicht in Einzelheiten zersplittern, aber auch nicht im Unverbindlichen aufgehen.« Fischer-Dieskau, Anm. 1, S. 461f.

Artikulations-Bögen sicher nicht im Sinn hatte. Bergs auch von ihm selber in seinen Schriften häufig als wichtig angesprochenes Espressivo nimmt vielmehr eine deutliche Gegenposition zu dem bisweilen prononcierten Opernstil Giuseppe Verdis ein, dessen mit Ausführungsanweisungen wie ›parlando‹ oder ›declamato‹ arbeitenden syllabischen Linien Fischer-Dieskau oft wohl mit Recht bewusst nahezu als »Sprechgesang« interpretierte und diese Ausführungsart auch vehement verteidigte.[21] (Schönbergs erstmals mit solchen Tongebungen arbeitender Melodramen-Zyklus *Pierrot lunaire* entstand bekanntlich erst zwei Jahre später.) Bei »Gassen« begegnen wir dieser Tongebung auch in den beiden Mitschnitten. Das Eliminieren sämtlicher Pausen von T. 9 (im Mitschnitt Salzburg 1985) negiert hingegen Bergs Intention vollkommen. Fischer-Dieskau singt hier legato durch.[22]
Seine Aufnahme des vierten Liedes, mit dem Textbeginn »Warm die Lüfte«, weist ähnliche Interpretationseigenheiten auf: extrem schöne Legato-Bögen, aber eigenartig manierierte Deklamationen, so bei den Worten »düstern Bergfrost« (T. 10) sowie bei »ein Mädchen in grauem Kleide lehnt an feuchtem Eichstamm« (T. 12f.). Es sind dies Deklamationen, wie sie gegen Ende von Fischer-Dieskaus Sängerlaufbahn immer häufiger werden – ihr Vorkommen in diesen Aufnahmen von 1970 beweist aber, dass der Sänger prinzipiell zu dieser sprachlichen Tongebung neigte, wenn er etwas ganz betont ausdrücken, also gleichsam unterstreichen wollte – so wird Sprache aber fast zum Selbstzweck, wird ein weitgehendes Nicht-Singen (im Gegensatz zum Singen im Sinne einer lyrischen Darbietung) zur Nicht-Tongebung; vielleicht ist dies eine Art von gezieltem Realismus als Nachahmung prononcierten Sprechens. Ob Berg das wollte, sei angesichts seiner diese Phrasen deutlich überbindender Bögen allerdings dahingestellt. In extremer Form hören wir diese Art des Sprechgesangs im T. 11, in dem Berg die Worte »es schmilzt und glitzert kalter Schnee« unter einen weiten Legato-Bogen (bzw. unter einen die Worte verbindenden Artikulations-Bogen) stellt, Fischer-Dieskau sie aber fast staccato ausführt (was auch für beide Mitschnitte gilt) und solcherart die nur für das Klavier geltende Anweisung »spitz« auf die Gesangslinie überträgt – Berg hingegen wollte hier eine gegensätzliche Artikulation von Sänger und Klavier.
Sowohl in der Einspielung als auch im Mitschnitt Salzburg 1971 spielt Reimann übrigens die tiefen Klavier-Vorschläge in T. 1, 2 und 3 extrem lang, nahezu wie eine eigenständige Achtelnote (und nicht wie einen von Berg

---

[21] Ebd., S. 366. Hiezu vergleiche auch den Beitrag von Klaus Aringer in vorliegendem Band.
[22] Hier wurde das dritte Lied der Folge (op. 2/3) vorgespielt.

geforderten »ruhigen und langsamen Vorschlag«), so dass das Taktgefüge kaum erkannt werden kann und (etwa) die eine Pause einschließende Anfangstriole des 3. Taktes nicht als solche wahrnehmbar wird. Bergs Vorstellungen völlig zuwiderlaufend sind in beiden Mitschnitten Fischer-Dieskaus extreme Verkürzung des Wortes »Horch« (T. 4/4 auf T. 5/1 sowie insbesondere T. 5/2 auf T. 5/3), wodurch im zweiten Fall der Artikulations-Bogen völlig unterbrochen wird. Im Mitschnitt Salzburg 1971 singt Fischer-Dieskau zudem in T. 9/4 (»Dro-[ben]«) sowie T. 11/2 (»glit-[zert]«) deutlich falsche Töne. Interessant ist auch die unterschiedliche Gestaltung des »tonlos« zu singenden »Stirb!« (T. 19), die Fischer-Dieskau in der Einspielung sowie im Mitschnitt Salzburg 1985 gemäß der Anweisung ausführt, im Mitschnitt Salzburg 1971 hingegen ziemlich laut, angesichts der Tiefe fast gepresst. Warum Fischer-Dieskau die Schlussphrase »Das macht die Welt so tiefschön« in der Einspielung sowie in beiden Konzerten trotz der Berg'schen Legato-Anweisung nach »Welt« durch ostentatives Atmen trennt, sei ebenfalls hinterfragt.[23]

## IV.

Das Fazit kann sehr kurz gefasst werden: Sowohl in der Einspielung von Bergs Opus 2 aus dem Jahre 1970 als auch in den Mitschnitten der Salzburger Konzerte von 1971 sowie 1985 bestechen Dietrich Fischer-Dieskaus Legato-Kultur, seine meisterhafte Differenzierung der Lautstärke sowie seine Wortdeutlichkeit, doch wendet er sich nicht selten gegen Alban Bergs interpretatorische Anweisungen und somit gegen den Notentext, den er laut eigener Aussage eigentlich doch eher getreu wiedergeben will; zudem irritiert er durch eigenartig verfremdete Deklamationen. Als Interpret ist er immer hervorragend, aber nicht immer interpretiert er dabei den Komponisten, den er zwar aus dessen zeitlichem Umfeld heraus verstehen will,[24]

---

[23] Hier wurde das vierte Lied der Folge (op. 2/4) vorgespielt.
[24] Dietrich Fischer-Dieskau spricht dezidiert davon, dass er es für wichtig erachte, für das Interpretieren von Musik auch das »Selbstverständnis des Komponisten in seiner Zeit« zu bedenken. Fischer-Dieskau, Anm. 1, S. 463.

aus diesem Umfeld aber bewusst die Maximen der Aufführungspraxis jener Zeit ausschließt.[25] Und wie wir wissen, hat gerade für die Komponisten der Wiener Schule gemäß einem Wort Arnold Schönbergs der Komponistenwille immer Vorrang vor dem Interpretenwillen.

---

[25] Zu Dietrich Fischer-Dieskaus ablehnender Haltung der historischen Aufführungspraxis gegenüber vgl. den Beitrag von Klaus Aringer in vorliegendem Band.

## Anhang

Alban Berg, *Vier Lieder für eine Singstimme mit Klavier*, op. 2 (1908/1909, rev. 1920) (© Universal Edition, Wien)

4

SIEGFRIED MAUSER (MÜNCHEN)

## Titelpartie in Aribert Reimanns *Lear*

Zum Künstlerprofil des bedeutenden Sängerdarstellers Dietrich Fischer-Dieskau gehört substantiell sein Engagement für die Musik des 20. Jahrhunderts. Neben seinem Einsatz für die Liedkunst der klassischen Moderne spielt im Bereich des Musiktheaters vor allem die Verkörperung des Lear in Aribert Reimanns gleichnamiger Oper eine bedeutsame Rolle. Neben der Entstehungsgeschichte des Werks, die eng mit dem Künstler verbunden ist, hat sowohl die sängerische Darstellung als auch die theatrale Vergegenwärtigung durch Fischer-Dieskau Theatergeschichte geschrieben – diesen Aspekten geht der Beitrag mit vielfachen Querverbindungen nach.

The music of the 20th century is a special subject of Dietrich Fischer-Dieskau's repertoire. In addition to the modern art song, Aribert Reimann's Lear, in the opera of the same name, is – in his activity in musical theatre – a substantial part of the singer. The history of this opera is closely connected with Fischer-Dieskau and his Lear-interpretation has made theatre-history. This essay will give an insight into these thematic and other contextual connections.

»Eigentlich bin ich ja nur zweite Wahl gewesen [...]« – mit dieser schmunzelnd vorgebrachten Bemerkung begann Aribert Reimann Mitte Oktober 2010 ein Gespräch mit dem Autor, bei dem die Zusammenarbeit des Komponisten mit Dietrich Fischer-Dieskau im Zentrum stehen sollte. Tatsächlich trat der große Sängerdarsteller mit dem Plan einer *Lear*-Vertonung zunächst an seinen Freund Benjamin Britten heran – unmittelbar vor der Uraufführung des *War Requiem* –, der allerdings mit seinen späten Kirchenopern beschäftigt war und danach durch fortschreitende Erkrankung an der Umsetzung dieses Planes gehindert wurde. Dennoch scheint das *Lear*-Projekt ein hartnäckig beibehaltener Plan Fischer-Dieskaus gewesen zu sein, da er sowohl überzeugt war, »dass sich die diversen Ebenen des inneren und äußeren Geschehens in diesem Meisterstück Shakespeares mit Musik vertragen müssten und gut ausdrücken lassen«[1], als auch eine enorme persönliche Identifikation mit Figur und Schicksal des Lear vorlag. Als schließlich 1968 Reimann als möglicher Komponist mit diesem Projekt konfrontiert wurde, zögerte er zunächst, wohl wissend, dass bereits Giuseppe Verdi mit Antonio

---

[1] Zit. nach: Klaus Schulz (Hg.), Aribert Reimanns Lear. Weg einer neuen Oper, München: dtv 1984, S. 31.

Somma als Librettisten am Plan einer Vertonung gescheitert war. Trotzdem zeitigte Fischer-Dieskaus Vorschlag eine gewisse Wirkung, da fortan beim Komponisten »neben anderen Arbeiten [...] sich irgendwo in meinem Kopf eine Art Ablage für ›Lear-Gedanken‹ bildete«.[2] Erst ab 1972 begann sich der Komponist intensiver mit dem *Lear* zu befassen, zumal die ständige Zusammenarbeit mit Fischer-Dieskau auf dem Gebiet der Liedkunst eine dauerhafte Präsenz der Idee zur Folge hatte. Zudem kristallisierte sich mehr und mehr die Erkenntnis heraus, dass »unsere musikalische Sprache, die unserer Zeit, [...] in ihrer Vielfältigkeit dem Lear-Stoff doch wesentlich gerechter [scheint], als es die des 19. Jahrhunderts war«.[3] Dieser Meinung war sicherlich Fischer-Dieskau auch, und zwar mehr und mehr speziell bezogen auf Reimanns kompositorischen Stil, wie er vor allem in Orchesterwerken mit Gesang – z. B. in *Wolkenloses Christfest*, einer Art Requiem – realisiert wurde. Hier klang »ein Ton melismatischen Skandierens, der dunklen Farben und verzweiflungsvoller Ausbrüche, der reibungsvollen, blockartigen Orchesterdialoge mit dem Solisten auf, der die Lear-Sprache erahnen ließ«.[4] Diese Beobachtung Fischer-Dieskaus stimmt auffällig mit einer späteren Bemerkung Reimanns im Rahmen einer Art rückblickenden Werkstattberichts überein: »Die dunkle Farbe, massive Ballungen im Blech, Flächen in den tiefen Streichern führten mich zur Person Lear«.[5] Daraufhin verfasste Fischer-Dieskau sogar selbst ein Libretto nach der Schlegel-Tieck'schen Übersetzung, allerdings »verwarfen wir schon bald dieses Elaborat«.[6] Stattdessen entstand schließlich ein höchst gelungenes Libretto, das Claus Henneberg in engem Kontakt mit Reimann verfasste; es entfaltet sich dramaturgisch in einer konzisen Zweiteiligkeit, die Nebenaspekte der Handlung geschickt eliminiert, so dass einerseits keine Desiderata im Handlungsablauf spürbar sind, andererseits alle wesentlichen Personenkonstellationen präsent und transparent werden. In beiden Teilen steht auf unterschiedliche Weise die Titelfigur des Lear im Zentrum: Im ersten Teil ist es die direkte Präsenz des Protagonisten, die sich unter anderem in mehreren Monologen manifestiert, im zweiten Teil die eher indirekte, aber immer als inhaltlicher Fokus ausgewiesene Gegenwärtigkeit, die vor allem gegen Ende des Werks mit einigen gewichtigen Akzenten direkter Präsenz, wie

---

[2] Ebd., S. 67.
[3] Ebd., S. 214.
[4] Ebd., S. 31.
[5] Ebd., S. 67.
[6] Ebd., S. 32.

dem gewaltigen Wahn-Monolog, durchsetzt ist. Generell erscheinen nahezu alle Ereignisse in einer zwingenden Bezüglichkeit zur Titelgestalt, die wie eine dramaturgisch genau durchkalkulierte Projektionsfolie omnipräsent erscheint und den Handlungsverlauf determiniert.
Mittlerweile war längst ein entsprechender Auftrag der Bayerischen Staatsoper an Aribert Reimann ergangen (1975), der dann eine kontinuierliche kompositorische Arbeit bis zur Uraufführung im Jahr 1978 folgte. Der weitere Beitrag Fischer-Dieskaus an der Entstehungsgeschichte des Werkes blieb laut eigener Aussage und trotz des ursprünglichen eigenen Entwurfes ab jetzt marginal: »Von der vielbeschworenen Arbeit des Sängers mit dem Komponisten hatte ich mir aus der Kenntnis von Reimanns Arbeitsweise nicht viel erhofft, sie blieb denn auch auf einige Fragen beschränkt, was wohl machbar sei und was nicht.« So scheint der Interpret vor allem die Aufgabe erfüllt zu haben, »Unsangliches anzukreiden und schwer Verständliches aus der Oper zu verbannen«.[7]
Die dennoch enormen gesanglichen und schauspielerischen Herausforderungen der Titelpartie initiierten einen neuen musikalischen Darstellungstypus im Kontext zeitgenössischer Oper, der letztlich in der besonderen Begabungsstruktur und dem speziellen Künstlerprofil Fischer-Dieskaus gründet. Reimann scheint die aus eigener Erfahrung in der Zusammenarbeit mit dem Sänger festgestellten Fähigkeiten nicht nur herausgefordert, sondern kategorisch an die möglichen Grenzen getrieben zu haben – der Kommentar Fischer-Dieskaus verlebendigt diesen Sachverhalt anschaulich:

> Ich erschrak auch – bei allem Umgang mit Neuer Musik – vor der gänzlichen Hilflosigkeit, mit der der Sänger hier dem keineswegs stützenden Orchester gegenübertritt, das zudem häufig im Klangteppich Vierteltöne verwendet […]. Der Grad der Aufführungsschwierigkeit ist hoch.[8]

Diese lakonische Schlussbemerkung verrät allerdings auch, dass trotz der außerordentlichen Schwierigkeiten bei entsprechendem Einsatz und Engagement prinzipiell sängerdarstellerisch alles machbar ist – sicherlich mit ein Verdienst Fischer-Dieskaus selbst. Die vielfachen Neuproduktionen nach der Uraufführung mit verschiedenen anderen Protagonisten wie Günter Reich, Franz Mazura, Thomas Stuart und anderen bestätigen dies. Somit ist innerhalb der deutlichen Orientierung an der Künstlerpersönlichkeit Fischer-Dieskaus zugleich im allgemeinen Sinn ein neuer Typus eines mu-

---

[7] Ebd., S. 32.
[8] Ebd., S. 102.

sikdramatischen Protagonisten entstanden. Wie sehr die Persönlichkeit des Sängers innerhalb des allgemein gewordenen, quasi-expressionistischen Darstellertyps Pate gestanden hat, verdeutlicht nicht zuletzt die Widmung des Werkes: »Dietrich Fischer-Dieskau, der mir die Anregung gab, und den Mut, diese Oper zu schreiben«. Wie mir Reimann auch im persönlichen Gespräch mitteilte, war tatsächlich Fischer-Dieskaus imaginierte Künstlerpersönlichkeit die gesamte Entstehungsgeschichte über präsent, sowohl als expressiver Darsteller wie als ausdrucksvoller Sänger mit seiner unerhörten Deklamationskunst und dem unverwechselbaren Timbre. Auch der Uraufführungsinterpret etlicher Lieder Reimanns mag für diese Dauerpräsenz mit ausschlaggebend gewesen sein. So wirkt es wohl nicht übertrieben, wenn etliche ausgeprägte kompositorische Merkmale direkt mit dem Sänger in Verbindung gebracht werden: Einerseits die expressive Gesangsmelodik mit stark gespreizten, dissonanten Intervallen, die letztlich die Tradition der Wiener Schule fortzusetzen scheint, und andererseits die für Reimann so typische expressiv-dramatische Koloraturtechnik, die als Stilmerkmal bis heute wesentlich ist und vielfache Ausformungen in der Komposition für dramatische Frauenstimmen erfuhr – in *Troades* und *Bernarda Albas Haus* ebenso wie im bislang letzten musikdramatischen Werk, der in Wien uraufgeführten *Medea*. Diese spezielle Koloraturtechnik, die Dieskaus beweglicher Bariton wie kaum eine andere Stimme realisierte, wirkt nicht wie im traditionellen Sinn virtuos-verzierend, sondern mit expressiver Wucht dramatisch vergegenwärtigend und charakterisierend. Als weiteres stilistisches Element hängen sicher die ausdrucksvollen, nicht selten tonarmen Deklamationsgesten der Singstimme eng mit der Gesangskunst Fischer-Dieskaus zusammen, gelegentlich auf wenige Rezitationsformeln oder gar Einzeltöne reduziert. Dadurch entsteht über die Singstimmenführung eine nahezu rituelle, zeremonielle Archaik, die letztlich die Gattung der Oper auf ihre eigentlichen Ursprünge rückverweist.

Ein besonders eindrucksvolles Beispiel für diese stilistische Charakteristik gibt der Wahn-Monolog »Blast, Winde, sprengt die Backen!« (1. Teil, 3. Szene). In folgende Kurzbetrachtung werden auch visuelle Momente einbezogen, da ein Video-Mitschnitt dieser Szene publiziert ist.[9] Es handelt sich um eine höchst eindrucksvolle Mischung aus expressiven Deklamationsgesten – die in ihrer Kargheit gelegentlich sogar an eine Art dramatisierte Form liturgischer Einstimmigkeit erinnern – und einer expressiven

---

[9] Die Kunst des Dietrich Fischer-Dieskau, Deutsche Grammophon 0044007340509 (publ. 2008).

Koloraturtechnik, die den Text und das Geschehen über einem blockhaft agierenden Orchester ausdrucksvoll vermittelt. Die teilweise realisierte Space-Notation lässt den Interpreten Raum für den spontan entwickelten Augenblick und eine direkt erfüllte Gegenwärtigkeit, die in einen sinnvollen Dialog mit notationstechnisch genau fixierten melodischen Linien tritt. Die erstmals radikal wahrgenommene Selbsterkenntnis Lears, seine Situation im Verhältnis zu den Töchtern betreffend, und die halluzinatorischen Wahnvorstellungen zeigen eine Figur am Rande der Existenzmöglichkeiten und greifen letztlich auf finalen Wahnsinn und Tod vor. In der Realisierung des Singstimmenverlaufs wie in Gestik und Mimik der szenischen Darstellung wird diese Form eines verhängnisvoll empfundenen Existenzialismus ebenso realistisch wie archaisch umgesetzt. Es gelingt Fischer-Dieskau, einen beklemmenden Wirklichkeitsbezug zugleich als eine Art prophetisches Fluch- und Beschwörungsritual zu präsentieren, die Figur des Lear letztlich in den Kontext antiker Tragödien zu stellen. Zwar könnte man sowohl den Vollzug der Textdeklamation wie auch des schauspielerischen Bewegungshaushalts als gelegentlich allzu tautologisch beurteilen, dennoch entsteht durch die expressive Verdopplung, ja Verdreifachung eine ungeheure Verstärkung, die eine ausdrucksvolle Theaterrhetorik – im Sinne einer fortgeschriebenen Tradition des 19. Jahrhunderts – aufweist, die in einer realistischen Expressivität gründet. Der sängerische Darstellungsmodus überzeugt dabei nicht zuletzt deshalb, weil tautologische Verstärkungen auch ein wesentliches Prinzip der Komposition selbst sind. Die massierten Klangballungen des Orchestersatzes stützen zwar den Vollzug der Singstimmenführung nicht strukturell, sie verschärfen und tragen aber den Affekt und die Semantik der jeweiligen Handlungsszenerie. In der Geschichte des Musiktheaters im 20. Jahrhundert gibt es wohl nur wenige Beispiele, in denen ein interpretierender Künstlertypus derart zum Maßstab kompositorischer Strategien geworden ist, wie das bei Aribert Reimanns *Lear* und der Person Fischer-Dieskaus der Fall war – auch hierin deutet sich eine musiktheatrale Tradition an, die über das 19. Jahrhundert hinaus sogar auf die Beziehungen zwischen Sängerdarstellern und Komponisten im 18. Jahrhundert zurückverweist. Der gewaltige Erfolg dieses Werkes verdankt sich letztlich der gelungenen Synthese innovativer Darstellungsmittel und der Fortsetzung bedeutender Operntraditionen.

## II

### Dietrich Fischer-Dieskau
### zu Gast bei verschiedenen
### Musikfestivals

DANIEL BRANDENBURG (SALZBURG/BAYREUTH)

## Dietrich Fischer-Dieskau und die Salzburger Festspiele

Es gibt wohl keinen Künstler, der den Salzburger Festspielen in seinen Auftritten länger verbunden gewesen ist als Dietrich Fischer-Dieskau. Nach seinem Debüt im Jahre 1951 unter dem Dirigat des übermächtigen Wilhelm Furtwängler ist er mit gelegentlichen Unterbrechungen immer wieder auf Bühne und Konzertpodium der Festspiele zurückgekehrt: 41 Jahre (bis 1992) hat er dort als Lied-, Opern- und Konzertsänger gewirkt, dann, nach einer Pause von elf Jahren, von 2003 bis 2006 als Rezitator und Dirigent.

Im Folgenden soll es nun in erster Linie um den Sänger Fischer-Dieskau und die Salzburger Festspiele als eine der musikalischen Institutionen gehen, die seine künstlerische Karriere und das Bild, das wir uns heute von ihm machen, nachhaltig geprägt haben.

There is probably no artist who has longer been connected to the Salzburg Festival with his performances than Dietrich Fischer-Dieskau. After his debut in 1951 under the conducting of the somewhat overly powerful Wilhelm Furtwängler, he kept returning to the festival stage with occasional interruptions. He appeared as Lied, opera and concert singer for 41 years (until 1992) and after a break of eleven years as reciter and conductor from 2003 to 2006. The following article primarily deals with the singer Fischer-Dieskau and the Salzburg Festival as a musical institution that shaped his artistic career and the picture we have of him today.

Grundlage meiner Ausführungen sind Materialien aus dem Archiv der Festspiele, das ich mit der freundlichen Unterstützung von dessen Leiterin Franziska Lettowsky konsultieren konnte. Die Zeitungskritiken des Archivs, die ich in erster Linie ausgewertet habe,[1] stammen überwiegend aus dem deutschen Sprachraum und, so scheint mir, vor allem aus dessen Süden. Bei Auswahl und Archivierung dieser Pressestimmen wurde wohl besonderes Augenmerk auf österreichische Zeitungen gelegt, aber auch

---

[1] Der Pressespiegel ist für die Jahre 1951 bis 1992 zwar nach Jahrgängen geordnet, aber nur z.T. durch eine Sortierung nach Schauspiel-, Opern-, Lieder- und Konzertabenden erschlossen. Eine konsequente, seitenweise Durchsicht aller vorhandenen Zeitungsmaterialien war deshalb im Rahmen der Vorbereitung dieses Beitrags nicht zu leisten. Ich habe mich aus diesem Grund darauf beschränkt, die Jahre bis 1960 komplett zu sichten und danach eine Auswahl zu treffen. Diese Vorgehensweise wurde mir auch dadurch erleichtert, dass die Jahrgänge ab 1970 – aufgrund einer ab diesem Jahrgang angelegten Ordnung der Texte nach Veranstaltungen – mir die Möglichkeit boten, gezielt nach interessanten Informationen zu suchen.

das unmittelbare geografische Umfeld der Festspiele, das Berchtesgadener Land, ist gut vertreten. In geringerem Ausmaße nachgewiesen ist die ausländische Presse (im Sinne von nicht-deutschsprachig). Dies gilt sowohl im Hinblick auf den Archivbestand insgesamt als auch hinsichtlich der Rezeption des Künstlers Fischer-Dieskau. Die von mir gesichteten Berichte internationaler Zeitungen legen ihr Hauptaugenmerk größtenteils auf die Festspiele als Opern- und Theaterfestspiele und schenken den Liederabenden wenig bis gar keine Aufmerksamkeit. Der Mailänder *Corriere della sera* befasst sich 1978 z. B. nur deshalb mit dem Dieskau-Liederabend, weil Maurizio Pollini am Klavier saß und allein dieser Umstand Grund genug für ausschweifende Lobeshymnen war.[2] Das nachfolgende Panorama der Rezensionen stützt sich deshalb in erster Linie auf deutschsprachige Zeitungen teils regionaler, teils überregionaler Verbreitung. Entscheidend für die Auswahl der einzelnen Stimmen war das Bestreben, repräsentativ-pointiert den jeweils vorherrschenden Tenor der Beurteilung des Sängers Fischer-Dieskau abzubilden.

Der erste Salzburger Festspielauftritt des jungen Dietrich Fischer-Dieskau fand im Jahr 1951 mit Gustav Mahlers *Liedern eines fahrenden Gesellen* und den Wiener Philharmonikern unter dem Dirigat Wilhelm Furtwänglers statt. Die Presse äußerte sich durchweg positiv, mit unterschiedlicher Akzentsetzung. So schrieb *Das Neue Österreich* am 22. August 1951: »Dietrich Fischer-Dieskau, von Wien her als glänzender Schubert-Interpret bekannt, sang die Lieder mit wunderbarem Ausdruck und erfolgreichem Einsatz seines samtschwarzen, kultivierten ›lyrischen Baritons‹.«[3]
Während hier von samtschwarzem Bariton die Rede ist, entdeckt Kurt Blaukopf, Korrespondent des *Abends* (13. August 1951), in Fischer-Dieskaus Stimme kurioserweise eher eine »tenorale Prägung«,[4] ein interessanter Beleg dafür, wie unterschiedlich Höreindrücke wirken können.
Einig waren sich die Zeitungen über die herausragende künstlerische Leistung des Sängers, *Die Presse* (Wien) vermeldete dazu:

---

[2] Denkbar ist, dass dieses scheinbare Desinteresse der internationalen Presse mit der ›deutschen‹ Gattung Lied zusammenhängt, denkbar ist aber auch, dass unter dem früheren Archivleiter Hans Jaklitsch durch partielle Auslagerung des Materials und damit einhergehenden Verlusten eine Selektion stattgefunden hat.
[3] Konzertmusik in Salzburg, in: Das Neue Österreich, 22. August 1952.
[4] Kurt Blaukopf, Stokowskis großes Salzburger Feuerwerk, in: Der Abend, 13. August 1951.

Der auswendig singende Künstler bewies durch die außerordentliche Ausdrucksintensität seines Vortrags nicht nur, daß er den Sinn dieser Gesänge sich vollends zueigen gemacht hat, sondern stellte auch die musikalischen stimmlichen Vorzüge seiner Person vorteilhaftest unter Beweis.[5]

Und die *Weltpresse* aus Wien (20. August 1951) stellte hellsichtig fest: »In ihm [Fischer-Dieskau] dürfen wir bald einen willkommenen Fortsetzer der großen Tradition des Liedersingens, einen Anwärter auf die Nachfolge von Heinrich Schlusnus und Julius Patzak bewundern.«[6]
Mit diesen Lorbeeren geschmückt, ließ sich Fischer-Dieskau bis 1956 Zeit, ehe er zu Beginn der Ära Karajan als Almaviva in Mozarts *Le nozze di Figaro*[7] sowie als Liedinterpret, mit Gerald Moore an der Seite, nach Salzburg zurückkehrte. Die *Salzburger Nachrichten* vom 23. Juli 1956 berichteten über den *Figaro* wie folgt:[8]

Aber es trifft nicht die Hauptsache, wenn man all das Hervorragende rühmt: Christa Ludwig [als Cherubino]; oder den Grafen Almaviva von Dietrich Fischer-Dieskau, dessen Salzburger Operndebüt in dieser Rolle geeignet war, eine gewisse innere Wende im feudalen Bereich der Besetzung herbeizuführen: nämlich so, daß an der reizvoll jugendlichen Figur seines Almaviva zum erstenmal seit manchem Salzburger Sommer die lyrischen Motive sich wieder glaubhaft frei entzünden konnten [...].

Doch das Lob war nicht ungeteilt. Die *Frankfurter Allgemeine Zeitung* vom 13. August 1956 hielt dagegen: »Fischer-Dieskaus Graf Almaviva, zum erstenmal in Salzburg, erringt die Herzen im Flug, obwohl seine schauspielerische Leistung gegenüber dem übrigen Figaro-Ensemble abfällt.«
Einhellig dagegen die Beurteilung des Liederabends (Schubert-Programm), bei der bereits in auffälliger Weise die Begriffe sich mehren, die in den späteren Jahren gleichsam zum Markenzeichen Fischer-Dieskauscher Interpretationen werden sollten: »genaueste Deklamation und sorgfältige Wahrung der großen musikalischen Zusammenhänge«,[9] »wohldurchdachte Technik«,

---

[5] Furtwängler-Konzert in Salzburg, in: Die Presse, Wien, 21. August 1951.
[6] Sonntag vormittag im Festspielhaus, in: Weltpresse, Wien, 20. August 1951.
[7] Dirigent Karl Böhm, Regie O.F. Schuh.
[8] »Le Nozze di Figaro«, in: Salzburger Nachrichten, 23. Juli 1956.
[9] Salzburger Nachrichten, 16. August 1956.

»Sorgfalt in der Sprache« und »Modulationsfähigkeit«[10] wurden zu den Qualitäten, die das »Erlebnis Fischer-Dieskau«[11] ausmachten. *Die Presse* aus Wien (15. August 1956) bot in diesem Zusammenhang gleichsam ein Fazit an, das so lautete:

> Und wirklich nimmt er als Liedsänger unbestritten die erste Stelle ein. Er ist schlechthin ohne Rivalen, und seit langem gab es keinen Künstler, der mit so unfehlbarem Stilgefühl das Lied, das deutsche Lied pflegte, der stimmlich, musikalisch und geistig in der gleichen Weise dafür gerüstet war. [...] Er singt höchst kunstvoll, aber niemals gekünstelt. Er singt technisch so vollendet, daß man niemals der technischen Funktion als solcher gewahr wird.[12]

Von da an scheinen sich die Kritiker in ihrem Urteil schier zu überschlagen. Am 3. September 1957 berichtete die *Deister-Weserzeitung Hameln* von der Aufführung des Deutschen Requiems von Brahms unter Karajans Leitung und attestierte Fischer Dieskau eine »adlige, apollinisch schönen Stimme« und einen »ruhigen sparsam unaufdringlichen Vortrag«,[13] während die *Österreichische Neue Tageszeitung* (8. August 1957)[14] verzückt von »vollkommenem Gesang, einer der schönsten Baritonstimmen, schwebendem Mezzavoce, traumhaftem Piano und kraftvollem, strömendem Forte« zu künden wusste. Über diese manchmal vielleicht etwas zu lyrisch-hymnische Journalistenprosa hinaus gab es aber wieder eine Reihe Äußerungen, die gleichsam die nächste Stufe in der Beurteilung des Sängers Fischer-Dieskau darstellen. Nachdem bis dahin die Perfektion in sprachlicher und gesanglicher Gestaltung betont wurde, trat jetzt das Vorbildhafte, ja Revolutionäre in den Vordergrund, das dem Künstler die höhere Weihe des ›Lehrers‹ verlieh. Fischer-Dieskau, dieser »größte Liedsänger unserer Zeit«,[15] leitete »eine neue Ära«[16] ein und bot damit je nach Blickwinkel »eine Weihestunde des Lieds«[17] oder, noch treffender, eine »Lieder-Lehrstunde«.[18] Zugleich wurde der »Lied-Sänger Fischer-Dieskau« wohl auch immer mehr der Beurteilungsmaßstab

---

[10] Neue Zeit, 17. August 1956.
[11] Das Erlebnis Fischer-Dieskau, in: Neuer Kurier, 14. August 1956.
[12] Liederabend Dietrich Fischer-Dieskau, in: Die Presse, Wien, 15. August 1956.
[13] Karajan als Brahmsdirigent, in: Deister-Weserzeitung Hameln, 3. September 1957.
[14] Graf Almaviva sang Schubertlieder, in: Österreichische Neue Tageszeitung, 8. August 1957.
[15] Salzburger Solistenkonzerte, in: Volksstimme, 8. August 1957.
[16] Eine neue Ära des Liedes, in: Neue Ruhrzeitung, Essen, 17. August 1957.
[17] Weihestunde des Liedes, in: Salzburger Volkszeitung, 7. August 1957.
[18] Fischer Dieskaus Lieder-Lehrstunde, in: Weltpresse Wien, 7. August 1957.

für den Opernsänger. So stellte die *Berliner Morgenpost* fest (31. August 1957), der Künstler habe in der als »ideal« bezeichneten *Figaro*-Produktion des Jahres[19] die Rezitative, also justament den Teil einer Oper, in dem es besonders auf die Deklamation und Textverständlichkeit ankommt, »mit bewundernswerter Klugheit« ausgeführt.

Im folgenden Jahr, 1958, inszenierte Rudolf Hartmann sodann in Salzburg Richard Strauss' *Arabella*. Die musikalische Leitung hatte Joseph Keilberth, Lisa della Casa sang die Titelpartie Arabella und Fischer-Dieskau den Mandryka. Die *Süddeutsche Zeitung* vom 31. Juli 1958 fanden »Dietrich Fischer Dieskau […] gleichermaßen überragend als Konversations- wie als Belkanto-Sänger«[20] und das *Linzer Volksblatt* vom selben Datum stellte bewundernd fest:

> Klangzauber um »Arabella«, Glanzvolle Aufführung in glanzvoller Besetzung. Die Sensation des Abends: Dietrich Fischer-Dieskau. […] Er spielt und singt die 1947 von Hans Hotter gegebene Partie von der ersten bis zur letzten Szene mit derselben geistigen Durchformung wie seine Lieder. Die Kraft seines schönen Baritons und die Deutlichkeit seiner Sprache setzen sich stets gegenüber dem großen Orchester voll durch.[21]

Schlug das *Linzer Volksblatt* mit der »Deutlichkeit der Sprache« die Brücke zum Lied, so tat es die *Schwäbische Landeszeitung Augsburg* vom 16. August 1958 mit dem »lyrischen Ausdruck«. Unter dem Titel »Arabella in Salzburg« war zu lesen:

> Ihr [Lisa della Casas] Partner, ein wie von innen glühender Mandryka, ein Ausnahmemensch, war Dietrich Fischer-Dieskau, der große Liedgestalter, dessen stärkste Augenblicke auch auf der Bühne im Lyrischen liegen, in den Szenen, in denen ein großes Gefühl sich rein und unverfälscht manifestiert.

Bei dieser Begeisterung schienen der Presse in der Folgezeit die Superlative zu fehlen. 1959 titelten die *Oberösterreichischen Nachrichten* (vom 31. Juli 1959) zu einem Schumann-Liederabend mit Gerald Moore: »Begeisterung um Dietrich Fischer-Dieskau. Romantisches Erlebnis in höchster Vollkommenheit durch Lieder Robert Schumanns.«

---

[19] Salzburg: Der ideale Figaro, in: Berliner Morgenpost, 31. August 1957. – Regie führte Günther Rennert, Dirigent war Karl Böhm.
[20] Die neue Salzburger Arabella, in: Suddeutsche Zeitung, 31. Juli 1958.
[21] Klangzauber um Arabella, in: Linzer Volksblatt, 31. Juli 1958.

Ein Jahr später krönte ihn das *Linzer Volksblatt* (30. Juli 1960) im Anschluss an einen Wolf-Liederabend (am Klavier G. Moore) zum »König der Liedsänger« und befand: »Die Liedinterpretationen dieses Künstlers haben eine solche Höhe erreicht, dass auch Superlative kaum genügen, um sie zu charakterisieren.«

Das *Salzburger Volksblatt* vom 30. Juli 1960 schrieb hingegen vom »Meistersänger Fischer Dieskau« und der *Express* fasste kurz und knapp zusammen: »Wolf, Goethe, Vollendung«.

Als weniger gut wurde in jenem Jahr die Interpretation des Almaviva beurteilt. Die *Illustrierte Kronen Zeitung* vom 10. August 1960 stellte fest: »Figaro mit Müdigkeitserscheinungen: er [Fischer-Dieskau] übertrieb, er posierte, er war zu derb, er ›stellte‹ Susanne nicht nach, sondern lief ganz einfach hinter ihr her – und er war erst bei seiner Arie im zweiten Akt wieder der große Sänger, als den wir ihn verehren.«

1961 fanden unter Beteiligung des Sängers ein Orchesterkonzert unter der Leitung von Wolfgang Sawallisch (Schumanns *Szenen aus Goethes Faust*) und erneut ein Wolf-Liederabend statt. Ein Jahr später, 1962, übernahm Fischer-Dieskau wieder den Almaviva, diesmal in einer Neuinszenierung des *Figaro* durch Gustav Rudolf Sellner. Ferner gab er einen Liederabend mit Kompositionen von Busoni, Mahler, Pfitzner und Strauss. Nach einem nochmaligen Almaviva im Jahr 1963 und einem Liedprogramm mit Schubert-Liedern brachten die Festspiele des Jahres 1964 mit der Titelrolle in Giuseppe Verdis *Macbeth* dem Sänger (an der Seite von Grace Bumbry, unter der Leitung von Sawallisch und mit der Regie von OF Schuh) endlich wieder einmal eine Aufgabe jenseits des ewigen Mozart. Die Kritiker waren, bis auf wenige Ausnahmen, überwältigt. Die *Süddeutsche Zeitung* vom 10. August 1964 schrieb:

> Fischer-Dieskaus wuchtiger Macbeth. [...] Das Ereignis der Aufführung ist Dietrich Fischer-Dieskaus Macbeth. Vom ersten Moment an, da seine Prachtstimme mit dem ›Giorno non vidi mai‹ den weiten Raum mit erzenem Glanz erfüllt, ist man von seiner gesanglichen wie darstellerisch eminent suggestiven Deutung der Gestalt gefesselt [...].[22]

Und die *Neue Presse Coburg* (26. August 1964) jubilierte:

---

[22] Fischer-Dieskaus wuchtiger Macbeth, in: Süddeutsche Zeitung, 10. August 1964.

Von den Solisten überragten, schon von der musikalischen Anlage des Werks her, Macbeth und Lady Macbeth. Dietrich Fischer-Dieskau sang den Königsmörder mit edlem lyrischen Bariton voll dramatischer Plastik und deklamatorischer Intensität im leidenschaftlichen Affekt.[23]

Auffällig ist auch hier wieder, dass Fischer-Dieskaus deklamatorische Qualitäten[24] dieser Rolle offenbar sehr entgegenkamen, ebenso seine »spannende Durchformung der Phrase, die bei ihm vom Lied stammt«, wie die *Oberösterreichischen Nachrichten* feststellten (10. August 1964).[25] Seine Gesamtleistung wurde aber durchaus auch kritisch gesehen. Im *Kurier* vom 30. August 1964 hieß es unter dem Titel »My fair Lady Macbeth« ein wenig spitz:

Die Besetzung der Hauptpartien ist namens-attraktiv, plattenfirmen-schick und vielleicht noch sonst alles Mögliche, aber keineswegs ideal. Fischer-Diekaus Stimme reicht für den Macbeth weder dem Timbre noch dem Volumen nach. Sein Voix-mixe-Bariton, dessen mezzavoce zu Recht Weltruf besitzt (wie die Musikalität des Sängers, seine Kultur und Überlegenheit des Vortrags), wird bei dramatischer Überforderung hell, nasal, unmännlich. Konzentrierte Gestaltung, auch im Stimmlichen, geistige Durchformung des Parts machen gewiß vieles wett, setzen Höhepunkte, sichern Profil. Doch die Erfüllung, die einst Hotter gegeben hat, bleibt meilenweit entfernt.

Tonaufzeichnungen dieser Produktion ermöglichen es, diese Kritik nachzuvollziehen:[26] Fischer-Dieskaus Stimme und Technik erlauben eine wohlklingende, nuancenreiche psychologische Durchgestaltung der dynamisch zurückhaltenden, deklamatorischen Passagen, kommen aber an die Grenzen ihrer Möglichkeiten, wenn es um dramatisches Volumen geht, das nun einmal auch unverzichtbarer Bestandteil verdischer Bariton-Partien ist. Kritische Töne dieser Art waren dann bald auch häufiger zu hören. Machen wir einen Sprung hinweg über die Jahre 1965 (mit einer Wiederaufnahme des *Macbeth* und einem Beethoven-Liederabend) und 1966 (mit einem von Lorin Maazel geleiteten Orchesterkonzert mit Mozart-Arien und einem Schumann-Liederabend begleitet von Jörg Demus) hinein in das Jahr 1967.

---

[23] Macbeth und die Lady überragten…, in: Neue Presse Coburg, 26. August 1964.
[24] Nach Aussage des Verdi-Schülers Emanuele Muzio handelt es sich bei der Titelpartie auch nach Verdis Verständnis um eine ›parte […] quasi tutta declamata‹, siehe Muzios Brief an Antonio Barezzi vom 27. August 1846, zit. in: David Rosen/Andrew Porter (Hg.), Verdi's Macbeth. A Sourcebook, Cambridge: Cambridge University Press 1984, S. 7.
[25] Ein neues Festspiel bei den Salzburger Festspielen, in: Oberösterreichische Nachrichten, 10. August 1964.
[26] Siehe Dietrich Fischer-Dieskau, Highlights 1956–1985, Orfeo C335931B, Track 5 und 6.

In diesem Jahr fand ein Orchesterkonzert statt, in dem der Sänger unter der Leitung von Zubin Mehta Gustav Mahlers *Fünf Lieder aus letzter Zeit* nach Rückert zum Besten gab. Die *Süddeutsche Zeitung* vom 23. August 1967 hielt dazu folgendes fest: »[Mehta] legte Dietrich Fischer-Dieskau einen wundervollen Klangteppich aus, den zu beschreiben [...] mit all seiner Kunst und leider auch Künstlichkeit [...] er nicht versäumte.«[27] Die Hinwendung von der sprachlich-deklamatorischen Perfektion und gedanklichen Durchformung des Vortrags hin zur »Künstlichkeit« – das war der in der Folgezeit immer kräftiger werdende rote Faden, der viele Äußerungen des Feuilletons durchzog und die Meinungen spaltete. Im Jahr 1970 sang Fischer-Dieskau begleitet von Sviatoslav Richter Johannes Brahms Lieder von der *Schönen Magelone* op. 33. Die *Salzburger Nachrichten* vom 2. August 1970 sahen in der Zusammenarbeit Richter, Fischer-Dieskau eine ideale Partnerschaft.[28] Weiter war zu lesen: »Dietrich Fischer-Dieskau, seine Stimme, stets schwer einzuordnen, sozusagen nicht definierbar, ist im Dramatischen nicht frei von Spuren der Anstrengung und in der Lyrik ein Goldkelch der Poesie.« Deutlich kritisch die *Stuttgarter Zeitung* vom 1. August des Jahres:

> Dietrich Fischer-Dieskau hat, soviel sei gleich gesagt, seine Krise noch immer nicht überwunden. Dahin scheint fürs erste die Sonorität und Wärme seines Baritons, dessen Schwierigkeiten in Höhe und Tiefe recht deutlich zutage kommen. Immer häufiger flüchtet Fischer-Dieskau, als wolle er seine Schwierigkeiten couragiert überspielen, in ein grobes, polterndes Forte, dass selbst die Textdeutlichkeit dieses Großmeisters der feinen Nuancierung arg in Mitleidenschaft gezogen wird. [...] Wo immer es in diesen Magelonen-Liedern lyrische Höhepunkte gab, war Fischer-Dieskau ganz der alte, manchen Manieriertheiten zum Trotz, die er sich bei der Textbehandlung angewöhnt hat.[29]

Zwei Jahre später waren die Pressestimmen z.T. schon recht bissig. Nach einem Wolf-Liederabend mit Sviatoslav Richter berichtete *Die Presse* (Wien, 7. August 1972): »In der Gestaltung, nur bei Fischer-Dieskau, einige unvergessliche Momente ernsten, erschütternden Gesanges und zwischendurch immer wieder zu forcierte, zu spaßhafte Interpretation, die man sonst nur von geschmacksschwachen Damen gewohnt ist.«[30]

---

[27] Ein Stardirigent, in: Süddeutsche Zeitung, 23. August 1967.
[28] Das Festspiel erholt sich. Fischer-Dieskau und Svjatoslav Richter: Ideale Partnerschaft, in: Salzburger Nachrichten, 2. August 1970.
[29] Tief- und Höhepunkte bei Gewaltverzicht. Liederabend im Salzburger Mozarteum: »Die schöne Magellone« mit Dietrich Fischer-Dieskau und Svjatolsav Richter, in: Stuttgarter Zeitung, 1. August 1970.
[30] Ein attraktives Duo, in: Die Presse, Wien, 7. August 1972.

Andere, wie etwa das *Fürstenfeldbrucker Tagblatt mit Münchner Merkur* vom 7. August 1972 bemängelten:

> [M]ehr Ton, mehr Mimik, mehr Geste – und schließlich immer weniger Gesang. Das war der manieristischste Liederabend, den wir je von ihm hörten, erschreckend für jene, die ihn immer noch für den besten Sänger unserer Tage halten, Wasser auf die Mühlen von Leuten, die schon lange an ihm herummäkeln [...].[31]

Verlust stimmlicher Qualitäten, übertrieben manierierte Interpretation des Textes, gepaart mit überkommenem Respekt vor der ausstrahlungsstarken Künstlerpersönlichkeit, das sind die wesentlichen Gedanken, die von nun an zumindest einen nicht unerheblichen Teil der Kritiken durchziehen. Die »totale Durchgestaltung« (*Neue Kronen Zeitung*, 28. August 1973[32]) wurde immer mehr als Kunstgriff verstanden, der über Mängel hinwegtäuschen sollte und der irgendwie nicht zu dem »Meistersänger der Liedromantik« (*Wiener Zeitung*, 6. August 1975) passte, als den man Fischer-Dieskau immer noch bezeichnete. Wie stark die Mythenbildung war, kann man z.B. an einem Bericht des *Salzburger Volksblatts* vom 31. August 1977 zu einem weiteren Liederabend mit Svjatoslav Richter sehen: Der Artikel kündete von einer »höheren Offenbarung von Unbekanntem« und fiel damit in die Hohepriester-Metaphorik zurück, die den Künstler schon Mitte der 50er Jahre begleitete.

In den Jahren bis 1989 fand eine Reihe Liederabende mit prominenten Solisten am Klavier statt. Während die *Winterreise* des Jahres 1978 durch Maurizio Pollinis zu analytisches Spiel und Fischer-Dieskaus übertriebene Artikulation u.a. als »allzu frostig« (*Münchner Merkur*, 25. August 1978[33]) bezeichnet wurde, fiel das Urteil über den Schubert-Abend mit Jörg Demus im Jahr 1979 (z.B. *Oberösterreichische Nachrichten*, 31. August 1979[34]) und das Schubert-Schumann-Programm mit Alfred Brendel des Jahres 1982 insgesamt deutlich positiver aus. Nur das *Salzburger Tagblatt* vom 23. August 1982 titelte: »Niederschmetternder Liederabend mit Dietrich Fischer-Dieskau. An der Kippe zum Sprechgesang«.

Dass dieses letztgenannte Urteil wahrscheinlich nicht unbegründet war, legen die Kritiken zu den jeweiligen Orchesterkonzerten nahe: In Zusam-

---

[31] Fischer-Dieskau singt Kommentare zu Wolf-Liedern, in: Fürstenfeldbrucker Tagblatt mit Münchner Merkur, 7. August 1972.
[32] Ein Stil der Momente, in: Neue Kronen Zeitung, 28. August 1973.
[33] Fischer-Dieskau auf allzu frostiger Winterreise, in: Münchner Merkur, 25. August 1978.
[34] Die Salzburger Schule, in: Oberösterreichische Nachrichten, 31. August 1979.

menhang mit der von Lothar Zagrosek 1982 dirigierten *Lyrischen Symphonie für Sopran, Bariton und Orchester op. 18* von Alexander Zemlinski ist z.B. von »geistiger Durchdringung«[35] die Rede, anlässlich eines Konzerts mit den *6 Monologen aus Jedermann für Bariton und Orchester* von Frank Martin aus dem Jahre 1983 von einer »literarischen Interpretation«.[36] Beide Metaphern stellen das Geistige vor dem Gesanglichen in den Vordergrund und lassen damit den ›Denker‹ Fischer-Dieskau vortreten – den Denker, der immer noch ›Lehrmeister‹ sein konnte. 1992 verabschiedete sich Fischer-Dieskau mit drei Liederabenden (am Klavier Hartmut Höll), die mit Schubert, Schumann und Wolf drei Komponisten in den Mittelpunkt stellten, denen der Künstler im Laufe seiner langen Karriere besondere Aufmerksamkeit gewidmet hatte.

Versuchen wir nun eine Bilanz zu ziehen. Beurteilungen künstlerischer Leistungen sind immer auch von Parametern persönlichen Geschmacks des Rezensenten geprägt, stellen somit eine subjektive Meinungsäußerung dar, die in der Retrospektive nur in der Zusammenschau mit anderen Äußerungen bewertet werden kann. Darüber hinaus kann ein ästhetisches Urteil auch durch persönliche Animositäten oder den sogenannten Zeitgeist beeinflusst werden, mithin also auch ›ungerecht‹ sein. Dennoch scheint mir die Auswertung der im Festspielarchiv dokumentierten Pressestimmen, bereinigt von polemischen Seitenhieben und in der Mischung regionaler und überregionaler Stimmen, ein recht klares Bild zu ergeben. Die Salzburger Karriere des Sängers erlaubt es uns deshalb, seine künstlerische Entwicklung wie durch ein Brennglas zu betrachten: von den Anfängen als beifällig zur Kenntnis genommenes Talent des Liedgesangs zum bewunderten Lehrmeister mit ungewöhnlicher Technik und Stimme, der immer mehr zum intellektuellen Interpreten wird, als Denker alles durchdringt und durchgestaltet und damit den geistigen Ausdeuter immer mehr über den Sänger stellt. Vielleicht liegt gerade in letztgenanntem Punkt eines der Geheimnisse der künstlerischen Langlebigkeit des Ausnahmesängers Fischer-Dieskau. Denn der Denker ermöglichte es dem Sänger, so mein Fazit, trotz nachlassender stimmlicher Mittel ein Denkmal zu bleiben.

---

[35] Zeitgenössisches in Salzburg, in: Wiener Zeitung, 11. August 1982.
[36] Mischung aus rätselhaften und unbeeinträchtigt schönen Sequenzen, in: Wiesbadener Kurier, 16. August 1983.

KATHARINA VON GLASENAPP (LINDAU/BODENSEE)
# Dietrich Fischer-Dieskau bei der Schubertiade

Die Schubertiade Hohenems, heute eines der renommiertesten Festivals für Lied und Kammermusik, hat Dietrich Fischer-Dieskau wie wenige andere Künstler über viele Jahre hinweg mitgeprägt. Von 1983, dem Jahr des ersten Auftritts bei der Schubertiade, bis zu seinem Abschied von der aktiven Sängerlaufbahn im Jahr 1992 sind zahlreiche Liederabende dokumentiert, auch danach blieb er dem Festival und seinem Leiter Gerd Nachbauer als Dirigent, Rezitator, Autor und Lehrer verbunden. Dieser Beitrag fasst die Auftritte des Künstlers chronologisch und im Spiegel der regionalen wie der überregionalen Presse zusammen.

The Schubertiade Festival in Hohenems is one of today's most renowned festivals for Lied and chamber music. Dietrich Fischer-Dieskau was one of the main figures for many years. From 1983, the year of his first appearance at the Schubertiade, until his retirement from active singing in 1992, he gave numerous Lieder recitals. Later on, he still participated at the festival as conductor, reciter, author and teacher. This lecture is a chronological summary of the artist's appearances as reflected in regional and international press reviews.

## I. Einleitung

»Unser aller Großpapa bleibe noch recht lange da!« – so tönte es als Ständchen für Dietrich Fischer-Dieskau zu seinem 70. Geburtstag im Feldkircher Montforthaus aus den Kehlen von einer Sängerin und sechs Sängern. Franz Schubert hatte den schlichten Kanon einst zu Ehren seines Lehrers Antonio Salieri komponiert, für Juliane Banse, Christian Elsner, Matthias Goerne und noch weitere Sänger war es eine humorvolle Verneigung vor ihrem geschätzten Meister und Kollegen. Die Schubertiade, eines der bedeutendsten Festivals für Lied und Kammermusik, bot den idealen Rahmen für ein klingendes Geburtstagsfest der besonderen Art.
Ich selbst verfolge das Vorarlberger Festival seit 20 Jahren und begleite es als Kritikerin verschiedener Zeitungen, habe dabei zwar nicht alle, aber doch zahlreiche Veranstaltungen mit Dietrich Fischer-Dieskau erlebt. Meine Bewunderung für die Persönlichkeit des Sängers, die stimmtechnische wie gestalterische Vermittlung mit einer bereits gereiften, nicht mehr so selbstverständlich reagierenden Stimme, die es den jüngeren Sängerinnen und Sängern ohne Weiteres vormachen konnte, sei hier nicht verschwiegen. Bei meinen Recherchen in den alten Aktenordnern der 1980er Jahre war

ich vor allem neugierig auf die Meinungen der Kollegen, zeigt doch die Erfahrung, dass es nie nur *ein* Urteil zu einem Liederabend oder Konzert gibt. Dabei fallen gewisse Unterschiede zwischen der Presse vor Ort und der überregionalen Berichterstattung, die oft mehrere Festivaltage zusammenfasst, auf.

Zur Schubertiade kam Dietrich Fischer-Dieskau erst in der Spätzeit seines sängerischen Wirkens, doch hat er das Festival auch nach seinem Abschied als Sänger im Jahr 1992 noch wesentlich mitgeprägt, als Rezitator und Autor, als Dirigent, einmal sogar im vierhändigen Klavierspiel gemeinsam mit András Schiff, mit Ausstellungen und nicht zuletzt in einigen Meisterkursen. Unser aller Großpapa? Allein die Chronik seiner Auftritte zeigt die Bandbreite seines Wirkens, eine Vielseitigkeit, die freilich, das hat auch dieses Symposion gezeigt, typisch ist für Fischer-Dieskau. In gewisser Weise ist dieser Beitrag damit auch eine kleine Geschichte der Schubertiade.

## II. Schubertiade: Geschichte und erste Jahre

In den mittlerweile bald 35 Jahren seines Bestehens hat das Festival einige Wandlungen und vor allem Ortsveränderungen erfahren. Bereits im Jahr 1972 gründete der gebürtige Hohenemser Gerd Nachbauer, damals Student der Geschichte und Philosophie, eine Mozartgemeinde: Im Rittersaal des Palasts, im Innenhof und in der benachbarten Pfarrkirche St. Karl wollte er Konzerte anbieten. Schon für ein erstes Konzert hatte er Peter Schreier für eine *Schöne Müllerin* eingeladen und auch der Bariton Hermann Prey stand auf der Wunschliste des rührigen Konzertveranstalters.

Nach den ersten Konzerten der Mozartgemeinde nahm Christian Lange, der Sekretär von Herrmann Prey, Kontakt mit Gerd Nachbauer auf: Ob sich Hohenems wohl für ein groß angelegtes Projekt unter der künstlerischen Leitung von Hermann Prey mit der Gesamtaufführung der Werke von Franz Schubert eigne? Räumlichkeiten wurden geprüft und fotografiert, erste Vorschläge für zunächst populäre Schubertprogramme und später eine chronologische Aufführung entwickelt. Seit Januar 1975 war die *Schubertiade Hohenems Ges.m.b.H* mit Hermann Prey als künstlerischem Leiter sowie Christian Lange und Gerd Nachbauer als Geschäftsführer eingetragen, ein Jahr später, am 8. Mai 1976, gab Prey seinen ersten Liederabend an der Seite von Leonard Hokanson. Eine Woche dauerte diese erste Schubertiade – das im Vergleich zu heute überschaubare Programm mit Liederabenden, Klavier- und Kammermusik war ganz auf Schubert ausgerichtet. Der charaktervolle

Rittersaal im Palast der Hohenemser Grafen Waldburg-Zeil schuf mit seiner prächtigen Kassettendecke und den rund 250 Sitzplätzen eine besondere Atmosphäre, für größer besetzte Konzerte bespielte man den Innenhof, über dem der steile, dicht bewachsene Schlossberg aufragt. Zwar schuf man eine mobile Hofüberdachung, doch hielt diese wohl den Regen, nicht aber dessen Geräusche ab: Hermann Preys Interpretation der Ballade *Der Taucher* wurde nicht nur von Klavierkaskaden, sondern auch von heftigem Rauschen in den Dachrinnen untermalt und ist in die Geschichte eingegangen. Doch Preys Plan einer chronologischen Aufführung aller Werke ging nicht auf, hätte das doch bedeutet, an einem Abend möglicherweise einen Pianisten, einen Sänger oder eine Sängerin, ein Kammermusikensemble und ein Orchester zusammenzubringen und vor allem zu bezahlen. So zog sich Hermann Prey schon 1980 als künstlerischer Leiter zurück, gab 1981 noch einen Liederabend und überließ Gerd Nachbauer die alleinige Geschäftsführung, die dieser von einem kleinen Team unterstützt bis heute innehat.

## III. Dietrich Fischer-Dieskau bei der Schubertiade 1983 bis 1992

Erst jetzt, nach dem Ausscheiden von Hermann Prey, kommt Dietrich Fischer-Dieskau zur Schubertiade: Sei es aus Zeitgründen (im Jahr 1983 nahm er seinen Abschied von der Opernbühne), sei es, weil ein Auftritt beim Festival des Kollegen, der doch eine andere Philosophie des Liedgesangs vertrat, gleichsam tabu war. Im intimen Rahmen von Hohenems hat er allerdings nie gesungen, der erste Auftritt in Vorarlberg fand am 19. Juni 1983 im ausverkauften Bregenzer Festspielhaus statt. Auf dem Programm stand jenes Schubertprogramm, das er schon früh entwickelt und das ihn mit manchen Varianten über Jahrzehnte begleitet hat: *Das Zügenglöcklein, Der Tod und das Mädchen, Totengräbers Heimweh* prägten neben anderen Liedern den ersten Teil, ein dunkel timbrierter Reigen, der erst nach der Pause etwas aufgehellt wurde.

Werfen wir einen Blick auf die Pressereaktionen, die auf dieses späte Debüt gemeinsam mit dem jungen Klavierpartner Hartmut Höll folgen: Als »großer Gestalter«[1] wird der Sänger von der lokalen Presse willkommen

---

[1] Erich Schneider, Ein großer Gestalter am Podium, in: Vorarlberger Nachrichten, 21. Juni 1983.

geheißen, »Der Liederfürst und sein Sänger«[2] titelt die *Neue Vorarlberger Tageszeitung*. Deren Kritiker vermisst zwar den früheren Glanz in der Stimme des mittlerweile 58-jährigen Sängers, ist aber fasziniert von den »stillen Liedern mit den bangen Fragen.«[3] Auch der Kollege von der *Schwäbischen Zeitung* betont den philosophischen Zug des Programms, die Metaphern für das Leben des einsamen Romantikers und für sein »Todverfallensein«: »Süßen Frieden bringe dem, für den du tönst‹, die Worte aus dem *Zügenglöcklein* gelten auch für seinen Gesang.«[4] Weniger euphorisch allerdings ist die Rezension in der Wiener *Presse*, deren Autor bei aller Bewunderung für des Sängers Kunstfertigkeit doch bekennen muss: »[N]ur am Rezensenten liegt es wohl, dass dieser kalt bleibt und sich wundert.«[5] Zum ersten Mal ist in diesem Jahr auch Nikolaus Harnoncourt zu Gast.

Bereits im zweiten Jahr kommt es zu einer der Begegnungen mit dem Pianisten Alfred Brendel und einer vom Rezensenten der Londoner *Times* als »extra-sensory«[6] empfundenen Interpretation der *Winterreise*: Wieder erlebt man im Bregenzer Festspielhaus eine »bewährte Partnerschaft aus gleichem Geist«, »unerschöpfliche Ausdrucksvielfalt« und »beide Künstler in Höchstform«,[7] ein »fahles Panorama der Wehmut, der Resignation, der Kälte des Winters und der Herzen«.[8] Sind die lokalen Medien voll des Lobes über die makellose Reife des Gestaltens, so hört der Kollege vom *Kurier* einen »brüchigen Edelbariton«.[9] Ein anderer wiederum verpackt seine Einschränkungen positiv, wenn er in verschiedenen Zeitungen diese Meinung vertritt:

> Der im Werk angelegte Verfall des Ichs, das große Decrescendo der Einsamkeit werden durch Abnutzungserscheinungen bei Dietrich Fischer-Dieskau auf beängstigende, gleichwohl fesselnde Weise unterstrichen, sodass in Verbindung mit

---

[2] Urs Hauser, Der Liederfürst und sein Sänger, in: »Der Liederfürst und sein Sänger«, Neue Vorarlberger Tageszeitung, 21. Juni 1983.
[3] Ebd.
[4] Winfried Wild, Süßen Frieden bringe dem, für den du tönst, in: Schwäbische Zeitung, 21. Juni 1983.
[5] Franz Endler, Eine alte und eine andere Welt, in: Die Presse, 23. Juni 1983.
[6] Bernard Levin, The Schubert that left us silent, in: Times, London, 6. Juli 1984.
[7] Winfried Wild, Expressionismus in den Werken des späten Schubert, in: Schwäbische Zeitung, Leutkirch, 25. Juni 1984.
[8] Edgar Schmidt, Makellose Reife des Gestaltens, in: Vorarlberger Nachrichten, 25. Juni 1984.
[9] Walter Gürtelschmied, Wunderlicher Alter, in: Kurier, 25. Juni 1984.

vielen gestalterischen Gescheitheiten eine neue Dimension der Werkenthüllung erreicht scheint.[10]

Im Anschluss an dieses viele Menschen zutiefst berührende Konzert in Bregenz bringen Dietrich Fischer-Dieskau und Alfred Brendel die *Winterreise* noch in Paris, London und Amsterdam zur Aufführung. Fünf Jahre später darf das Publikum erneut die »unwiederbringliche Botschaft«[11] der beiden Künstler empfangen.
Im Jahre 1985 feiert der Künstler seinen 60. Geburtstag, natürlich nicht beschaulich, sondern unermüdlich und mit Respekt gebietender Konzertdichte: Zum ersten Mal präsentiert er in Vorarlberg jenen Zyklus von Liederabenden, den er danach noch mehrmals in großen Musikzentren meistert; vier Konzerte in neun Tagen, immer an der Seite von Hartmut Höll, dem bevorzugten Klavierpartner der letzten Jahre, mit einem großen Schubertprogramm, mit Schumanns Eichendorff-Liederkreis op. 39 und den Kerner-Liedern op. 35 am zweiten Abend, Mahlers Wunderhorn-Liedern am dritten und einem großen Hugo-Wolf-Programm mit Mörike-Vertonungen am letzten Abend. Ein straffes Pensum für einen Sänger gleich welchen Alters, begeistert aufgenommen und jedes Mal noch mit einer Reihe von Zugaben erweitert. »Einfach ungeheuerlich«, jubeln die *Vorarlberger Nachrichten* und heben etwa den »unerbittlichen fatalistischen Ausdruck«[12] bei Mahler und ein »Stück echt gelebter Romantik« bei Schumann hervor, die den Hörer »zwingend in eine Traumwelt entführt«.[13] Zum ersten Mal finden Fischer-Dieskaus Konzerte in Feldkirch statt, im Betonbau der dortigen Stadthalle, die später in Montforthaus umbenannt werden wird. Schubertiade auf Wanderschaft – diese Thematik deutet sich hier schon an. In den Pausen kann man übrigens eine Ausstellung *Dietrich Fischer-Dieskau, Bilder aus drei Jahrzehnten* besichtigen. Nicht zuletzt findet sich im Programmbuch ein Schubert-Oktett mit einer Besetzung, die Kenner der Familiengeschichte aufmerken lässt: Christoph und Diemut Poppen, Neffe und Nichte der verstorbenen ersten Frau Irmgard, spielen Violine und Viola, am Cello sitzt Manuel Fischer-Dieskau, der Jüngste der drei Söhne, der später für einige Jahre in Christoph Poppens Cherubini-Quartett spielen wird.

---

[10] Peter Cossé, Mut zur Auseinandersetzung außerhalb gewohnter Bahnen, in: Neue Zeitung Graz, 28. Juni 1984.
[11] Hans-Udo Kreuels, Von menschlicher Größe, in: Vorarlberger Nachrichten, 30. Juni 1989.
[12] Ders., Bitterkeit und seelische Qual, in: Vorarlberger Nachrichten, 28. Juni 1985.
[13] Ders., Zwischen Traum und Realität, in: Vorarlberger Nachrichten, 25. Juni 1985.

Mit Nikolaus Harnoncourt und seinen Beethoveninterpretationen und mit dem vierteiligen Liederabendzyklus hatte die Schubertiade ja die strenge Beschränkung auf Schuberts Werke bereits etwas gelockert. Nun, im Jahr 1986, wagte man mit der konzertanten Aufführung von Beethovens *Fidelio* in der Feldkircher Stadthalle etwas Neues, übrigens mit den Zwischentexten *Roccos Erzählung* von Walter Jens. Am Pult des Residenzorchesters Den Haag: Nikolaus Harnoncourt; auf dem Podium Julia Varady in der Titelpartie; Peter Schreier in seinem Rollendebüt als Florestan; Robert Holl, bis heute ein Urgestein der Schubertiade, eine Luxusbesetzung für den ersten Gefangenen und für den Minister; Jan-Hendrik Rootering als Rocco – und natürlich Dietrich Fischer-Dieskau als Pizarro. Die Reaktionen waren sehr gemischt, sowohl was Harnoncourts damals noch ungewohnte Tempodramaturgie als auch was die Sängerleistung betrifft. Von Irritation bis zur Empfindung, »Zeuge eines musikhistorischen Ereignisses«[14] gewesen zu sein, reicht das Spektrum der Urteile.

Im Anschluss an die beiden *Fidelio*-Aufführungen widmete der Sänger sich gemeinsam mit dem Pianisten Christoph Eschenbach noch einmal Schubert: »Die letzten Jahre« war dieser Liederabend übertitelt. Gemeint sind natürlich die des Komponisten. Für den Rezensenten der *Vorarlberger Nachrichten* aber ist es auch ein »Glücksfall, dass ein reifer Interpret reifen musikalisch-dichterischen Aussagen kongenial gegenübersteht«.[15] Die Interpretation von *Nacht und Träume* lässt ihn schwärmen: »Vor solcher Art mystischer Versenkung, intimster Dialoge zwischen Mensch und Natur wirken alle beschreibenden Worte stumpf.«[16] Der Kritiker der *Neuen Vorarlberger Tageszeitung* würdigt ein »Stimmmaterial, das durch die leicht herbstliche Tönung eigentlich nur an Klangfarben gewonnen hat.«[17] Die Stimme ist ein sensibles Organ, der Sänger kein junger Mann mehr, doch immer noch hat er viel zu sagen – über Jahre und Jahrzehnte.

Doch es gibt einen Sturm im überwiegend österreichischen Blätterwald, als die Planungen für das kommende Jahr bekannt gegeben werden: Giuseppe Verdis *La Traviata* in der Feldkircher Stadthalle, dirigiert von Martin Fischer-Dieskau am Pult der Budapester Philharmoniker, szenisch umgesetzt im

---

[14] Fritz Jurmann, Fidelio. Sternstunde in der Geschichte der Schubertiade, in: Neue Vorarlberger Tageszeitung, 23. Juni 1986.
[15] Hans-Udo Kreuels, Denn der Dichter lebt vom Sein, in: Vorarlberger Nachrichten, 28. Juni 1986.
[16] Ebd.
[17] Fritz Jurmann, Liedgesang im Adelsstand, in: Neue Vorarlberger Tageszeitung, 28. Juni 1986.

Bühnenbild von Matthias Fischer-Dieskau und mit Julia Varady als Violetta. Ein spektakuläres Projekt, gewiss, aber doch sehr weit entfernt von Schubert. Auch wenn Dietrich Fischer-Dieskau nicht den Vater Germont hätte singen sollen, so wurde diese spezielle Familienunternehmung doch sehr kritisch beäugt und des Nepotismus verdächtigt – so sehr, dass nicht nur die *Traviata* abgesagt wurde, sondern auch die Liederabende Fischer-Dieskaus für das Jahr 1987. Sicher nicht zur Freude von Geschäftsführer Gerd Nachbauer legte die Wiener *Presse* mit ihrem Kommentar nochmals nach:

> Seit dem Ausscheiden des Schubertiadegründers Hermann Prey war Dietrich Fischer-Dieskau der ungekrönte König in Hohenems, der nicht nur die Programmschwerpunkte setzte, sondern auch als wesentliches Zugpferd des Festivals galt. [...] Nun erscheint nicht nur das Programm, sondern auch der Weiterbestand der Schubertiade gefährdet.[18]

So weit sollte es nicht kommen, ein Jahr später war der Sänger wieder da, gestaltete an der Seite von Norman Shetler, der für Hartmut Höll eingesprungen war, einen ungemein dichten Abend mit Goethe-Vertonungen Schuberts und wurde dankbar als einer begrüßt, der nicht schmollt. Auch Gattin Julia Varady war versöhnt, gemeinsam mit der Altistin Margareta Hintermeier, dem Tenor Peter Schreier und Dietrich Fischer-Dieskau bildete sie das erlesene Solistenquartett für zwei Aufführungen von Beethovens *Missa Solemnis* unter Nikolaus Harnoncourt.
Regelmäßig kehrte Fischer-Dieskau bis zu seinem Abschied von der Sängerkarriere zur Schubertiade zurück, 1989 in Duetten mit der Mezzosopranistin Marjana Lipovsek und mit der ergreifenden *Winterreise* gemeinsam mit Alfred Brendel, ein Jahr später mit Schumanns *Dichterliebe* und den Heine-Liedern des Schubert'schen *Schwanengesangs*. An Stelle eines Duettabends mit Julia Varady präsentierte er an der Seite von Hartmut Höll drei Tage später ein schwieriges Programm mit Wolfs Liedern nach Michelangelo, Goethe, Eichendorff, aus dem *Spanischen Liederbuch* und nach Mörike. Die nun endlich eigenen Aufzeichnungen vermerken immer wieder die Intensität der Dynamik, die Farben der Stimme, die gespenstische Stimmung, die etwa in *Nachtzauber* nach Eichendorff entsteht.[19]
1991 kommt es ein weiteres Mal zu einer außergewöhnlichen Begegnung: Zum ersten Mal seit längerer Zeit singt Dietrich Fischer-Dieskau den ande-

---

[18] Absage Fischer-Dieskaus gefährdet Schubertiade, in: Die Presse, 23./24. August 1986.
[19] Katharina von Glasenapp, Die hohe Kunst des Liedgesangs, in: Neue Vorarlberger Tageszeitung, 30. Juli 1990.

ren großen Schubertzyklus, *Die schöne Müllerin*, zum ersten Mal musiziert er gemeinsam mit dem ungarischen Pianisten András Schiff, der so sensibel wie kaum ein anderer Liedpianist die Stimme zu tragen vermag. Freilich, die Stimme ist brüchig geworden, die Forte-Ausbrüche kommen etwas unvermittelt, den jungen Müllersburschen nimmt man ihm nicht mehr so ab wie früher, dafür aber faszinieren Legato- und Pianokultur und der große Bogen, den Sänger und Pianist spannen.

Wie in den Jahren zuvor gibt der Künstler auch diesmal nicht nur ein Konzert, sondern singt zwei Tage später noch einige Konzert- und Opernarien von Mozart, Sängerkollege Peter Schreier ist der Dirigent des Kammerorchesters Carl Philipp Emanuel Bach.

Jeder, der das dann letzte Schubertiade-Konzert des Sängers am 20. Juni 1992 gehört hat, mag sich gewundert haben, dass Dietrich Fischer-Dieskau Anfang des Jahres 1993 seinen Rückzug vom Sängerdasein verkündete: So erfüllt war doch noch einmal das Pianissimo in vielen Liedern des ganz Franz Schubert gewidmeten Programms, so packend dramatisch seine Interpretation von *Der Zwerg*, so leutselig das drängende *Auf der Bruck*. Bis in die letzte, fast verlöschende Zugabe *Im Abendrot* hinein hatten die Wandlungsfähigkeit der Stimme und die altersweise Haltung des Sängers fasziniert.[20]

## IV. Schubertiadeauftritte nach dem Abschied von der aktiven Sängerlaufbahn

Aber ›nicht singen‹ bedeutete für solch einen von Neugier und schöpferischem Drang erfüllten Geist keineswegs ›verstummen‹. Die Schubertiade, die sich inzwischen übrigens ganz nach Feldkirch verlagert hatte und neben dem Montforthaus auch im Konservatorium mit seinem gut geeigneten Saal Konzerte veranstaltete, hatte Dietrich Fischer-Dieskau noch oft zu Gast. Nach einem Jahr Abstinenz kehrte er als Dirigent der Camerata Academica Salzburg zurück, Beethovens viertes Klavierkonzert und die große C-Dur-Sinfonie von Schubert standen auf dem Programm. Sensible Partnerschaft mit dem Solisten András Schiff, ein biegsamer, selbstständiger Klangkörper und eine mit vielen Details ausgearbeitete Sinfonie, in der sich der ganz große Bogen allerdings nicht wirklich einstellen will – diese Eindrücke hielt

---

[20] Katharina von Glasenapp, Ovationen für Fischer-Dieskau, in: Neue Vorarlberger Tageszeitung, 24. Juni 1992.

die Rezensentin hier fest.[21] Bis zum Jahr 2000 wirkte Fischer-Dieskau als Dirigent verschiedener Orchester und Solisten, etwa mit Mahlers *Lied von der Erde*, Schuberts *Unvollendeter*, mit früheren Sinfonien oder der großen Es-Dur-Messe.

Außergewöhnlich ist im Jahr 1995 eine Aufführung des *Lazarus*, einem Fragment gebliebenen Oratorium Franz Schuberts, das im 20. Jahr der Schubertiade ans Licht geholt wird. Fast alle Solisten – Lothar Odinius, Christian Elsner, Matthias Goerne, in den Hauptrollen als Lazarus, Nathanael und Simon, Claudia Barainsky, Stella Doufexis und Birgid Steinberger als die Schwestern des Lazarus – stammen aus Fischer-Dieskaus Berliner Gesangsklasse und zeichnen die dunklen Stimmungen des bis dahin kaum bekannten Werks eindringlich nach. Er selbst steht wieder am Pult der höchst engagiert musizierenden Camerata Academica Salzburg, im Reigen der zahlreichen, oft wiederholten Schubertwerke ist dieses Fragment eine schöne Entdeckung.

Einen Tag später wird Geburtstag gefeiert – der 70., nur wenige Wochen nach dem eigentlichen Ereignis. Die Große musikalische Akademie versammelt eine illustre Schar von Gratulanten, unter ihnen wieder einige seiner Studenten und andere Wegbegleiter wie Peter Schreier, András Schiff, das Cherubini Quartett oder Gert Westphal. Ein Lächeln mag über das Gesicht des Jubilars gehuscht sein, als Juliane Banse die *Singübungen* anstimmte, Christian Elsner mit heldischem Tenorglanz die Arie *So Güt' als Weisheit strömen mild, von Dir, o Gottes Ebenbild* aus Schuberts *Beitrag zur fünfzigjährigen Jubelfeier des Herrn von Salieri* sang. Der bereits erwähnte Kanon am Schluss dieser Kantate – »Unser aller Großpapa bleibe noch recht lange da« – drückte auch den Dank der jungen Sängergeneration aus. Ein Höhepunkt des denkwürdigen Abends war der *Karneval der Tiere* in einer eigens auf das Geburtstagskind zugeschnittenen Textfassung von Loriot und mit allem augenzwinkernden Humor von ihm und dem Scharoun Ensemble Berlin vorgetragen. Zum Abschluss gab es mit Juliane Banse, Dietrich Henschel und Peter Schreier am Dirigentenpult Auszüge von Bachs Bauernkantate; alle Mitwirkenden des Abends versammelten sich in einer ebenso kuriosen wie einmaligen Besetzung, als es mit Christian Friedrich Henricis Originaltext hieß: »Es lebe Dieskau und sein Haus, ihm sei beschert, was er begehrt

---

[21] Katharina von Glasenapp, Biegsamer Klangkörper und Schiff, in: Neue Vorarlberger Tageszeitung, 28. Juni 1994.

und was er sich selbst wünschen mag.«[22] Bleibt zu erwähnen, dass es in diesem Jubiläumsjahr nochmals eine Ausstellung von Fischer-Dieskaus Bildern und einen öffentlichen Meisterkurs gab.
Als nimmermüder, brennender Vermittler von Kultur und Gesangstechnik prägte er auch die Schubertiade der kommenden Jahre. Eine besondere Partnerschaft erlebte man in den Lesungen von Gert Westphal und Dietrich Fischer-Dieskau: Sie beleuchteten etwa den Briefwechsel zwischen Goethe und seinem ›Wirkens- und Strebensgefährten‹ Carl Friedrich Zelter oder zwischen Richard Strauss und Hugo von Hofmannsthal. So unterschiedlich wie die jeweiligen Persönlichkeiten waren da die Sprachmelodien, wenn der ›Vorleser der Nation‹ und der ›Sänger des Jahrhunderts‹ eine vergangene Zeit aufleben ließen. Gemeinsam mit Thekla Carola Wied zeichnete er die Beziehung von Clara Schumann und Johannes Brahms nach, zum 200. Geburtstag von Eduard Mörike im Jahr 2004 gab es ein Autorenportrait des Dichters, dessen Vertonungen durch Hugo Wolf immer wieder auf dem Programm dieses Festivals stehen.
Seit der Mitte der 90er Jahre hat sich die Schubertiade immer mehr ausgeweitet, sei es örtlich mit so genannten Landpartien ins Umland und zeitweise sogar in die deutsche Nachbarschaft, sei es zeitlich in ihrem Umfang von mittlerweile zwei großen Veranstaltungsblöcken im Juni und im September. Einige der Landpartien führten damals in das idyllische Dorf Schwarzenberg im Bregenzerwald, eine Region, für die die Musik Schuberts wie geschaffen scheint, auch wenn der Komponist selbst dort nie war. Hierhin hat Gerd Nachbauer die Schubertiade seit dem Jahr 2001 verlagert, und auch Dietrich Fischer-Dieskau findet hier für seine Meisterkurse einen idealen Rahmen. Das Interesse von aktiv Teilnehmenden und Zuhörern ist so groß, dass die Kurse im Angelika-Kauffmann-Saal stattfinden, wo man vom Podium aus auf Wiesen, Wälder und Berge blickt. Hier wachsen Künstler und Publikum zu einer großen Familie zusammen, wenn man sich nach dem Konzert im Garten unter Kastanienbäumen trifft. Fischer-Dieskau freilich zieht sich lieber in sein Hotel zurück, denn Wirtshauslärm und Smalltalk waren ihm ja nie geheuer. Noch im Sommer 2010 hat er hier einen Meisterkurs abgehalten, auch im Alter von 85 Jahren hochkonzentriert, hellwach, stets interessiert und noch immer mit geschulter Stimme.

---

[22] Katharina von Glasenapp, Fischer-Dieskau feierte 70er, in: Neue Vorarlberger Tageszeitung, 20. Juni 1995.

Ich möchte schließen mit der Erinnerung an einen Melodramen-Abend, den Dietrich Fischer-Dieskau im Jahr 2004 an der Seite seines langjährigen Klavierpartners Hartmut Höll gab – die CD-Aufnahme wurde allerdings ein Jahr zuvor mit Burkhard Kehring gemacht.[23] Musik und Sprache fließen in Fischer-Dieskaus ureigener Gestaltungskraft zusammen und wie zu aktiven Sängerzeiten beeindruckt der Künstler durch die Präsenz und die mannigfaltigen Sprachmelodien der von ihm dargestellten Figuren. Sprachrhythmus, Emotionen und Stimmungen werden in diesen Rezitationen lebendig und immer blitzen die Erinnerungen an die Kunst des Liedgestalters auf.

---

[23] Melodramen, Dietrich Fischer-Dieskau und Burkhard Kehring, Deutsche Grammophon 4775320 (publ.2005).

SIEGHART DÖHRING (THURNAU)

# Dietrich Fischer-Dieskau bei den Bayreuther Festspielen

Dietrich Fischer-Dieskaus Bayreuther Wagner-Interpretationen der Jahre 1954, 1955, 1956 und 1961 in Inszenierungen Wieland Wagners prägten das Stimm- und Rollenprofil der Neu-Bayreuther Ästhetik entscheidend. Mit einer einzigartigen und scheinbar unübertrefflichen Interpretation der Wolfram-Partie (*Tannhäuser*) gab der 29-jährige Bass-Bariton im Sommer 1954 sein Festspiel-Debüt. Im folgenden Jahr gelang ihm jedoch eine weitere Perfektionierung des Parts und er erhielt zusätzlich die Rolle des Amfortas (*Parsifal*), in der er auch 1956 zu hören war. Doch trotz dieser ruhmreichen Auftritte kam es nach der *Tannhäuser*-Wiederaufnahme von 1961 zum endgültigen Schlussstrich in der Zusammenarbeit zwischen Fischer-Dieskau und dem Festspielleiter Wieland Wagner. Im folgenden Beitrag geht es um die innovative wie einzigartige künstlerische Gestaltung des Sängers der Wolfram- und der Amfortas-Partie sowie die ambivalente Beziehung Fischer-Dieskaus zu der Bayreuther Festspieldynastie.

Dietrich Fischer-Dieskau's Wagner-interpretations from 1954, 1955, 1956 and 1961 in productions of Wieland Wagner have had a big influence on the new aesthetic style of Bayreuth. In the summer of 1954, the 29-year-old bass-baritone gave a great festival-debut in the part of Wolfram (*Tannhäuser*) which was assumed to be unsurpassable. In the next year, he even exceeded this outstanding performance and additionally sang the part of Amfortas (*Parsifal*), which he repeated in 1956. But in spite of these glorious performances, the cooperation between Fischer-Dieskau and the festival-director Wieland Wagner was abruptly stopped after the repetition of *Tannhäuser* in 1961. This essay is about Fischer-Dieskau's innovative and outstanding artistic performance of the Wolfram- and Amfortas-parts as well as his ambivalent relationship to the Bayreuth-dynasty.

Die Eröffnungspremiere der vierten Festspiele von Neu-Bayreuth am 22. Juli 1954 – *Tannhäuser* in der Inszenierung von Wieland Wagner unter der musikalischen Leitung von Joseph Keilberth – bescherte dem Publikum im Saal sowie den zahlreichen Hörern der Radio-Liveübertragung ein musikalisches Ereignis, das allenthalben als sensationell empfunden wurde: das Bayreuth-Debüt des damals 29-jährigen Dietrich Fischer-Dieskau in der Rolle des Wolfram von Eschenbach. Als dieser im 2. Bild des I. Aktes nach wenigen Rezitativ- und Ensembletakten zu seiner Anrede an Tannhäuser ansetzte (»Als du in kühnem Sange uns bestrittest [...]. War's Zauber, war es reine Macht«), wurde der »Zauber« des Gesanges, dessen Wirkung Wolframs Erzählung beschwört, im realen Vortrag seines Interpreten unmittelbar Ereignis. Selbst noch aus der Distanz von annähernd 60 Jahren vermittelt das Tondokument (eine Videoaufzeichnung existiert nicht) den Eindruck des Außerordentlichen: Glasklare Textdeklamation und perfekte musikalische Phrasierung verbinden sich zu einer pulsierenden, gleichsam ›atmenden‹ Kantilene; augenblickhaft offenbaren sich ein Sängerdarsteller von unverwechselbarem künstlerischem Profil und eine Bühnenfigur von faszinierender Vielschichtigkeit. Das Bild vom bloßen ›Schönsänger‹ Wolfram, Produkt eines verbreiteten eindimensionalen Rollenverständnisses, erscheint bereits in der Auftrittsszene wie ausgelöscht; an seiner Statt zeichnen sich die Konturen eines komplexen Charakters ab, der sich im weiteren Verlauf der Aufführung in überwältigender Nuancenfülle entfalten wird:

> Als du in kühnem Sange uns bestrittest,
> bald siegreich gegen unsre Lieder sangst,
> durch unsre Kunst Besiegung bald erlittest,
> ein Preis doch war's, den du allein errangst.
> War's Zauber, war es reine Macht,
> durch die solch' Wunder du vollbracht,
> an deinen Sang voll Wonn' und Leid
> gebannt die tugendreichste Maid?
> Denn ach! als du uns stolz verlassen,
> verschloß ihr Herz sich unsrem Lied;
> wir sahen ihre Wang' erblassen,
> für immer unsren Kreis sie mied.
> O kehr' zurück, du kühner Sänger,
> dem unsren sei dein Lied nicht fern!
> Den Festen fehle sie nicht länger,
> auf's Neue leuchte uns ihr Stern![1]

Die Reaktionen von Publikum und Kritik konnten enthusiastischer nicht sein: Beide einte die Überzeugung, der Eröffnung eines neuen und faszinierenden Kapitels Wagner'scher Interpretations- und Gesangsgeschichte beigewohnt zu haben.[2]

---

[1] Richard Wagner, Tannhäuser und der Sängerkrieg auf Wartburg. Große romantische Oper in 3 Akten. Ouvertüre und Erster Akt, Reinhard Strohm (Hg.), Mainz: Schott 1980 (Sämtliche Werke, Bd. 5.I), S. 181–184.

[2] Stellvertretend sei hier die Kritik von Andrew Porter zitiert (Opera, Bd. 5, Nr. 9 [September 1954], S. 538): »[T]he intensity of his declamation and phrasing and the wonderful quality of his voice made his Wolfram unforgettable.«

Fischer-Dieskaus Bayreuther Wolfram von 1954 war nicht zugleich sein Rollendebüt, dieses fand bereits 1949 in der Berliner Städtischen Oper statt (unter Leopold Ludwig) und war Fischer-Dieskaus zweite Opernrolle überhaupt; vorausgegangen war der Marquis von Posa in Verdis *Don Carlos* am selben Ort 1948 (unter Ferenc Fricsay). Weitere Auftritte als Wolfram absolvierte Fischer-Dieskau 1951 in einer Rundfunkproduktion des WDR/Köln sowie bei den Münchner Festspielen. Seine inspirierende Deutung dieser Rolle als Ausdruck einer außergewöhnlichen Sängerpersönlichkeit sorgte also schon vor Bayreuth in der musikinteressierten Öffentlichkeit für Gesprächsstoff und war gewiss ausschlaggebend für seine Festspiel-Verpflichtung. Auch sein Engagement als Kurwenal für die EMI-Schallplatteneinspielung von *Tristan und Isolde* unter Wilhelm Furtwängler in London 1952 festigte den ihm vorauseilenden Ruf eines Wagner-Sängers neuen Typs. Dennoch waren es erst Fischer-Dieskaus Bayreuther Auftritte, die seiner Wolfram-Darstellung den Nimbus des Einzigartigen verliehen; das von ihm geprägte Rollenprofil bestimmte die Aufführungsgeschichte des *Tannhäuser* bis in die jüngste Zeit.[3] Gleichwohl erscheint Bayreuth in Fischer-Dieskaus langer Sängerkarriere kaum mehr als eine – wenngleich folgenreiche – Episode; er sang hier lediglich vier Rollen in vier Spielzeiten über einen Zeitraum von sieben Jahren (1954 bis 1961). Unbestrittenes künstlerisches Zentrum bildete dabei der *Tannhäuser*: Wieland Wagners aussparend-stilisierende Inszenierung, eine der Ikonen von Neu-Bayreuth, bot den perfekten szenischen Rahmen für eine auch musikalisch verschlankte Neudeutung des Werkes, die von dem Dirigenten Igor Markevitch während der Proben erarbeitet wurde, aber nicht abschließend realisiert werden konnte (die Aufführungen dirigierte Keilberth).[4] Fischer-Dieskau zur Seite stand eine Reihe ausgezeichneter, am internationalen Repertoire geschulter Sängerdarsteller, die seine Interpretation stilistisch mitzutragen im Stande

---

[3] Ein vollständiges Verzeichnis der Auftritte Fischer-Dieskaus existiert bislang nicht. Diesbezügliche Angaben hier und im Folgenden stützen sich daher auf Presseberichte sowie die einschlägige Sekundärliteratur. Hilfreich ist zudem die monumentale Dokumentation von Monika Wolf (Dietrich Fischer-Dieskau. Verzeichnis der Tonaufnahmen, Tutzing: Schneider 2000). Da hier auch Mitschnitte von Konzert- und Opernaufführungen (des Sängers wie des Dirigenten Fischer-Dieskau) erfasst sind, erfüllt das Werk zumindest partiell auch die Funktion eines Auftrittsverzeichnisses.

[4] Nach den Berichten Beteiligter, unter ihnen auch Fischer-Dieskau (Nachklang. Ansichten und Erinnerungen, Stuttgart: DVA 1987, S. 144), scheiterte Markevitch an den Tücken der speziellen Bayreuther Akustik (schwirige Koordination zwischen Bühne und verdecktem Orchester) und flüchtete sich in die Krankheit.

waren (Gre Brouwenstijn als Elisabeth, Herta Wilfert als Venus, Ramón Vinay als Tannhäuser, Josef Greindl als Landgraf). Ergänzend übernahm Fischer-Dieskau im selben Jahr noch die Partie des Heerrufers im *Lohengrin* bei der Wiederaufnahme der Inszenierung Wolfgang Wagners von 1953 (Dirigent: Eugen Jochum). Auch 1955 spielte man in Bayreuth *Tannhäuser* und nun erst erschien die Einstudierung auch musikalisch völlig ausgereift, was vor allem auf das Konto des neuen Dirigenten André Cluytens ging, der dramatische Gespanntheit und ausdrucksmäßige Subtilität zur perfekten Balance brachte. Fischer-Dieskau fühlte sich bei ihm bestens aufgehoben und ergänzte sein Wolfram-Portrait vom vergangenen Jahr um einige zusätzliche psychologische Nuancen. Als neue Partie kam für ihn diesmal der Amfortas in *Parsifal* hinzu (neben Martha Mödl, Ramón Vinay, Ludwig Weber und Gustav Neidlinger; es handelte sich um die Wiederaufnahme von Wieland Wagners Inszenierung aus dem Jahre 1951, wie damals dirigiert von Hans Knappertsbusch). Den Amfortas übernahm Fischer-Dieskau auch 1956 (bei der Premiere in gleicher Besetzung wie im Jahr zuvor; in den Folgeaufführungen gab es einige Umbesetzungen), dazu – wie schon im Falle des Heerrufers in *Lohengrin* – wieder eine Nebenrolle: den Kothner in Wieland Wagners umstrittener Neuinszenierung der *Meistersinger von Nürnberg* (am Pult wiederum Cluytens). Nach vierjähriger Pause erschien Fischer-Dieskau erneut und zum letzten Male 1961 bei den Bayreuther Festspielen in der abermaligen Wiederaufnahme des *Tannhäuser*, diesmal dirigiert von Wolfgang Sawallisch und mit spektakulär ›unwagnerischen‹ Neubesetzungen der weiblichen Hauptrollen durch Victoria de los Angeles und Grace Bumbry als Elisabeth und Venus (die Titelrolle sangen Wolfgang Windgassen und Hans Beirer alternierend).

Warum Fischer-Dieskau, damals und in den folgenden Jahren stimmlich und darstellerisch auf der Höhe seines Könnens, dennoch nie mehr in Bayreuth auftrat, begründete er später so: »Das hat mit dem [...] Alleinanspruch des Regisseurs zu tun. Wieland Wagner stieß sich an meiner Ablehnung eines winzigen Kostümdetails und verabschiedete mich (nach sechs [eigentlich: sieben] erfolgreichen Jahren) ohne nähere Erklärung...«[5] Worum es sich dabei handelte, hat Fischer-Dieskau bei anderer Gelegenheit präzisiert: »einen – nachträglich dazuerfundenen – Jägerhut [...], der so konstruiert

---

[5] Wolf-Eberhard von Lewinski, Dietrich Fischer-Dieskau. Interviews – Tatsachen – Meinungen, Mainz: Schott/München: Piper 1988, S. 46.

war, daß man sich selber absolut nicht hören und kontrollieren konnte.«[6] Tatsächlich war der Vorgang wohl vielschichtiger, denn Wieland Wagner hatte dem Sänger in den Jahren zuvor immer wieder neue Rollenangebote gemacht – Holländer, Sachs in den *Meistersingern* und sogar Adriano in *Rienzi*, dessen Aufnahme in den Bayreuther Werkekanon er damals ernsthaft erwog (die Hosenrolle des Adriano mit einem Bariton zu besetzen, war zu jener Zeit nicht unüblich) –, sich aber stets Absagen eingehandelt.[7] Offensichtlich hatte dies auf Seiten Wieland Wagners zu einer heimlichen Verstimmung geführt, die Fischer-Dieskau bereits zu Beginn der *Tannhäuser*-Proben 1961 deutlich zu spüren bekam, als der Regisseur eine sich anbahnende stimmliche Indisposition des Sängers sogleich als Vorwand benutzte, einen »Ersatz« zu suchen.[8] Aber selbst wenn es, aus welchen Gründen auch immer, zu einer Abkehr des Regisseurs von seinem vormaligen ›Lieblingssänger‹ gekommen sein sollte – und die ostentative Nichtbeachtung des inzwischen zum Weltstar Avancierten von Seiten Bayreuths in den folgenden Jahren lässt kaum einen anderen Schluss zu –, so bleibt doch zu fragen, weshalb nach Wieland Wagners Tod (1966) Wolfgang Wagner (als danach Alleinverantwortlicher in Besetzungsfragen) den Kontakt zu Fischer-Dieskau nicht wieder aufgenommen hat, mit dem Ziel, diesen erneut an Bayreuth zu binden. Angesichts der späten Wagner-Erkundungen Fischer-Dieskaus, darunter Sachs in den von Wolfgang Wagner favorisierten *Meistersingern*, hätte es an Anknüpfungspunkten für neuerliche Bayreuth-Engagements keineswegs gefehlt, ebenso wenig an Fischer-Dieskaus Bereitschaft, an seine frühen, künstlerisch so erfolgreichen Bayreuther Jahre auf dem Höhepunkt seiner Karriere erneut anzuknüpfen. Im Unterschied zum publizistischen Mainstream in Deutschland sah er nämlich die Bayreuther Festspiele nach Wieland Wagners Tod nicht im Verfall begriffen, sondern im Aufwind:

> Unbestreitbar hat sich dort unter Wolfgang Wagner seither einiges demokratisiert. Vor allem aber hat das Festspiel allen Widerständen zum Trotz seinen Mut zum Experiment nicht verloren. Nirgendwo auf der Welt fließt dem Werk Wagners soviel neue Lebenskraft zu, wie im Tempel auf dem ›Hügel‹.[9]

---

[6] Fischer-Dieskau, Anm. 4, S. 176.
[7] Hans A. Neunzig (Dietrich Fischer-Dieskau. Eine Biographie, Stuttgart: DVA 1995, S. 99f.) zitiert aus Briefen Wieland Wagners an den Sänger vom 26. Dezember 1958 und 20. Februar 1960, in denen der Wagner-Enkel ihm in schmeichelnd-werbendem Ton anbietet, die genannten Rollen in Bayreuth zu singen.
[8] Fischer-Dieskau, Anm. 4, S. 178.
[9] Ebd., S. 179.

Zu diesem Zeitpunkt (1987) war dies eine bemerkenswerte Äußerung. Wolfgang Wagner selbst hat sich zu Fischer-Dieskau in der Öffentlichkeit weder schriftlich noch – soweit bekannt – mündlich geäußert, aber man darf wohl annehmen, und seine Besetzungspraxis insgesamt deutet darauf hin, dass der Sänger seinem an Bayreuther Traditionen orientierten Stimmideal nicht entsprach.

Eben dieser Dissens entzündete sich an den Auftritten Fischer-Dieskaus in Wagner-Rollen von Anfang an und beileibe nicht nur in Bayreuth, aber aufgrund der Aura des Ortes gerade hier mit exemplarischer Intensität. In einer Zeit szenischer und musikalischer Neudeutungen des Wagner'schen Werks standen Fischer-Dieskaus Interpretationen für eine universelle Ästhetik, die Erfahrungen aus allen vokalen Gattungen verarbeitete, innerhalb der Oper auch und gerade der italienischen und französischen. Eine spezifische Art, Wagner zu singen, konnte es deshalb für ihn niemals geben. Zwar erklärte er einmal, er selbst sei »von der Natur nicht mit einer typischen Wagner-Stimme bedacht worden«,[10] aber im Kontext heißt es dann ausdrücklich: »Nicht jede laute Stimme ist auch groß«,[11] wobei er auf die Selbstverständlichkeit unterschiedlicher Stimmtypen bei Sängern wie bei Rollenfächern abhebt. Was er vom Interpreten konkret einfordert – Deklamation, musikalische Linie, farbliche Abstufung –, gilt für jeglichen Gesang, der als Ausdruckskunst ernst genommen werden will. So hat er sich denn auch folgerichtig um eine opernhistorische Herleitung des Wagner'schen ›Sprechgesangs‹ bemüht und dessen gattungsspezifische Traditionen aufgezeigt. Von den Ideen eines Julius Hey[12] und dessen Versuch, unter Berufung auf Wagner eine auf dem Primat des Sprechens gegenüber dem Singen beruhende deutsche Gesangskunst als Alternative zur italienischen zu begründen, hat er sich ausdrücklich abgesetzt: »Erste, wichtigste Entstehungsbedingung des Singens ist nicht die Sprache, sondern der Klang«, heißt es bei ihm, und weiter:

> Die Oper bleibt dem Irrealen verhaftet, wie vehement sie auch in die Nähe realistischer, naturalistischer, veristischer oder neusachlicher Stile drängte. Die Gesangsstimme kann ihre Natur nicht leugnen und blüht nur dann auf, wenn sie atmosphärisch und seelisch von Enthobensein kündet, wenn sie der Affekt bewegt.[13]

---

[10] Lewinski, Anm. 5, S. 48.
[11] Ebd., S. 46.
[12] Deutscher Gesangunterricht, 4 Teile, Mainz: Schott 1884–1887. – Vgl. Dietrich Fischer-Dieskau, Die Welt des Gesangs, Stuttgart/Weimar: Metzler/ Kassel: Bärenreiter 1999 (zuvor französisch als: La Légende du Chant, Paris: Flammarion 1998), S. 146–149.
[13] Ebd., S. 144.

Für eine Sonderrolle des Wagner-Gesangs bleibt daher kein Raum: Nur ein guter Sänger, dies Fischer-Dieskaus Credo, ist auch ein guter Wagner-Sänger.

An diesem Grundsatz hat sich Fischer-Dieskau zeitlebens orientiert und an ihn hat er sich beim Aufbau seines auch auf dem Gebiet der Oper beispiellos vielseitigen Repertoires gehalten. Während er in jungen Jahren in *Tannhäuser, Tristan* und *Parsifal* seine ersten Wagner-Erfahrungen sammelte, sang er immer wieder auch die großen Bariton-Partien in italienischen und französischen Opern (wenn auch zumeist in deutscher Sprache), wobei ihm die damals noch zahlreichen Rundfunkproduktionen als willkommenes Experimentierfeld dienten: Bizets *Les Pêcheurs de perles* (RIAS/Berlin 1950), Verdis *Un ballo in maschera* (WDR/Köln 1951), Donizettis *Lucia di Lammermoor* (RIAS/Berlin 1953), Verdis *I vespri siciliani* (WDR/Köln 1955), Rossinis *Guillaume Tell* (RAI/Mailand 1956), um nur die wichtigsten zu nennen. Dazu kamen die großen Mozart-Rollen: die Titelpartie in *Don Giovanni* 1953 in Berlin unter Karl Böhm (Ausschnitte bereits 1951 unter Matthieu Lange); Almaviva in *Le nozze di Figaro* in Salzburg 1956, wiederum unter Böhm; Papageno in der *Zauberflöte* in Berlin 1955 unter Fricsay für die Schallplatte. Es liegt auf der Hand, dass die hier gewonnenen reichen künstlerischen Erfahrungen – sowohl stimmlich als auch stilistisch – Eingang fanden in seine Wagner-Interpretationen. Worauf es Fischer-Dieskau bei der Erarbeitung einer Partie vor allem ankam, war das Erfassen des Rollencharakters durch genaue Lektüre von Text und Musik ohne die verengende Perspektive von Werk- und Gattungsgeschichte. Obwohl ihm auch die wissenschaftliche Vorgehensweise wohlvertraut war (dies zeigen seine Schriften zur Musik zur Genüge), ist seine künstlerische Haltung bei aller Reflektiertheit der Annäherung geprägt durch Spontaneität und Unmittelbarkeit, bis hin zur einer heute verstörend wirkenden Nichtbeachtung der Grundsätze historischer – bzw. historisch informierter – Aufführungspraxis, etwa bei Opern Glucks und Händels selbst noch in den späten Jahren seiner Karriere. Man sollte freilich bedenken, dass ein derartiger interpretatorischer Universalismus damals eher die Regel als die Ausnahme darstellte, bildete er doch einen festen Bestandteil der deutschen Stadttheaterpraxis, die nach dem Zweiten Weltkrieg eine kurzzeitige Wiederbelebung erfuhr, bevor sie sich – jedenfalls an den großen Häusern – im internationalisierten Stagione-Betrieb auflöste. Der junge Fischer-Dieskau war in seinen frühen Berliner Jahren noch Teil dieses Systems, das jedem Sänger ein großes und vielseitiges Repertoire gleichsam aufnötigte. Was ihn unter den meisten seiner Kolleginnen und

Kollegen heraushob, war lediglich der Umstand, dass bei ihm Universalität außer der quantitativen eine qualitative Dimension besaß.

Damit soll die Bedeutung Wagners für Fischer-Dieskau keineswegs geleugnet, vielmehr seine Stellung innerhalb des Repertoires des Sängers verständlich gemacht werden. Auch ohne auf eine vollständige Statistik von Fischer-Dieskaus Bühnenauftritten zurückgreifen zu können, lässt sich unschwer feststellen, dass in ihr Wagners Opern, neben denjenigen Mozarts und Verdis, eine Spitzenstellung einnehmen. Was die Anzahl der gesungenen Partien betrifft, liegt Wagner mit insgesamt zehn Partien sogar an erster Stelle, freilich nur dann, wenn man auch solche Partien mitzählt, die Fischer-Dieskau lediglich für die Schallplatte interpretiert hat: die Titelrolle im *Fliegenden Holländer* (EMI 1962 unter Franz Konwitschny), Telramund im *Lohengrin* (EMI 1963 unter Rudolf Kempe) und Gunther in der *Götterdämmerung* (Decca 1964 unter Georg Solti). Zur Spitzenstellung Wagners in der Rollenstatistik tragen auch die beiden kleinen Partien bei, die Fischer-Dieskau in gutem Bayreuther Ensemblegeist bei seinen Festspielauftritten 1954 und 1956 neben seinen Hauptaufgaben mitübernommen hatte und die er andernorts gewiss nicht gesungen hätte: Heerrufer im *Lohengrin* und Kothner in den *Meistersingern*. Die beiden einzigen Bariton-Rollen im etablierten Wagner-Repertoire, die Fischer-Dieskau aus stimmlichen Gründen stets gemieden hat, waren Wotan in *Walküre* und *Siegfried*. Anders im Falle des *Rheinhold*-Wotan; ihn übernahm er 1968 im legendären Salzburger *Ring*-Zyklus auf ausdrücklichen Wunsch des Dirigenten und Regisseurs Herbert von Karajan, der darin sein Rollenideal perfekt verwirklicht sah. Fischer-Dieskaus letztes Rollenportrait in einer Wagner-Oper, nach dem Urteil zahlreicher Kritiker sein darstellerisch sublimstes, war der Sachs in den Berliner *Meistersingern* von 1976 unter Eugen Jochum in der Inszenierung von Peter Beauvais (im selben Jahr auch für DG auf Schallplatte eingespielt, wiederum unter Jochum), das er 1979 in München unter Sawallisch abermals zur Diskussion stellte (Regie: August Everding).[14] Trotz immer wieder neuer Herausforderungen waren es nach wie vor die Darstellungen von Wolfram und Amfortas, die Fischer-Dieskaus sängerische Laufbahn kontinuierlich begleiteten und sein Bild als Wagner-Interpret auf der Bühne wie auf der Schallplatte (Einspielungen von *Tannhäuser* 1960 für EMI unter Konwitschny und 1969 für DG unter Otto Gerdes, von *Parsifal* 1972 für Decca unter Solti)

---

[14] Die teils hymnischen Kritiken von Fischer-Dieskaus Berliner und Münchner Sachs-Interpretationen referiert Neunzig, Anm. 7, S. 183–186.

nachhaltig prägten, mithin jene beiden Partien, die schon im Fokus seiner Bayreuther Jahre gestanden hatten und hier erstmals voll ihr eigenes Profil entfalten konnten.

Die Rolle des Amfortas besitzt einen ungewöhnlichen dramatischen Zuschnitt: Einerseits hat sie keinen bedeutenden Umfang (abgesehen von einem kurzen Auftritt im 1. Bild des I. Aktes beschränkt sie sich auf die beiden Monologe in den Gralsszenen des I. und III. Aktes) und ist darüber hinaus infolge des in den Bewegungen stark eingeschränkten Rollencharakters darstellerisch weitgehend auf Mimik und Gestik konzentriert, andererseits erfordert sie ein außerordentliches Maß an sängerischem Ausdruck, wenn auch lediglich im engen Spektrum zwischen verzweifeltem Aufbäumen und resignativem Zusammensinken. Für den Sängerdarsteller bedeutet dies eine enorme Herausforderung, zu meistern nur durch ein Höchstmaß an stimmlicher und gestalterischer Differenzierung, soll nicht die Dauerspannung in der Wahrnehmung zur Monotonie geraten. Zu vermeiden ist dabei die Auflösung der musikalischen Textur in eine Folge isolierter Ausdrucksmomente, die den Charakter ins Diffuse verschwimmen lassen. Gefordert ist demgegenüber eine Strukturierung der Details, und diese erscheint kompositorisch vorgegeben durch einen Steigerungsbogen, der im Monolog des I. Aktes sogar das traditionelle Scena-ed-Aria-Modell aus der alten Oper deutlich hervortreten lässt (Scena: »Nein! lasst ihn unenthüllt!«; Aria: »Wehvolles Erbe, dem ich verfallen«). Fischer-Dieskaus Interpretation zeichnet diese Struktur sorgfältig nach und erfasst als ihren ausdrucksmäßigen Höhe- und Wendepunkt die Beschreibung des Gralsgeschehens, dessen neuerlichen Vollzug Amfortas im Bewusstsein seiner Sündenschuld verweigert (»Die Stunde naht: ein Lichtstrahl senkt sich auf das heilige Werk«). Ideenmäßig wie dramaturgisch ist diese Passage das Herzstück des Monologs, in dem Amfortas (»vor sich hinstarrend«, lautet die Regieanweisung) im Dialog mit dem von Englischhorn und Klarinette intonierten Leidensthema das Geheimnis des Grals beschwört. In Fischer-Dieskaus Interpretation erfährt die Magie des Vorgangs einen kongenialen sängerischen Nachvollzug.

> Des Weihgefäßes göttlicher Gehalt
> erglüht mit leuchtender Gewalt;
> durchzückt von seligsten Genusses Schmerz,
> des heiligsten Blutes Quell
> fühl' ich sich gießen in mein Herz:
> des eig'nen sündigen Blutes Gewell
> in wahnsinniger Flucht

muß mir zurück dann fließen,
in die Welt der Sündensucht
mit wilder Scheu sich ergießen;
von Neuem sprengt es das Tor,
daraus es nun strömt hervor,
hier durch die Wunde, der Seinen gleich,
geschlagen von desselben Speeres Streich,
der dort dem Erlöser die Wunde stach,
aus der, mit blut'gen Tränen,
der Göttliche weint' ob der Menschheit Schmach
in Mitleids heiligem Sehnen,
und aus der nun mir, an heiligster Stelle,
dem Pfleger göttlichster Güter,
des Erlösungsbalsams Hüter,
das heiße Sündenblut entquillt,
ewig erneut aus des Sehnens Quelle,
das ach! keine Büßung je mir stillt!
Erbarmen! Erbarmen!
Du Allerbarmer! Ach, Erbarmen!
Nimm mir mein Erbe,
schließe die Wunde,
daß heilig ich sterbe,
rein dir gesunde![15]

Szenen wie diese legen es nahe, Fischer-Dieskaus Meisterschaft in der stimmlichen Differenzierung von Wort und Ton aus seiner Erfahrung als Liedsänger herzuleiten. Freilich griffe die Erklärung, der Interpret habe ›liedhafte‹ Gestaltungsmittel an Oper und Musiktheater herangetragen, entschieden zu kurz. Allenfalls könnte man sagen, seine Vertrautheit mit dem Lied habe ihn in die Lage versetzt, analoge Phänotypen dramatischer Musik präziser zu erfassen und sängerisch sachgerechter umzusetzen, als es einem reinen Opernspezialisten möglich gewesen wäre. Das Deklamationsmelos der Oper, in dessen bis zu Monteverdi und den Florentinern zurückreichender Tradition auch Wagners Sprechgesang zu verorten ist, hat in seiner langen Geschichte ein Repertoire wortinduzierter Ausdruckscharaktere hervorgebracht, das in seiner Nuancenvielfalt demjenigen des Lieds in nichts nachsteht und keinerlei Entlehnungen aus anderen Gattungen bedurfte.

---

[15] Richard Wagner, Parsifal. Ein Bühnenweihfestspiel. Erster Aufzug, hg. von Egon Voss und Martin Geck, Mainz: Schott 1972 (Sämtliche Werke, Bd. 14.I), S. 144–152.

Fischer-Dieskaus Fähigkeit, zwischen Oper und Lied zu vermitteln, bewährte sich besonders erfolgreich an der größten, gesangsdarstellerisch komplexesten seiner Bayreuther Partien: Wolfram im *Tannhäuser*. Der überwältigende Eindruck, den die Darstellung des Wagner'schen Minnesängers durch den jungen Fischer-Dieskau hinterließ, wurde nicht selten darauf zurückgeführt, dass diese Rolle – wie auch diejenige Posas im Verdi'schen *Don Carlos* – in besonderer Weise dem persönlichen Naturell des Sängers entsprochen habe, der hier gleichsam einen Teil seines eigenen Wesens hätte verkörpern können: das Ideal eines ›deutschen Jünglings‹ aus Schiller'schem Geiste, nach dem Zweiten Weltkrieg ein immer noch verbreitetes Leitbild.[16] Mit einer derartigen Deutung unterschätzt man gleichermaßen Fischer-Dieskaus Professionalität wie die Komplexität der Wagnerschen Rollenzeichnung. Wolfram ist zwar kein schillernder, wohl aber ein vielschichtiger Charakter, dessen Tiefen auszuloten und theatralisch zu vermitteln Fischer-Dieskau während seiner jahrzehntelangen Auseinandersetzung mit der Rolle als künstlerische – und das hieß für ihn immer auch intellektuelle – Herausforderung verstanden hat. Dazu gehörte auch der Einsatz rein schauspielerischer Mittel, so im II. Akt während des Duetts von Elisabeth und Tannhäuser, deren Wiederbegegnung von Wolfram arrangiert wird (zu Tannhäuser: »Dort ist sie, nahe dich ihr ungestört«[17]), in der Folge aber – abgesehen von einem knappen a-parte – von ihm unkommentiert bleibt. Die Handlungskonstellation als solche (eine Frau zwischen zwei um ihre Liebe rivalisierenden Männern: Sopran – Tenor – Bariton) hätte nach den Gattungskonventionen der Oper des 19. Jahrhunderts an dieser Stelle ein die verschiedenen Charaktere exponierendes Terzett als formal-musikalischen Rahmen der Szene nahegelegt. Stattdessen belässt es Wagner bei einem Duett der sich glücklich wiederfindenden Elisabeth und Tannhäuser und verbannt Wolfram als stummen Zeugen in den Hintergrund: eine Konstellation, deren untergründige Spannung durch Fischer-Dieskaus Spiel vollständig erfasst wird; in den Worten des Kritikers Ivan Nagel:

---

[16] Als exemplarisch für diese Kurzschließung zwischen Rolle und Interpret sei hier das Urteil von Friedrich Herzfeld zitiert: »Dietrich Fischer-Dieskau als Wolfram war eine ideale Besetzung. Die innere Spannung dieser lyrischen Gestalt entsprach seinem Naturell anscheinend so vollkommen, daß man glaubte, hier habe er endgültig sein eigentliches Rollenfach gefunden.« (Dietrich Fischer-Dieskau, Berlin o.J.; hier zitiert nach: Neunzig, Anm. 7, S. 96).

[17] Richard Wagner, Tannhäuser und der Sängerkrieg auf Wartburg. Große romantische Oper in 3 Akten. Zweiter Akt, hg von Reinhard Strohm, Mainz: Schott 1986 (Sämtliche Werke, Bd. 5.II), S. 13f.

Als er [= Fischer-Dieskaus Wolfram] zu Beginn des zweiten Aktes Held und Heldin zusammengeführt hatte, ging er schnurstracks in die Bühnentiefe, blieb ganz hinten mit dem Rücken zum Publikum stehen. Umsonst duettierten vorn von Proszenium zu Proszenium die altverdienten Darsteller der Elisabeth und des Tannhäuser; der Blick kam nicht los von dem unbewegten, abgewandten Dritten. Nicht Fischer-Dieskau, sondern Wagner hat die lange Stummheit des Wolfram ausgedacht, geschrieben: Aber wer sonst hätte je begreifen, darstellen können, was es heißt, der Dritte zu sein?[18]

Von Fischer-Dieskaus untrüglichem Gefühl für musikdramatisches Timing zeugt auch die zweimalige prononcierte Nennung von Elisabeths Namen im I. und im III. Akt. Es sind Schlüsselmomente der Handlung, insofern sie Tannhäusers Weg zum Heil beschreiben, der über Elisabeth führt: zunächst als seine Geliebte, sodann als seine Erlöserin. Den Weg dazu weist beide Male Wolfram.[19] Dies ist von Wagner unmissverständlich auskomponiert worden und kann bei sorgfältiger Lektüre von Text und Musik kaum verfehlt werden. Der Name Elisabeth aus Wolframs Mund wirkt als eine ›parola scenica‹ *avant la lettre*, die das äußere wie das innere Geschehen verwandelt, vorhandene Gewissheiten einstürzen lässt und neue Möglichkeiten verheißt. In Fischer-Dieskaus Interpretation freilich, und in dieser Deutlichkeit in keiner anderen, sind die »Elisabeth«-Rufe auch Ausdruck von Wolframs persönlichem Gefühl, in dem sich Triumph und Resignation verbinden, und dies verleiht ihnen unerhörte emotionale Dichte.

Diese Mittlerfunktion Wolframs zwischen den beiden Welten deutlich zu machen, gelingt Fischer-Dieskau auch dort, wo nach landläufiger Meinung Klischee und Konvention vorherrschen: im sogenannten *Lied an den Abendstern*, mit dessen Interpretation er Rezeptions- wie Gesangsgeschichte geschrieben hat.

Wie Todesahnung Dämmrung deckt die Lande,
umhüllt das Tal mit schwärzlichem Gewande;

---

[18] Ivan Nagel, Der nicht leblos singen kann. Dietrich Fischer-Dieskau zum sechzigsten Geburtstag, in: Stuttgarter Zeitung, 28. Mai 1985. Vgl. auch: Neunzig, Anm. 7, S. 97f.

[19] I. Akt, Landgraf und Ritter zu Tannhäuser: »Bleib' bei uns!«, Wolfram: »Bleib' bei Elisabeth!«; III. Akt, Venus zu Tannhäuser: »Komm, o komm!«, Wolfram: »Ein Engel bat für dich auf Erden, bald schwebt er segnend über dir: Elisabeth!« (Wagner, Anm. 1, S. 178; ders. Tannhäuser und der Sängerkrieg auf Wartburg. Große romantische Oper in 3 Akten. Dritter Akt, Anhang und Kritischer Bericht, hg. von Reinhard Strohm und Egon Voss, Mainz: Schott 1995 (Sämtliche Werke, Bd. 5. III), S. 166f.

der Seele, die nach jenen Höh'n verlangt,
vor ihrem Flug durch Nacht und Grausen bangt.
Da scheinest du, o! lieblichster der Sterne, –
dein sanftes Licht entsendest du der Ferne,
die nächt'ge Dämm'rung teilt dein lieber Strahl,
und freundlich zeigst du den Weg aus dem Tal.
O! du mein holder Abendstern,
wohl grüßt' ich immer dich so gern;
vom Herzen, das sie nie verriet,
grüße sie, wenn sie vorbei dir zieht, –
wenn sie entschwebt dem Tal der Erden,
ein sel'ger Engel dort zu werden.[20]

Dabei trug er nichts an das Stück heran, sondern legte lediglich seine Bedeutung frei. In der von wenigen andeutenden Worten getragenen, vorwiegend inneren Zwiesprache zwischen Elisabeth und Wolfram am Beginn des III. Aktes bildet Wolframs ›Lied‹ die Antwort auf Elisabeths ›Gebet‹. Wendet sich Elisabeth an die »Allmächt'ge Jungfrau«, so Wolfram an den Abendstern – der aber ist Venus, Göttin der irdischen Liebe. Fleht Elisabeth um Vergebung für ihr »sündiges Verlangen« gegenüber Tannhäuser, so entsagt Wolfram seinem Verlangen gegenüber Elisabeth, indem er die Liebesgöttin bittet, an die »dem Tal der Erden« Entschwebende im Vorbeiziehen seinen letzten Liebesgruß zu entrichten. Der Abendstern ist aber zugleich auch der Morgenstern, und so evoziert Wolframs Lied die Stimmung eines nächtlichen Zwischenreiches aus Abend und Morgen, Tod und Leben, irdischer Entsagung und himmlischer Verheißung. Auf exzeptionelle Weise gelingt es Fischer-Dieskau, für den Farbenreichtum von Wagners Tonsprache einen vokalen Resonanzraum zu schaffen: von der düsteren Schwere der Dämmerung, die »wie Todesahnung« die Lande deckt, bis zum Licht des »lieblichsten der Sterne«, das mit synästhetischer Intensität tatsächlich aufzuleuchten scheint. Die beiden kontrastierenden Teile der ›Szene‹ (dunkel – hell) finden im ›Lied‹ in einer labilen ›coincidentia oppositorum‹ zusammen.[21] Fischer-Dieskau hat seine Konzeption dieses Schlüsselmoments der Wolfram-Partie

---

[20] Wagner, Anm. 17, S. 46–50.
[21] Zur musikalischen Dramaturgie von Wolframs Abendstern-Lied vgl. auch vom Verfasser, *Tannhäuser* und die Transformation der romantischen Oper, in: »Schlagen Sie die Kraft der Reflexion nicht zu gering an.« Beiträge zu Richard Wagners Denken, Werk und Wirken, hg. von Klaus Döge, Christa Jost und Peter Jost, Mainz u.a.: Schott 2002, S. 48–61, hier S. 54ff.

zwischen 1949 und 1969 (für diese Zeitspanne ist sie durch Aufnahmen dokumentiert) nicht grundsätzlich verändert. Von den drei Bayreuther Interpretationen aus den Jahren 1954, 1955 und 1961, allesamt gesangsdarstellerisch auf höchstem Niveau, gebührt die Palme der Vollkommenheit der mittleren dank der sublimen Partnerschaft des Orchesters unter dem kongenialen Dirigat von André Cluytens.

Als Infragestellung von Traditionen durch Berufung auf das Werk entsprach Fischer-Dieskaus Wagner-Interpretation perfekt der Neu-Bayreuther Ästhetik. Von daher muss man es bedauern, dass seine Mitwirkung bei den Festspielen nur von kurzer Dauer war und nur wenige Rollen umfasste. Später konnte es eine Zeit lang erscheinen, als würde sich ihm bei den Salzburger Osterfestspielen eine neue Plattform der sängerischen Auseinandersetzung mit Wagner eröffnen. Herbert von Karajan hatte ihn 1968 dorthin als Wotan im *Rheingold* verpflichtet und mit ihm in dieser Rolle auch die parallele Schallplatteneinspielung (als Teil eines vollständigen *Ring*-Zyklus) produziert. Die Resonanz bei Publikum und Kritik war außerordentlich, wenn auch nicht einhellig positiv; zu sehr wich Fischer-Dieskaus differenzierte Charakterstudie (Karajan bescheinigte der Figur »die Faszination eines späten Renaissancefürsten«[22]) vom gewohnten Helden-Klischee ab. Sängerisch näherte er sich der Rolle mit den Mitteln eines ›psychologischen Belcanto‹, wie er sie in den Jahren zuvor bei Verdi (Titelrollen in *Falstaff*, *Rigoletto* und *Macbeth*) erfolgreich erprobt hatte. Für Wagnerianer alten Schlages war dies eine verstörende Erfahrung, der sie sich nur widerwillig auszusetzen vermochten. Selbst Kritiker, die dem neuen Interpretationsansatz ihre Bewunderung nicht versagten, zeigten sich befremdet angesichts des gänzlich ungewohnten Rollen- und Stimmprofils.[23] Der nämlichen Ästhetik verpflichtet zeigte sich Fischer-Dieskau auch in seiner letzten Wagner-Rolle: Hans Sachs in den *Meistersingern von Nürnberg*. Wenn Norbert Miller von seiner Interpretation zu Recht feststellen konnte, hier werde

---

[22] Die Formulierung entstammt einem Brief Herbert von Karajans an den Sänger vom 20. Februar 1968 (vollständiger Textabdruck mit Faksimile in: Hans A. Neunzig, Dietrich Fischer-Dieskau. Ein Leben in Bildern, Berlin: Henschel 2005, S. 133f.).

[23] »In fact […] Wotan was incompletely filled by Fischer-Dieskau. He did not offer the usual bass-baritone richness. In its place we had an extraordinarily graphic lyricism. This unusual study of Wotan gave the lead in the new Wagnerian *bel canto* that Karajan wanted all the singers to strive after […].« (Kurt Honolka, in: Opera, Bd. 19, Nr. 6 [Juni 1968], S. 465).

> das Singen auf unverwechselbare Weise zu einem gesteigerten Medium des dramatischen Dialogs, wie bei keinem anderen Sänger ist die Trennung zwischen schönen Stellen und Rezitativabwandlungen aufgehoben: Er [Fischer-Dieskau] ist für die Dauer der Aufführung Sachs geworden [...],[24]

so beschrieb er damit über das Exempel Wagner hinaus das Ideal von ›Oper als Drama‹ schlechthin, das in der Verschmelzung des Sängerdarstellers mit seiner Rolle Gestalt gewinnt.

Dem reflektierenden Sänger Fischer-Dieskau bedeutete der Umgang mit Wagner'scher Musik über die Erarbeitung der jeweiligen Rolle hinaus immer auch die Auseinandersetzung mit den Werken und ihrem Schöpfer, die ihn zeitlebens faszinierten und zugleich irritierten. Für den jungen Fischer-Dieskau war, wie für viele aus seiner Generation, der Zauber zunächst ein ungebrochener. »Wagners Musik wurde zum Magneten meiner pubertären Jahre«, hat er später bekannt, nicht ohne zu betonen, dass ihm die fatale Symbiose zwischen dem Gegenstand seiner Leidenschaft und der nationalsozialistischen Ideologie nur allzu bewusst war: »Aber der Wille, zur Heldenbeweihräucherung der Machthaber Abstand zu halten, kämpfte von Anfang an in höchster Gespanntheit gegen eine Ergriffenheit, der ich mich niemals zu entziehen vermochte, sobald ich mich dem Erlebnis Wagner'scher Musik aussetzte.«[25] Im Verlauf seiner Sänger- und Dirigentenkarriere und im Zuge einer immer intensiveren praktischen und theoretischen Durchdringung des Wagner'schen Œuvres, seines historischen Umfelds sowie seiner musikalischen und gesellschaftlichen Nachwirkungen wuchs dann das Bedürfnis nach einer differenzierten Positionsbestimmung, die Stärken und Schwächen bilanziert. Zu ersteren zählte Fischer-Dieskau Wagners musikdramatische Innovationen, die der Gattung bislang unbekannte Ausdrucksbereiche erschlossen hätten, zu letzteren dessen von ihm als fragwürdig empfundene Ideenwelt, die Tendenz zur »Überrumpelung«, vor allem »mit den Mitteln der – ebenso aufpeitschenden wie auflösenden – Droge seines Orchesters«.[26] Man geht gewiss nicht fehl, Fischer-Dieskaus

---

[24] Norbert Miller, Jubel um Dietrich Fischer-Dieskaus Hans Sachs. Peter Beauvais inszenierte in Berlin *Die Meistersinger*, in: Süddeutsche Zeitung, 16. März 1976. Vgl. auch: Neunzig, Anm. 7, S. 183.
[25] Dietrich Fischer-Dieskau, Zeit eines Lebens. Auf Fährtensuche, Stuttgart/München: DVA 2000, S. 58.
[26] Lewinski, Anm. 5, S. 47f.

umfangreiche Studie über die ambivalente Beziehung zwischen Wagner und Nietzsche als in die Historie zurückgespiegelten Versuch der Selbstfindung gegenüber dem Wagner'schen Werk im Spannungsfeld von Anziehung und Abstoßung zu lesen,[27] so wie der Autor es später selbst auf den Punkt gebracht hat: »Man kann lieben und dabei doch zweifeln – wahrscheinlich die tiefste Art von Verehrung.«[28]

Für die Entstehung dieses Wagner-Bildes aus Licht und Schatten waren Fischer-Dieskaus Bayreuther Jahre von prägender Bedeutung. Einerseits schätzte er ›Neu-Bayreuth‹ als Stätte musikalischer und szenischer Reformen, an denen teilzuhaben er sichtlich genoss (seine Mitwirkung in Wieland Wagners spektakulärer *Parsifal*-Inszenierung während zweier Spielzeiten empfand er als »eine Ehre«[29]), andererseits war es gerade die Persönlichkeit des Wagner-Enkels, die er – nicht erst aus der Perspektive des späteren Zerwürfnisses – als zu selbstherrlich und zu wenig kommunikationsfähig empfand. Vor allem nahm er Anstoß an Wieland Wagners mangelndem Vertrauen in die Musik, der er – so sein Vorwurf – allzu bedenkenlos seine eigenen Bildideen übergestülpt habe.[30] Allerdings sollte auch der Kritiker der Konzeptregie Wieland Wagners bereit sein, dessen Verdienste um eine musikalische Erneuerung der Bayreuther Festspiele gebührend herauszustellen. Vor allem auf Wieland Wagner geht die Verpflichtung junger Dirigenten und Sängerdarsteller zurück, die neben den nach wie vor präsenten Ikonen der traditionellen Wagner-Interpretation – und oft genug in Konkurrenz mit ihnen – einen neuen musikalischen Aufführungsstil in Bayreuth etablierten; Fischer-Dieskau selbst ist dafür eines der herausragendsten Beispiele. Sogar eine Bayreuth-Verpflichtung von Maria Callas, in der Frühzeit ihrer Karriere auch als Wagner-Interpretin gefeiert, ist damals angedacht worden. Die Vorstellung eines gemeinsamen Bayreuth-Auftritts von ihr und Fischer-Dieskau, etwa in *Parsifal* oder in *Tannhäuser,* inspiriert die Phantasie und lässt erahnen, welch unerhörte ästhetische Potentiale des Wagner-Gesangs in

---

[27] Dietrich Fischer-Dieskau, Wagner und Nietzsche. Der Mystagoge und sein Abtrünniger, Stuttgart: DVA 1974.
[28] Fischer-Dieskau, Anm. 25, S. 60.
[29] Fischer-Dieskau, Anm. 4, S. 108.
[30] »Symbolisch zu vermittelnde Ideen standen im Vordergrund, und dazu kamen tolle Kürzungsvorschläge an den Dirigenten, die zum Glück nicht akzeptiert wurden. Daß die Musik das geeignetste Mittel sei, die Ideenwelt des Musikdramas zu verdeutlichen, darauf verfielen weder die Mitwirkenden noch die Presse. Meines persönlichen großen Erfolgs als Sänger und als Darsteller wurde ich deshalb nicht ganz froh« (ebd., S. 176).

Bayreuth möglicherweise noch hätten erschlossen werden können. Freilich war es nicht allein das Verdienst Wieland Wagners, in dieser Richtung Türen geöffnet zu haben; auch in der Ära Wolfgang Wagners kam es bis zuletzt immer wieder zu Engagements von Sängerinnen und Sängern, die nicht vorrangig auf das Werk Wagners spezialisiert waren, sogar solchen aus dem Belcanto-Fach. Aber nicht nur stimmlich, sondern auch konzeptionell hätte sich Fischer-Dieskau im Bayreuth der vergangenen Jahrzehnte durchaus heimisch fühlen können, wäre es denn zu seinem abermaligen Engagement gekommen. Liest man seine ausführliche Deutung des Charakters von Hans Sachs, so wie er selbst die Rolle in Berlin und München während der späten 1970er Jahre gestaltet hat[31] – als bürgerlichen Prospero voller Güte und Ironie, auf den die Fragwürdigkeiten des Werks und seiner Geschichte keinerlei Schatten fallen lassen –, so verblüffen die zahlreichen Übereinstimmungen mit Wolfgang Wagners Sachs-Bild in seinen letzten drei Festspiel-Inszenierungen. So blieb denn Bayreuth für Fischer-Dieskau nur ein kurzes Kapitel in seiner langen Karriere: biografisch zwar abgeschlossen, aber mit unausgeloteten künstlerischen Perspektiven für den Sänger wie für die Festspiele.

---

[31] Lewinski, Anm. 5, S. 49f.

# III

## Dietrich Fischer-Dieskau als Musikdenker und Maler

OSWALD PANAGL (SALZBURG)

## Dietrich Fischer-Dieskau als Musikdenker

Bereits seit frühster Jugend widmete sich Dietrich Fischer-Dieskau nachhaltig und passioniert der intellektuellen Auseinandersetzung mit den vielseitigen geistigen Hintergründen seines Faches. Die intensive Beschäftigung des Sängers mit Komponisten, deren Werken, Leben, Umfeld, Epoche etc. kann als außergewöhnlich bezeichnet werden und führte ihn zu einer erfolgreichen Zweitkarriere – der eines Schriftstellers. Anhand einer kurzen Beleuchtung seiner 16 Monografien wird Dietrich Fischer-Dieskau im vorliegenden Essay als Musikdenker vorgestellt. Einige Beispiele aus ausgewählten Werken sollen einen Einblick in seinen individuellen Schreibstil und seine Sprachform gegeben.

Since his early ages, Dietrich Fischer-Dieskau has been investigating the intellectual background of his subject. The singer's intensive studies of musicians, their compositions, lives, epochs etc. can well be called unusual and makes him successful in another career – as a committed writer. Based on his 16 monographs, the following essay presents Dietrich Fischer-Dieskau as the intellectual author on music that he is. Some selected works will provide an insight into his individual style of writing and his form of language.

## I. Zum Geleit

Die mir vom Veranstalter dieses Symposions angebotene Aufgabe, in das schriftstellerische Werk von Dietrich Fischer-Dieskau einzuführen, ehrt und freut mich – sie setzt mich aber auch in nicht geringe Verlegenheit. Denn in der Liste der Teilnehmer sehe ich nicht wenige Namen, die dieser Rolle wohl kompetenter, authentischer und aus größerer Nähe gerecht werden könnten. Mein eigener persönlicher Kontakt zu diesem Ausnahmekünstler datiert in das Jahr 1962 zurück und fand in einem Münchner Schallplattenantiquariat statt. Als Student und Verehrer des Sängers war ich für zwei seiner Konzerte angereist, und als wir zufällig nebeneinander die Regale mit alten Schellack-Aufnahmen nach Trouvaillen durchsuchten, kam es zu einem ersten ausführlichen Gespräch, dem sehr bald Besuche im Künstlerzimmer nach Konzerten, ein regelmäßiger Briefwechsel und schließlich mehrere Einladungen in seine gastlichen Häuser in Berlin und Berg folgten. Ich durfte im Laufe von fast fünf Jahrzehnten an einem musikalischen Denken teilhaben, ihn fallweise in Details beraten. Seine Bücher und Aufsätze habe ich in der Folge – großteils in persönlichen Widmungsexemplaren – schon bald nach

Erscheinen gleichsam mit Andacht verschlungen, zu einigen von ihnen mit Wohlwollen aufgenommene Rezensionen verfasst und dem Künstler auch ein paar meiner Artikel und Essays zugeeignet. In der Korrespondenz und bei häufigen Telefonanten sind mir auch die Sorgen des Verfassers nicht fremd geblieben, wenn er sich von der Kritik der angestammten Forscher missverstanden oder in der Rezeption zu wenig angenommen fühlte, wenn die Verlagslektorate zu sehr in seine Texte – und damit in die Absicht seines Schreibens – eingegriffen haben oder – wie in einem Fall – der geeignete Publikationsort selbst für einen Autor von seinen Graden gar nicht so leicht zu finden bzw. zu gewinnen war. Unter diesen Prämissen und zugleich Vorbehalten will ich versuchen, meinen Einführungsbeitrag zu gestalten.

## II. Der nachdenkliche Pragmatiker

Dass sich Sänger mit den Vorraussetzungen ihres künstlerischen Schaffens geistig auseinandersetzen, Quellenforschung betreiben, die Biografien von Dichtern und Komponisten kritisch studieren und sich gelegentlich auch essayistisch dazu äußern, ist zwar nicht der Regelfall, lässt sich aber immerhin ausreichend belegen: Ich erwähne nur stellvertretend für andere den Tenor Peter Schreier, der mit Fischer-Dieskau auch die zweite Karriere als Dirigent teilt, oder den Bariton Thomas Hampson mit seinen gründlichen Studien zum amerikanischen Liedschaffen und seinen auch in Salzburg erfolgreichen Kulturprojekten.

Fischer-Dieskau ist über dieses Pensum aber weit hinausgegangen – nach Umfang wie Qualität seiner schriftstellerischen Leistungen. Bis heute liegen nicht weniger als 16 Monografien von ihm vor, zu einem Großteil noch während seiner aktiven künstlerischen Laufbahn verfasst oder wenigstens konzipiert: Dieses – noch keineswegs abgeschlossene – Œuvre nötigt schon quantitativ höchsten Respekt ab und übertrifft an Zahl und Vielfalt der Themen die literarische Größe nicht weniger professioneller Musikschriftsteller. In einem ersten Überblick will ich dieses überreiche Angebot nach literarischen Genres und Autorenintention kurz vorstellen. Fünf Buchtitel gelten dem vokalen Schaffen von Komponisten, die auch in seiner Laufbahn als Sänger eine überragende Rolle gespielt haben: Die Monografie *Auf den Spuren der Schubertlieder – Werden, Wesen, Wirkung,*[1]

---

[1] Dietrich Fischer Dieskau, Auf den Spuren der Schubertlieder – Werden, Wesen, Wirkung, Wiesbaden: Brockhaus 1971.

die im Umfeld seiner Gesamtaufnahme des Schubert'schen Liedwerkes bei der Deutschen Grammophon entstanden ist, folgte 25 Jahre später das fast 400 Seiten umfassende Buch *Schubert und seine Lieder*,[2] nicht nur als einfache Neuauflage des Vorgängers, sondern auch als eine gründliche Auseinandersetzung mit der Forschungsliteratur, Ausfluss der eigenen editorischen Arbeit (mit Elmar Budde) für die Peters-Ausgabe sowie die Aufnahme von neuen Rarissima unter die erläuterten Lieder. Dabei bleibt sein Ziel bescheiden, wenn er sich zur Aufgabe setzt, »bei einem möglichst breiten Leserkreis tieferes Verständnis für die bewegendste Periode des deutschsprachigen Sololiedes, nicht zuletzt aber die Liebe zu seinem Schöpfer, zu dessen Ideen-Kosmos und dem kulturellen Ambiente zu erhalten oder zu wecken«.[3] Dieser hermeneutische Aufsatz charakterisiert auch die folgenden Titel: *Robert Schumann. Wort und Musik. Das Vokalwerk*,[4] *Hugo Wolf, Leben und Werk*[5] (2003, zum 100. Todestag des Komponisten erschienen) und *Johannes Brahms. Leben und Lieder.*[6] Von einigen bezeichnenden Ausnahmen abgesehen, wollte der Autor durchwegs keine neuen Biografien schreiben, sondern jeweils die Schnittstellen zwischen Lebenslauf und Vokalwerk beleuchten, auf dessen Interpretation, musikalische Faktur und Wort-Ton-Verhältnis der Blick des Verfassers ruht.

Bisweilen haben die Verlage aus Geschäftsinteresse in dieses Vorhaben eingegriffen, wie mir Fischer-Dieskau am 16.8.2006 brieflich mitteilte:

> Ich musste selbst eine Art von Brahms-Biografie herzaubern, da es der Propyläen-Verlag so wollte. Die Arbeit sah sich gestört (bis durchkreuzt), da der Lektor am liebsten ein eigenes Buch geschrieben hätte und alles, was mir in der Konzentration auf die Gesänge vorschwebte, durch aufdringliche Eingriffe beeinträchtigte. Nun, die Arbeit ist getan, der Verlag ist zufrieden, und ich sehe dem finanziellen Risiko mit Ruhe entgegen.

Vorerst nur in Andeutungen möchte ich die anderen Publikationen in Momentaufnahmen präsentieren. Das Buch *Wagner und Nietzsche*,[7] in mehrere Sprachen übersetzt, nähert sich dieser prekären Beziehung aus subjektiver

---

[2] Dietrich Fischer-Dieskau, Schubert und seine Lieder, Stuttgart: DVA 1996.
[3] Ebd., S. 8.
[4] Dietrich Fischer-Dieskau, Robert Schumann. Wort und Musik. Das Vokalwerk, Stuttgart: DVA 1981.
[5] Dietrich Fischer-Dieskau, Hugo Wolf, Leben und Werk, Berlin: Henschel 2003.
[6] Dietrich Fischer-Dieskau, Johannes Brahms. Leben und Lieder, Berlin: Propyläen 2006.
[7] Dietrich Fischer-Dieskau, Wagner und Nietzsche. Der Mystagoge und sein Abtrünniger, Stuttgart: DVA 1974.

Sicht und mit neuen Bewertungsmaßstäben. *Töne Sprechen, Worte klingen*[8] entwickelt auf 500 Seiten eine Geschichte und Interpretation des Gesanges. *Wenn Musik der Liebe Nahrung ist*[9] zeichnet am Beispiel der Sängerfamilie Garcia und der berühmten Primadonnen Maria Malibran und Pauline Viardot Künstlerschicksale im 19. Jahrhundert nach. *Fern die Klage des Fauns*[10] beschäftigt sich auf originelle Weise mit Claude Debussy und seiner Welt.

Drei Bücher, die in einem offensichtlichen Konnex stehen, befassen sich in einer Art literarischer Trilogie mit dem Titanen Goethe, seiner Beziehung zu Musik und Theater sowie seinen beiden Komponistenfreunden. Der erste Titel *Weil nicht alle Blütenträume reiften*[11] stellt Johann Friedrich Reichardt als »Hofkapellmeister dreier Preußenkönige« in Portrait und Selbstportrait vor. Bald schon folgt, diesmal bewusst als Biografie bezeichnet, *Carl Friedrich Zelter und das Berliner Musikleben seiner Zeit*.[12] Den bisherigen Schlussstein bildet 2006 das 492 Seiten umfassende Werk *Goethe als Intendant. Theaterleidenschaften im klassischen Weimar*,[13] gründlich recherchiert und weit über das Prosopografische hinaus ein lebendiges, faszinierendes Portrait einer Epoche, das auch Sprünge und Risse im harmonischen Gefüge der Weimarer Klassik offenbart: Trotz der Bücher von Dieter Borchmeyer[14] eine Darstellung, die nach Materialfülle und subtilen Urteil m.W. bislang beispielhaft und beispiellos geblieben ist.

Die beiden autobiografischen Titel *Nachklang. Ansichten und Erinnerungen*[15] und *Zeit eines Lebens*[16] sind vom Typus ›Mich hätten Sie sehen sollen‹ weit entfernt, auch wenn darin ironische anekdotische Passagen nicht fehlen. Es bestätigt sich bei der Lektüre, was der Biograf Hans A. Neunzig für das ältere Buch so festhält:

---

[8] Dietrich Fischer-Dieskau, Töne Sprechen, Worte klingen, Stuttgart: DVA/München: Piper 1985.
[9] Dietrich Fischer-Dieskau, Wenn Musik der Liebe Nahrung ist, Stuttgart: DVA 1990.
[10] Dietrich Fischer-Dieskau, Fern die Klage des Fauns. Claude Debussy und seine Welt, Stuttgart: DVA 1993.
[11] Dietrich Fischer-Dieskau, Weil nicht alle Blütenträume reiften, Stuttgart: DVA 1992.
[12] Dietrich Fischer-Dieskau, Carl Friedrich Zelter und das Berliner Musikleben seiner Zeit, Berlin: Nicolai 1997.
[13] Dietrich Fischer-Dieskau, Goethe als Intendant. Theaterleidenschaften im klassischen Weimar, München: dtv 2006.
[14] Vgl. bes. Weimarer Klassik. Porträt einer Epoche, Weinheim: Beltz Athenäum 1998.
[15] Dietrich Fischer-Dieskau, Nachklang. Ansichten und Erinnerungen, Stuttgart: DVA 1987.
[16] Dietrich Fischer-Dieskau, Zeit eines Lebens, Stuttgart: DVA 2000.

> Es entstand ein Gewebe von Geschichten, die zusammen ein Bild seines Lebens ergeben. Ein Buch der Begegnungen ließe sich dieses Buch nennen, und da sind sie alle, mit denen die Laufbahn des Künstlers ihn zusammenführte, in meist kurzen, aber plastischen Charakterisierungen: die Komponisten, die Sängerkollegen, die Dirigenten, die Begleiter. Die private Sphäre bleibt nicht ausgespart; die hellen und die dunklen Stunden sind mit Offenheit, mit Ernst und einer spürbaren Freude am Erzählen nachgezeichnet. [...] Fischer-Dieskaus Erinnerungen enthüllen das Bild eines Menschen von großer Behutsamkeit des Urteils anderer gegenüber. Sein Blick schaut freundlich, Sympathie ist seine geistige Grundvokabel, und sie findet Antwort und Identifikation bei Gleichgesinnten.[17]

Bezeichnend erscheint mir, dass der Autor seinen zweiten Text im Frühsommer 1999 während eines langen Krankenhausaufenthaltes nach einem komplizierten Knöchelbruch zu Papier brachte. Von seiner Bibliothek abgeschnitten, nützte er die Rekonvaleszenz zur Reflexion, zur konstruktiv-kritischen Auseinandersetzung mit dem eigenen Wirken und den Umbrüchen der Epoche. Erinnerung spielt für ihn nunmehr eine andere, vertiefende Rolle im Leben. Vielleicht eine der schönsten Bereicherungen des Älterwerdens und ein Ausgleich für manchen Verzicht.

Persönliches Erleben und Kunstreflexion mischt endlich ein Buch aus dem Jahr 2009, *Jupiter und ich*,[18] über des Künstlers Begegnungen mit Wilhelm Furtwängler. Die wenigen Jahre gemeinsamen Wirkens zwischen 1951 und 1954 haben Aufführungen (und z.T. Tondokumente) von zwei Mahler'schen Liederzyklen (*Lieder eines fahrenden Gesellen*, *Kindertotenlieder*), von Brahmsens *Ein Deutsches Requiem*, der Bach'schen *Matthäuspassion* und der Referenzaufnahme von *Tristan und Isolde* gezeigt.

## III. Motive und Anlässe des Schreibens

Wie bei vielen kreativen Menschen reichen die Wurzeln des späteren Wirkens in die Kindheit und frühe Jugend zurück. Wenn ich in der Folge einige Facetten und Gedankensplitter zusammentrage, so bin ich mir durchaus bewusst, dass sie zum geistigen Profil des Musikdenkers und Schriftstellers Fischer-Dieskau zwar beitragen, es aber in seiner Einmaligkeit nicht erklären können. Manche dieser Details treffen auch für andere Künstler zu, ohne

---

[17] Hans A. Neunzig, Dietrich Fischer-Dieskau. Eine Biographie, Stuttgart: DVA 1995, S. 249f.
[18] Dietrich Fischer-Dieskau, Jupiter und ich, Berlin: Univ. Press 2009.

doch zu einem vergleichbaren Ergebnis zu führen. Das originelle Ganze ist stets mehr als die Summe seiner Bestandteile und Merkmale. Dennoch sei der tastende Versuch gewagt.

## III.1

Am Anfang steht vielleicht die Figur des Vaters bei seiner Arbeit am Schreibtisch. Dieser Albert Fischer-Dieskau, den der Sohn schon im Alter von 12 Jahren verloren hat, war Altphilologe, Direktor des Zehlendorfer Gymnasiums, ein Schulreformator, aber auch Verfasser von Theaterstücken und Singspielen, die lokale Erfolge erringen konnten. Das Bild dieser schreibenden Tätigkeit scheint schon dem Kind einen bleibenden Eindruck von der Sinnhaftigkeit selbstständigen Nachdenkens und ein Sensorium für sprachliche Formulierungen vermittelt zu haben, das sich freilich zunächst nur in alterstypischen Versuchen an dichterischen Formen niederschlug.

## III.2

Da gab es ferner eine reichhaltige und gut sortierte Fachbibliothek, die neben den Klassikerausgaben auch Nachschlagwerke und wissenschaftliche Spezialliteratur enthielt. Neugierde, Nachahmungstrieb, allmählich reifendes Interesse ließen den Schüler immer häufiger zu Büchern greifen, die bald weit über den Lesedrang und üblichen Horizont eines Halbwüchsigen hinausgingen. Theater- und Opernbesuche drängten ihn über den aktuellen Anlass hinweg zu einer Beschäftigung mit den Quellen und Hintergründen der erlebten Werke. Er verschlang Textbücher und inszenierte Bühnenstücke für ein schlichtes häusliches Puppentheater.

## III.3

Das privat begonnene, ab 1942 an der Berliner Hochschule für Musik fortgesetzte Gesangsstudium führte den 17-Jährigen, der schon in dieser Zeit seine erste *Winterreise* öffentlich sang, zu einem verstärkten Nachdenken über die Beziehung von Wort und Ton, über das Verhältnis zwischen Gedicht und Lied. Wie steht die Verständlichkeit des Textes zu den Geboten musikalischer Phrasierung? Was ist die adäquate Vertonung einer lyrischen Vorlage – Verdoppelung, Gegensatz oder das Füllen von Leerstellen? Warum wurden Texte einiger Dichter so oft und immer wieder vertont, andere wiederum erst spät, selten oder gar nicht dafür entdeckt? Aus welchem Kontext stammt ein lyrisches Gebilde und wie hat es den Musiker erreicht? Ein Studium der Musikwissenschaft und der Germanistik, das ihm systematische Erkenntnisse vermitteln hätte können, verboten die Zeitumstände, es blieb die unermüdliche Eigeninitiative. 1943 wurde der 18-Jährige nach dem Abitur zur Wehrmacht einberufen. Als amerikanischer Kriegsgefangener in Norditalien kam er erst 1947 frei. Wie sehr ihm Lektüre und bescheidene Kunstübung in dieser Phase zur Überlebensstrategie wurden, berichtet er in seiner Autobiografie nachdrücklich.

III. 4

Springen wir in die 50er Jahre: Zahlreiche Rundfunkaufnahmen, das Engagement an der Städtischen Oper Berlin, erste Schallplatten und beginnende Gastspiele auf der Bühne und dem Konzertpodium hatten seine materielle Situation gefestigt. Seine 1949 geschlossene Ehe mit der 1963 bei der Geburt des dritten Kindes tragisch verstorbenen Cellistin Irmgard Poppen verlief in künstlerisch kongenialer Harmonie. Sein unermüdliches Quellenstudium und Nachdenken über musikalische Werke und ihre Schöpfer aber beschenkte nunmehr eine dosierte Öffentlichkeit von Freunden des Hauses. Er veranstaltete immer wieder gastliche Abende, bei denen er in von Lichtbildern und Tonbeispielen unterstützen Vorträgen musikalische Werke erläuterte, aber auch Komponisten in ihrem Werdegang vorstellte. Die Wechselbeziehung zum Rollenstudium wurde ihm zunehmend wichtig und bereicherte sein Auditorium. Aus dem lyrischen Bariton der ersten Opernjahre (Posa 1948, Wolfram 1949) wurde in diesem Jahrzehnt allmählich der Vertreter fordernden, anspruchsvollen Repertoires: 1952 Jochanaan, 1953 Don Giovanni, 1955 Amfortas in Bayreuth, 1956 Busonis Doktor Faust, 1957 Falstaff, 1958 Mandryka in Salzburg, 1959 Mathis der Maler, 1960 Wozzeck.

III. 5

Durch seine Vortragsmanuskripte wurde die Lust am Formulieren gefördert, die Präzision des Ausdrucks geschärft, das terminologische Repertoire erweitert. So lag es nur nahe, sich gelegentlich auch öffentlich schriftstellerischen Aufgaben zu stellen: Einführungstexte für Liederabendprogramme und Booklets für Schallplatten, Zeitschriftenartikel, Vorworte zu Büchern wurden in zunehmender Dichte verfasst. Als Kuriosum und Denksport für sich und die Leser hat er 1958 für die ÖMZ sogar ein kniffliges musikalisches Kreuzworträtsel entworfen.[19]

---

[19] ÖMZ, Herbst 1958, Sonderausgabe: Otto Erich Deutsch zum 75. Geburtstag, S. 334f.

## III.6

Der Musikschriftsteller Fischer-Dieskau trat erstmals 1968 in größerem Rahmen an die Öffentlichkeit. Die Bekanntschaft und spätere Freundschaft mit dem Verleger Heinz Friedrich führte zum Vorschlag, eine Anthologie der wichtigsten deutschsprachigen Liedertexte und ihrer wesentlichsten Vertonungen als praktische Handreichung für Studenten, Künstler und Zuhörer zusammenzustellen. Die lange Konzerterfahrung und eine bereits respektable Diskografie prädestinierten den Sänger für diese Aufgabe, die er gleichwohl nicht auf die editoriale Arbeit beschränken wollte. Der Sammlung des Bandes *Texte deutscher Lieder*, der den Untertitel *Ein Handbuch*[20] mit Recht trägt, geht ein 20-seitiger Essay *Ein Versuch über das Klavierlied deutscher Sprache* (S. 9–29) voraus, der bereits alle Meriten der späteren Bücher vereinigt: hohen Sachverstand, unprätentiösen Stil, die Konzentration auf wesentliche Merkmale. Zwei Kostproben mögen diese Behauptung belegen. Zur Lyrik Eduard Mörikes heißt es:

> [Ihm] verdankt die musikalische Rezitation Unvergleichliches. Er war es, der Hugo Wolf zu einem gesanglichen Deklamationsstil inspirierte: sich rasch vollendend, blieb er ohne Entwicklungsfolgen für das Lied, auch nicht in Wolfs eigenem Œuvre. Er erschloss jedoch den Interpreten Bereiche des Eindringens in die Sprache, von denen bis dahin nicht geträumt wurde. Übersetzt könnte man von Mörike behaupten, er sei der letzte Lyriker gewesen, der berechtigten Anspruch auf Vertonung hätte erheben können.[21]

Zum Komponisten Hans Pfitzner wiederum lesen wir:

> Die geheimnisvollen Verwandtschaftslinien in der Musikgeschichte offenbaren sich selten so deutlich wie beim Anhören von Schumanns »Auf einer Burg«, das, ebenfalls von Eichendorff herrührend, sich wie die Vorahnung eines Pfitzner-Liedes ausnimmt. So darf denn Pfitzner wohl auch als der letzte Erbe und Bewahrer Schumannschen Liedgeistes angesehen werden, archaische und spontan romantische Elemente erstaunlich stimmig in sich vereinend. [...] Aber so romantisch sich Pfitzner auch gibt, so entschlossen zeigt er sich, die Romantik umzufärben. Der bewusst Zurückschauende ist zugleich stärkster Vertreter des bürgerlichen Ideals der Bildung. Mit der Inbrunst des Gelehrten verdenkt er sich in die Vergangenheit, sucht verschüttete Schönheiten im Mittelalter aufzuspüren, wissenschaftliche Probleme zu lösen. Die Eigenart dieser Erscheinungen leuchtet ein. Wagnerianes aus dem Gefühl der noch nicht erfüllten Sendung des Wagnertums, Schumannianer und Brahmsianer aus schöpferischer Begabung, hätte

---

[20] Dietrich Fischer-Dieskau, Texte deutscher Lieder. Ein Handbuch, München: dtv 1968.
[21] Ebd., S. 19.

er die Anlage vermuten lassen, solche Widersprüche in sich zur Harmonie zu führen. Aber seine starre Überzeugung vom Niedergang ringsum, geboren aus einem Überfluss an Charakter und Theorie, stärkte diese säkulare Aufgabe.[22]

Der publizistische, aber auch kommerzielle Erfolg dieses Handbuchs schlägt sich bis heute in einer Vielzahl von Auflagen nieder. Es gibt wohl kaum einen Liederinterpreten, Hobbysänger oder Konzertbesucher, der es nicht griffbereit in seiner Privatbibliothek stehen oder gar auf dem Klavier liegen hat. Die Praxis des Wiederabdrucks hat bislang die Absicht des Essayisten vereitelt, seinen Text ausführlicher zu gestalten und mit neugewonnenen Erkenntnissen, auch mit rezenten Kompositionen anzureichern. So arbeitet der Autor, wie er mir kürzlich am Telefon verriet, an einem eigenen neuen Buch, das die Geschichte des deutschen Kunstliedes in handlichem Umfang und auch für den Laien verständlich darstellen soll.
Fischer-Dieskaus Freude am gelungenen Ausdruck sowie seine Belesenheit zeigt sich oftmals schon in der Titulierung seiner Bücher. *Wenn Musik der Liebe Nahrung ist* z.B. greift auf den ersten Vers von Shakespeares *Was ihr wollt* in der Schlegel'schen Übersetzung zurück. Aber dieser Wortlaut ist nicht bloß hübsches Ornament. Zu diesem Panorama des 19. Jahrhunderts, das schier alle künstlerischen Protagonisten des Zeitalters in einer großen Synopse zusammenführt, sind die Konvergenz, aber auch die Friktion zwischen Liebe und Kunst Leitmotive in den Viten der Schwestern Maria Malibran und Pauline Viardot, deren emotionale Beziehung zum russischen Dichter Iwan Turgenjew das eigentliche Handlungsgerüst des biografischen Roman darstellt.
Zum Titel seiner Geschichte des Gesangs *Töne sprechen, Worte klingen* fühlt man sich nicht nur an einen Ausspruch Grillparzers über Franz Schubert, sondern auch an den Schlussgesang der Gräfin Madeleine in *Capriccio* von Richard Strauss erinnert, wenn es dort heißt: »In eins verschmolzen sind Worte und Töne – zu einem Neuen verbunden.[...] Eine Kunst durch die andere erlöst.«
*Weil nicht alle Blütenträume reiften* charakterisiert die wechselvolle Biografie des Komponisten Reichardt, sein Hoffen wie sein Scheitern, die zukunftsweisenden Pläne und manches Ungemach aus eigener Schuld, endlich auch die getrübte Freundschaft zum Dichterfürsten Goethe. In dessen berühmten, auch von Reichardt vertonten lyrischen Monolog *Prometheus* stehen denn

---

[22] Ebd., S. 24f.

auch die Verse, aus denen das Motto für die Zerrissenheit stammt: »Wähntest du etwa, ich sollte das Leben hassen, in Wüsten fliehen, weil nicht alle Blütenträume reiften?«

Auf Goethe greift auch der Ausdruck »Nachklang« als Schlüsselbegriff der Autobiografie zurück: »Jeden Nachklang fühlt mein Herz / Froh und trüber Zeit, / Wandle zwischen Freud' und Schmerz / in der Einsamkeit« – so lautet eine Strophe des mehrfach vertonten Gedichts *An den Mond*, in der das Clair-obscure einer Lebensrückschau beispielhaft zur Sprache kommt.

## IV. Beispiele in Auswahl

Jedes der Bücher von Fischer-Dieskau verdiente eigentlich eine besondere Analyse und Würdigung, zumal nur wenige in eigenen Vorträgen behandelt werden. Doch das Platzangebot zwingt zu strenger Auswahl. So will und kann ich denn aus jedem Genre nur ein Beispiel in wenigen Sätzen vorstellen und nach Möglichkeit mit zumindest einem Zitat illustrieren.

Eine Textsorte, die der Autor besonders liebt und in der sich Studium, Vorstellungsgabe, Empathie, Intuition und Sprachkunst glücklich begegnen, ist die im französischen Raum heimische ›Biografie romanesque‹. (Aus der neueren deutschen Literatur ließe sich etwa Peter Härtlings Buch *Schumanns Schatten* aus dem Jahr 1996 diesem Typus zurechnen.[23])

Zu einem persönlichen Brief vom 12. August 1995, in dem mir Fischer-Dieskau für einen Essay über Klaus Manns Tschaikowsky-Roman *Symphonie Pathétique* dankt, schreibt er programmatisch von meinem Text als einer Schrift, die

> in Bezug auf die Biografie romanesque auch für mich Ermutigendes zu sagen hat. Für mich als Schreibender, der immer wieder vor der Frage steht, wie anders einer breiteren Leserschaft das Leben und Wirken besonders jener nahegebracht werden kann, die abseits stehen und den meisten unbekannt geblieben sind. Ganz abzusehen von dem erzählerischen Impuls, des so gern über die bloßen Faktenaufzählungen hinausstrebt.

Ein für mich besonders gelungenes Beispiel dieser literarischen Form ist der Band *Fern die Klage des Fauns* aus dem Jahr 1993. Der Untertitel *Claude Debussy*

---

[23] Peter Härtling, Schumanns Schatten. Variationen über mehrere Personen. Köln: Kiepenheuer-Witsch 1996.

*und seine Welt* löst den Anspruch eines musikologischen Fachbuchs über den Komponisten und sein Ambiente durchaus mustergültig ein. Der Text ist chronologisch aufgebaut (*Schwierige Kindheit* – *Die letzte Zeit*), die zahlreichen Kapitel sind den wichtigsten Kompositionen, Bezugspersonen, aber auch Sachthemen wie *Wagnerismus, Symbolismus* oder *Das russische Ballett* gewidmet. Aber eigentlich ist es eine Doppelbiografie oder besser gesagt: die fiktive Lebensbeschreibung aus der Sicht eines Freundes und Kollegen, den Schaffenskrisen und Selbstzweifel periodisch heimgesucht haben – Paul Dukas. Der erste Abschnitt *Epilog als Prolog* führt uns 1919 auf einen Pariser Friedhof, wo die endgültige Bestattung des im Kriegsjahr 1918 nur provisorisch beigesetzten Debussy stattfindet. Und nun folgt die gleichsam poetische Lizenz: »Stellen wir uns vor, Dukas fasste während der Umbettungszeremonie den Plan, die Lebensgeschichte des verehrten Freundes aufzuschreiben. Nicht für andere würde er das tun. Kühn und ehrlich würde er sein.«[24] Wieder daheim zieht sein eigenes Leben an ihm vorüber, stellt er sich die Frage, warum er unlängst alle seine nicht bearbeiteten Kompositionsversuche verbrannte.[25] Und die Einleitung endet mit dem Satz »An diesem und vielen folgenden Abenden beschäftigte ihn das Leben seines bewunderten, manchmal auch beneideten Freundes.«[26]
Wiewohl der Autor diese Vorgabe nach fast Hoffmann'scher Manier ironisch durchbricht (»Zu diesem Zeitpunkt konnte er natürlich nicht wissen, daß der Plan unausgeführt blieb«[27]), bleibt Dukas über weite Strecken des Buches als quasi schattenhaft begleitender Partner gegenwärtig. Und als 1920 die *Revue musicale* zu einem ›Tombeau de Debussy‹ auffordert, fühlt sich der seit Jahren verstummte Komponist »zu brüderlichem Zeugnis aufgerufen«[28] und schreibt sein Stück *La plainte, au loin, du Faune* – also *Fern die Klage des Fauns*. Mit einer schlichten Charakteristik beschließt Fischer-Dieskau das Buch:

> Nun selbst geheimnisvoll, findet er darin zu einer federleichten, neutönerischen, fast atonalen Sprache, die nichts von Gebautem oder nur Erdachtem an sich hat. Sie scheint fortzusetzen, was Debussy in seinen letzten Lebensjahren anstrebte. Sie vereint die Schöpfer von *Pelléas et Mélisande* und *Ariane et Barbe-Bleue* auf anrührende Weise.[29]

---

[24] Fischer-Dieskau, Anm. 10, S. 9.
[25] Ebd.
[26] Ebd.
[27] Ebd.
[28] Ebd., S. 471.
[29] Ebd.

Die Monografie *Wagner und Nietzsche* mit dem sprechenden Untertitel *Der Mystagoge und sein Abtrünniger* versteht sich mit ihren 115 Anmerkungen als streng wissenschaftliches Fachbuch. Wie kaum ein anderes Werk des Autors wurde es von den schreibenden Fachkollegen in der ersten Auflage ignoriert oder abschätzig behandelt. Wollten die Zunftgenossen von der Wagnerforschung unter sich bleiben oder spielten auch menschliche, allzu menschliche Momente eine Rolle?: ›Schuster, bleib als Sänger bei deinem Hans Sachs! Warum musst du dich jetzt auch noch zu Wagner äußern?‹ Sicher, brandneue Fakten oder eine Umwertung aller Werte sind von einem Buch aus dem Jahr 1974 kaum zu erwarten. Aber wie heißt es in der Einleitung:

> Für den Verfasser sind Anziehungskraft und Wirkung Wagners auf Nietzsche eng verwoben mit den kompositorischen Ambitionen des Philosophen – einer Seite in Nietzsches Schaffen, die bisher nur wenig in das Bewusstsein der Leser seiner Schriften gedrungen ist. Es muss jedoch auch in der Wahrnehmung und Würdigung der Komponente ›Nietzsche als Musiker‹ begriffen werden, warum hier zwei gegensätzliche Individualisten zu einander strebten, denen über ein kurzes Nahesein hinaus nur eine ›Sternenfreundschaft‹ beschieden war.[30]

In der Tat hat der Sänger neben vielen Wagnerrollen auch das gesamte einschlägige Liedschaffen des Philosophen öffentlich und für die Platte gesungen, dazu auch die *Manfred-Meditation* und den *Nachklang einer Sylvesternacht* gemeinsam mit Elmar Budde vierhändig eingespielt. Für den Schriftsteller gelten diese »spezifische Blickwinkel und der vertraute Umgang [...] mit den musikalischen Äußerungen beider Meister« als Motivation und Rechtfertigung, »daß es ein Musiker ist, der sich an das Nachzeichnen ihres Doppelbildnisses gewagt hat.«[31] Eine einfühlsame Sympathie für den schwierigen Charakter und die gebrochene Lebenslinie Nietzsches ist dem Buch anzumerken. Die Diskrepanz zwischen der Bewunderung des Komponisten Wagner und seinen Vorbehalten gegenüber dem Menschen gleichen Namens aber hat Fischer-Dieskau auch andernorts freimütig bekannt.
Der Bruch der Freundschaft und die schließlich unüberbrückbare Antipathie zwischen diesen Galionsfiguren der Kulturgeschichte hat viele Facetten, Anlässe und Ursachen, ohne dass sich die Symptome zu einem Syndrom vereinigen ließen: Faktoren sind das fehlende Interesse Wagners an Nietzsches Kompositionen, das unterschiedliche Schopenhauer-Bild der beiden, Nietzsches Enttäuschung über die Entwicklung des Bayreuther Festspiel-

---

[30] Fischer-Dieskau, Anm. 7, S. 7.
[31] Ebd.

gedankens, seine Schwärmerei für Cosima, sein Décadence-Konzept, die Überschätzung seines Schützlings Peter Gast usw. Der Autor resümiert, dass

> der Eifer in seiner Verachtung Wagners verrät, wie bestimmend für ihn der zum Feind gewordene Freund immer blieb, von dem er sich so weit entfernt glaubte. Die Fragen, die ihm aus Wagners Musik erwuchsen, mußten letztlich unbeantwortet bleiben. Nietzsche beklagte, daß die Musik durch Wagner ihren bejahenden Charakter verloren habe. Ahnte er, daß er erst die Anfänge solchen Verlustes erlebte?[32]

Die Arbeit an *Töne sprechen, Worte klingen*[33] fällt in eine Zäsur von Fischer-Dieskaus Lebensbahn. Er hatte 1982 von der Bühne Abschied genommen, um sich bis 1992 als Sänger nur noch dem Konzertpodium und dem Aufnahmestudio zu widmen. Dazu kommt ab 1983 seine Lehrtätigkeit an der Hochschule der Künste in Berlin. Zum Gefolge dieser Professur hielt er bis zuletzt nur mündlich Meisterkurse im Bereich des Liedgesangs.

Genug der Gründe, um sich enzyklopädisch mit einer Geschichte und Interpretation des Gesangs auseinanderzusetzen.

> Modulierter Laut, als eine unter vielen Möglichkeiten der Mitteilung, stand am Beginn. Die jeweils zweitbedingte Singart bedeutete der Urmelodie gegenüber nur vergängliche Einkleidung dessen, wie sich menschliches Empfinden sinnlich übertragen ließ. Aber der Kern des Mitgeteilten spottete jeder Zeit. Ohne ihn könnten wir das aus der Vergangenheit Übernommene gar nicht nachvollziehen.[34]

Fünf Abschnitte (»Gesang ohne Sänger«, »Gesang und Theater«, »Gesang in der Werkstatt«) bieten eine unerschöpfliche Fülle von Themen, Problemen und Perspektiven, vermitteln dabei stets zwischen Musikgeschichte, vokalen Methoden und sängerischer Praxis. Wer sich über Eichendorff oder Heine als Lyriker informieren will, wird ebenso fündig wie der Interessent für Händels Oratorien, den Stil des Verismo oder verschiedene Tendenzen in der Opernregie. Die Frage des szenischen Werktitels »Prima la musica e poi le parole?« lässt der Autor offen bzw. bestreitet ihre Lösbarkeit, vielleicht sogar ihre Berechtigung:

»Gesang lebt in Tönen und Worten. Und der fruchtbare dreihundertfünfzigjährige Wettstreit zwischen ihnen setzt sich hoffentlich fort [...]«.[35]

---

[32] Ebd., S. 231.
[33] Fischer-Dieskau, Anm. 8.
[34] Ebd., S. 9.
[35] Ebd., S. 477.

Ich schließe dieses Kapitel mit je einem Wort zu zwei der Komponistenportraits des Musikdenkers.

Die 558 Seiten starke Wolf-Monografie[36] ist für mich trotz der Bücher von Frank Walker[37] und Kurt Honolka[38] die vollständigste und gültigste Publikation zu Leben und Werk dieses Schwierigen. Bislang unveröffentlichte Dokumente und Familienbriefe aus dem Nachlass von Walter Legge stellen viele Problemfelder auf ein neues Fundament: Das gilt für den Schaffensprozess ebenso wie etwa für die vielschichtige Beziehung zum Lebensmenschen Melanie Köchert. Wolfs Vertonungen von Gedichten als Schrift von der Exegese zur Anverwandlung zu sehen ist ein ebenso fruchtbarer Gedanke wie das Wort von der »Ambivalenz von gewaltsamem Zugriff auf die Dichtung und liebender Hingabe an sie.«[39]

Die Zelter-Biografie[40] weckt Verständnis und Sympathie für diesen oft als mediokres Talent und eitlen, grobschlächtigen Zeitgenossen diskreditierten Komponisten. Viele seiner persönlichen Züge werden aus einem schwierigen Lebensweg und herben Schicksalsschlägen verständlich. Seine tiefe Freundschaft und sein Briefwechsel mit Goethe – aus dem der Autor oft mit Gert Westphal öffentlich gelesen hat – offenbaren ein kaum je gestörtes Verhältnis wechselseitigen Vertrauens und gelebter Nähe. So ist Zelter dem Dichter kaum zwei Monate nach dessen Tod gleichsam nachgestorben. Das Kapitel »Die Musik und Goethe« (S. 63–76) behandelt ein oft diskutiertes Problem differenziert und behutsam.

Für den von Doris Langer sorgfältig zusammengestellten Anhang mit einer chronologischen Auflistung aller nachgewiesenen Kompositionen Zelters werden auch die musikalischen Praktiker mehrerer Genres dankbar sein.

Der Musikdenker Fischer-Dieskau hat auch als Interviewpartner in druckreifer Formulierung Wesentliches zu sagen: Man nehme nur Wolf-Eberhard von Lewinskis Taschenbuch[41] oder den gewichtigen Band von Eleonore Büning[42] zur Hand. Dass sich in den 15 Jahren zwischen den beiden Titeln bisweilen Pessimismus eingeschlichen hat und manche Diagnose oder

---

[36] Fischer-Dieskau, Anm. 5.
[37] Frank Walker, Hugo Wolf. Eine Biographie, Graz/Wien/Köln: Styria 1953.
[38] Kurt Honolka, Hugo Wolf. Sein Leben, sein Werk, seine Zeit, Stuttgart: DVA 1988.
[39] Fischer-Dieskau, Anm. 5, S. 13.
[40] Fischer-Dieskau, Anm. 12.
[41] Wolf-Eberhard von Lewinski, Dietrich Fischer-Dieskau. Tatsachen – Meinungen – Interviews, Mainz: Schott/München: Piper 1988.
[42] Dietrich Fischer-Dieskau, Musik im Gespräch. Streifzüge durch die Klassik mit Eleonore Büning, Berlin: Propyläen 2003.

Prognose – etwa zum Regietheater oder dem Berliner Kulturleben – von Enttäuschung überschattet ist, wird aus den Erfahrungen eines erfüllten Künstlerlebens verständlich.

## V. Ein subjektives Nachwort

Ich habe mein Referat mit persönlichen Bemerkungen begonnen und will es auf ebensolche Weise abschließen. Man kreidet es mir hoffentlich nicht als Eitelkeit an, wenn ich kurz auf drei Texte verweise, die Fischer-Dieskau für mich bzw. auf meine Anfrage hin geschrieben hat. Meiner Bitte um einen Beitrag für das Programmheft zu Mozarts *Don Giovanni* der Wiener Staatsoper ist er 1991 mit dem Essay *Wer ist dieser Don?* nachgekommen. Nach Betrachtungen über den vieldiskutierten Gattungsbegriff dieser Oper beleuchtet er stoffgeschichtlich das Verhältnis von Verführertum und lästerndem Spott in der Titelfigur und erkennt in Mozarts/Da Pontes Protagonisten den vollständigen Außenseiter: »Er verachtet und überwindet, was ihn zur Demut verführen oder um Verzeihung bitten lassen könnte [...]. Mögen noch so lieblich abschließende Stimmen den Schluss versöhnlich färben – Giovanni ist ohne Gnade, ohne Flehen zugrunde gegangen.«[43]
Doch der Outcast der Gesellschaft hat sich die Gunst der Opernbühne erobert, »die für ein Publikum spielte und es noch tut, das fast einhellig zustimmend urteilte und damit nicht nur ein Prinzip zum Fetisch erhob, sondern die Revolution des Opernmythos zu neuen Formen hin beschleunigen half.«[44] Auch meine Anfrage nach einem Artikel für mein Programmheft zu Pfitzners *Palestrina* von 1999 blieb nicht ungehört. Unter dem Titel *Zur Palestrina-Dichtung* verglich der Autor Pfitzners *Musikalische Legende* zunächst mit Busonis *Doktor Faust* und Hindemiths *Mathis der Maler*. Es gilt ihm als Wunder, »daß Pfitzner mit sparsamem Aufwand Archaisches erfand, ohne historische Formen zu wiederholen.«[45] Mit seinem Textbuch aber erreichte er »eine Spiritualisierung des Operntextes, ein Libretto ohne Manierismen,

---

[43] Dietrich Fischer-Dieskau, Wer ist dieser Don?, in: Programmheft zu Don Giovanni der Wiener Staatsoper 1991, S. 34f.
[44] Ebd., S. 35.
[45] Dietrich Fischer-Dieskau, Zur Palestrina-Dichtung, in: Oswald Panagl (Hg.), Programmheft zu Palestrina 1999, S. 35.

eine Dichtung, die mit ihrem Rang einer nicht mehr ganz autonomen Musik zur Verfügung stand«.[46]

Als mir Kollegen, Schüler und Freunde zum 65. Geburtstag 2004 eine Festschrift[47] überreichten, fand ich zu meiner Freude unter den Beiträgen auch den Namen Fischer-Dieskau. Unter dem Titel *Wagners Schusterpoet* widmete er mir eine Synthese seiner gestalterischen Erfahrung mit der Analyse und unvergleichlichen Bühnengestalt des Hans Sachs, in der scheinbar gegenläufige Merkmale zu einer seltsamen Einheit verschmelzen: Traditionsbewusstsein und Sinn für das Neue, Knorrigkeit und Sensibilität, Züge von Bosheit und reiche Humanität, wache Leidenschaft und weiser Verzicht.[48] Ich fühlte und fühle mich durch diesen Text reich beschenkt.

Nachwort Mai 2012

Zuletzt arbeitete der unermüdliche Musikdenker an drei weiteren Buchprojekten. Neben der bereits als Vorhaben erwähnten Geschichte des Kunstliedes (vgl. S. 181) beschäftigten ihn noch ein neues Buch zu Robert Schumann sowie eine weitere ›Roman-Biografie‹ über schöpferische Künstlerpersönlichkeiten im 19. Jahrhundert.

---

[46] Ebd.
[47] Thomas Krisch (Hg.), Analecta homini universali dicata: Arbeiten zur Indogermanistik, Linguistik, Philologie, Politik, Musik und Dichtung. Festschrift für Oswald Panagl zum 65. Geburtstag, Stuttgart: Heinz 2004.
[48] Ebd., S. 799–802.

KLAUS ARINGER (OBERSCHÜTZEN)

# Dietrich Fischer-Dieskau
# über Fragen musikalischer Interpretation

In seinen Schriften und Interviews offenbart sich Dietrich Fischer-Dieskau als kritisch-traditioneller Künstler, der auf der Basis eines aus vielen Quellen geschöpften Wissens über die Probleme und Widersprüche seines (Sänger-) Metiers nachdenkt. Interpretation bedeutet für ihn eine möglichst umfassende, in entscheidender Weise auch rational begründete und kontrollierte persönliche Stellungnahme gegenüber dem Kunstwerk, abseits aller Moden und beharrender Traditionen. Während seine Positionen zu Interpretationsfragen über Jahrzehnte hinweg als allgemein akzeptierte Maximen eines auf der Höhe seiner Zeit stehenden Künstlers gelten können, steht der späte Fischer-Dieskau weithin anerkannten neueren Erkenntnissen historischer Aufführungspraxis ablehnend gegenüber.

In his writings and interviews Dietrich Fischer-Dieskau reveals himself as a traditional but critical artist, who reflects the problems and contradictions of the singer's profession on the basis of comprehensive knowledge. For him, interpretation means a preferably all-embracing, in crucial moments also rationally founded and controlled personal comment on the work of art, separated from all kinds of fashions and persistent traditions. While, for decades, his interpretational positions have been regarded as widely accepted maxims of an up-to-date artist, the later Fischer-Dieskau refuses generally acknowledged findings of historically informed performance practice.

## I.

Zur unbestrittenen Ausnahmestellung Dietrich Fischer-Dieskaus unter den Musikern seiner Generation trägt das weit über die Grenzen seines Metiers hinausreichende Interesse an Kunst, Literatur und Wissenschaft entscheidend bei. Fischer-Dieskau ist der seltene Fall eines Musikers, dessen vielseitige künstlerische Begabung und Arbeitsdisziplin neben dem Singen langjährige intensive Beschäftigungen mit dem Dirigieren, Schreiben und Malen einschließt, ohne dass dies seine eigentliche Profession als Sänger jemals ernsthaft in Frage gestellt hätte. Mehr als die Hälfte seines Berufslebens prägte das befruchtende Neben- und Ineinanderwirken künstlerischer Mehrfachbetätigung das Bild seiner Persönlichkeit, seit den 1970er Jahren immer stärker auch in der Öffentlichkeit. Dem »Buchautor von umfassender

Bildung«,[1] »wahrhaften Polyhistor und ›homme de lettres‹«[2] wurde von verschiedensten Seiten große Anerkennung zuteil. Eine zum 70. Geburtstag des Sängers 1995 publizierte Biografie[3] gliedert sich in fünf große Kapitel, von denen die Darstellung des Sängerlebens erwartungsgemäß mehr als zwei Drittel des Gesamtumfanges (223 Seiten) und damit den weitaus größten Teil des Buches einnimmt. In abnehmender Ausführlichkeit widmet der Biograf dann aber kürzere Kapitel dem Schriftsteller (33 Seiten), dem Dirigenten (11 Seiten), dem Lehrer (8 Seiten) und dem Maler (7 Seiten). An anderer Stelle werden als Tätigkeitsfelder »Sänger, Gesangspädagoge, Autor und Dirigent« genannt.[4] Auch wenn die quantitative Gewichtung und qualitative Bewertung der Betätigungsfelder vom Sänger abgesehen schwankt und sie inzwischen durch weitere öffentliche Tätigkeiten (wie dem Rezitator) zu ergänzen wäre,[5] lässt sich mit Eleonore Büning schlüssig folgern: »Kein anderer Sänger im zwanzigsten Jahrhundert lebt eine vergleichbare Bandbreite an Begabungen aus.«[6]

Texte über Musik und Fragen der Kunst prägen Fischer-Dieskaus Tätigkeit seit den frühen 1960er Jahren, veröffentlicht zuerst in Zeitungen und Zeitschriften sowie in Schallplattenbegleitheften. Wenn man ihm selbst Glauben schenkt, dann kam der Impuls zu seiner ersten Buchpublikation von außen. In seinen 1987 erschienenen Erinnerungen liest sich das so:

> 1965 lockte mich Heinz Friedrich aus der vertrauten Sphäre des Nur-Musikmachens heraus. In Ruths elegantem Salon schlug mir der universal gebildete Verleger vor, ich solle ihm ein Buch mit den meistgesungenen Texten zu deutschen Klavierliedern zusammenstellen und es einleiten. Aus dieser Unterredung entstand ein stetiger Austausch, der auch durch längere Pausen in der Kommunikation nicht zu beeinträchtigen war. Und daß wir uns in manchen musikalischen Fragen gestritten haben, machte uns nur zu intensiveren Gesprächspartnern.[7]

---

[1] Kurt Malisch, Fischer-Dieskau, Dietrich, in: MGG² PT 6, Sp. 1273.
[2] Dietrich Fischer-Dieskau, Musik im Gespräch. Streifzüge durch die Klassik mit Eleonore Büning, Berlin: Propyläen 2003, S. 9.
[3] Hans A. Neunzig, Dietrich Fischer-Dieskau. Eine Biographie, Stuttgart: DVA 1995.
[4] Malisch, Anm. 1, Sp. 1271.
[5] Zum Regieführen hat sich der Opernsänger, weil er nach eigener Aussage nicht über das Handwerk zur Verwirklichung seiner Vorstellungen verfüge, nie entscheiden können, vgl. Fischer-Dieskau, Anm. 2, S. 172.
[6] Ebd., S. 9.
[7] Dietrich Fischer-Dieskau, Nachklang. Ansichten und Erinnerungen, Stuttgart: DVA 1987, S. 299f.

Verleger-Angebote erreichten Fischer-Dieskau in der Folge mehrfach, aus dem berühmten Sänger wurde ein sehr erfolgreicher, vielfach übersetzter Autor, dessen Publikationsliste inzwischen eine stattliche Länge erreicht hat.[8] Thematisch fokussieren die Bücher Fischer-Dieskaus seine künstlerischen Hauptbetätigungsfelder: einerseits die großen Liedkomponisten Zelter, Reichardt, Schubert, Schumann, Brahms und Wolf, anderseits beschäftigen sie sich mit Künstlerfreundschaften und -schicksalen. Nicht zuletzt kommen immer wieder auch Interpretationsfragen zur Sprache. Fischer-Dieskau ist wohl einer der prominentesten Vertreter jener spezifischen Interpretationskultur, welche das Musikleben der zweiten Hälfte des 20. Jahrhunderts wesentlich prägte. Neben einer Vielzahl von Interviews hat Fischer-Dieskau zu diesem Themenkreis zusammenhängend und ausführlicher vor allem in seiner 1984 gehaltenen Rede zur Verleihung des Ordens »Pour le merite« (*Welche Freiräume hat der musikalische Interpret?*[9]), dem 1985 erschienenen, der Geschichte und Interpretation des Gesangs gewidmeten Buch *Töne sprechen, Worte klingen* und dem 2003 publizierten Interview-Band *Musik im Gespräch* Stellung bezogen.

## II.

Fischer-Dieskau steht in der Reihe derjenigen Musiker, die sich im 20. Jahrhundert über Musik und musikalische Interpretation geäußert haben, als Sänger ziemlich vereinzelt da. Beherrscht wird diese Personengruppe traditionell von Dirigenten und Instrumentalisten. 1967 bezeugte er in einem Geleitwort für das Buch eines befreundeten Künstlers respektvoll: »Es dürfte unter den darstellenden Künstlern nicht viele geben, die es wagen können, ihren Gedanken, mit denen sie sich selbst und ihr Tun kommentieren oder über Verwandtes meditieren, auch im Buchstaben Gestalt zu geben«.[10] Traditionelle Erklärungsmuster für schriftliche Äußerungen von Musikern gehen bei Fischer-Dieskau weitgehend ins Leere: Weder die Tradierung einer pädagogischen Unterweisung noch die Absicht, mit Worttexten der Vergänglichkeit des Klanges zu entgehen, kommen bei einem passionierten Lehrer

---

[8] Die momentan vollständigste Übersicht der Schriften findet man unter: http://www.mwolf.de/autor.html (download 17. Februar 2011).
[9] Die Rede floss in veränderter Form als Schlusskapitel in das Buch Töne sprechen, Worte klingen ein.
[10] Jörg Demus, Abenteuer der Interpretation, Wiesbaden: F. A. Brockhaus 1967, S. 9.

und Interpreten, dessen Karriere weitgehend auf Tonträgern dokumentiert ist, als Gründe ernsthaft in Frage. Vielmehr verdanken sich Fischer-Dieskaus Schriften vor allem einer unverhohlen gefrönten »Lust an der Sprache«[11] und dem Drang, etwas vom sich selbst erarbeiteten Wissen um die gesungene Literatur und ihres Kontextes an seine Hörerschaft weiterzugeben. Entscheidende Vorstufe auf diesem Weg waren die zwischen 1952 und 1963 sorgsam vorbereiteten und von ihm moderierten Hausmusikabende vor geladenen Gästen.[12] Fischer-Dieskaus Texte entspringen weder einer wissenschaftlichen Methodik (fehlende Nachweise verschleiern seine Quellen in den meisten Fällen und erschweren die Rückverfolgung erheblich), noch ist sein Darstellungsstil im eigentlichen Sinne als populär zu bezeichnen. Er fordert von seinem Leserkreis wie von seinen Hörern den aktiven Mitvollzug seiner Gedanken. Mit Worten versucht er die Hintergründe des Kunstwerkes und die Anforderungen an die Wiedergabe zu erhellen, nicht jedoch das Kunstwerk an sich. Singen und Schreiben sind ihm intellektuell in ihrem unterschiedlichen Wesen klar präsent: »Der Schreibende von Worten oder Noten [...] hat seinen Kosmos in und um sich und bringt ihn in eine Vorform des Mitteilens. Der zur Mitteilung selbst Aufgerufene dagegen setzt sich gleichsam der Überprüfung des Spiegelbildes aus.«[13]
Selbstverständlich sind alle Texte zuvorderst eine Werbung für den von Schwierigkeiten wie Faszination gleichermaßen gekennzeichneten Beruf des Sängers. Eine Äußerung in einem Interview von 1988 erklärt explizit, wie er seine Schriften verstanden wissen will: Zwar verarbeiteten sie Reflexe seiner künstlerischen Arbeit, zugleich aber nähmen sie bewusst Abstand vom für den Sängernachwuchs konzipierten Ratschlag:

> Wer zu lesen versteht [...], entnimmt dem Buch so manche persönliche Erfahrung mit der Interpretation. Anweisungen zur Ausführung haben aber immer etwas Mißverständliches und sind zudem nicht allgemein gültig, sondern müssten mit dem einzelnen Sänger erarbeitet werden. Darum ließ ich das reine Sänger-Studio gerne in den Büchern aus.[14]

---

[11] Wolf-Eberhard von Lewinski, Dietrich Fischer-Dieskau. Interviews – Tatsachen – Meinungen, Mainz: Schott 1988, S. 136.
[12] Vgl. Neunzig, Anm. 3, S. 87.
[13] Dietrich Fischer-Dieskau, Töne sprechen, Worte klingen. Zur Geschichte und Interpretation des Gesangs, Stuttgart: DVA/München: Piper 1985, S. 471.
[14] Lewinski, Anm. 11, S. 136.

Damit enttäuscht der Autor Fischer-Dieskau von vornherein Erwartungen, die in den Texten vor allem eine Kommentierung oder gar Erklärung interpretatorischer Entscheidungen suchen, auch wenn sich hierin seine Erfahrungen als Künstler vielfach niederschlagen. Konkrete, im Kontext bestimmter Gattungen stehende Interpretationsprobleme werden von ihm wiederholt angesprochen. Einige besonders charakteristische seien hier herausgegriffen.

Eine grundsätzliche Problematik in der Beurteilung von Sängerleistungen liegt für Fischer-Dieskau in den beiden verschiedenen Typen von Sängernaturen: einerseits solchen mit vorwiegend kantabler, andererseits solchen mit deklamatorischer Stimmveranlagung. Seine Kritik an den »schönen Stimmen« gemahnt in veränderter Akzentuierung an entsprechende Passagen bei Rudolf Kolisch und Theodor Adorno.[15] »Ausschließlich schöne Stimmen« seien der Gefahr ausgesetzt, Interpretation zugunsten einer »entzückenden Hülle« und einer Tarnung »mit Naturhaftigkeit« zu vernachlässigen.[16] Wie kaum anders zu erwarten, verweist er vor allem auf solche Stellen, denen mit bloßer Stimmschönheit nicht beizukommen ist: etwa auf Beethovens widerborstige Dynamik und jene staccato-Passagen, »bei denen nicht nur Silben deutlich ausgesprochen und in klarer Tonhöhe gesungen werden, sondern auch die Silbenlängen bewusst in Relation zu den Pausenlängen stehen sollen.«[17] Nach Fischer-Dieskaus Überzeugung macht »eine gute Deklamation, die den Sinn der gesamten Phrase erfaßt«, sogar eine kompositorisch nachlässig gehandhabte Prosodie erträglich.[18] Eine deklamatorisch ausgerichtete Gedichtvertonung biete dem Sänger die Chance, »der Sprache und ihren Lauten« so intensiv nachzuhören, dass sie »zum gedanklichen und technischen Kern seiner Interpretation« werden könnten.[19] In diesen Kontext gehört auch der Hinweis auf »Vortragsindikationen, die nicht etwa in den Noten, sondern in den Gedichtworten stehen«. Als Beispiel wird auf die dreifach unterschiedliche Formung des t-Lautes in Brahms' *Sapphischer Ode* op. 94 Nr. 4 verwiesen, die bei der Stelle »Tauten die Tränen« vom weichen Anlaut in Normallänge über eine Aussprache ohne weich machendes h nach dem t zu einem th in etwa doppelter Länge, die »das Feuchte der

---

[15] Theodor W. Adorno, Zu einer Theorie der musikalischen Reproduktion, Frankfurt a.M.: Suhrkamp 2001, S. 130f., 355 (Fußnote 136).
[16] Fischer-Dieskau, Anm. 13, S. 466.
[17] Ebd., S. 62f.
[18] Ebd., S. 78.
[19] Ebd., S. 111.

Tränen mitmalt«, reiche.[20] In Verdis parlando-declamato-Textbehandlung sieht Fischer-Dieskau gleichfalls ein vom Komponisten genauestens kalkuliertes Kompositionsmittel, dem »unbedingt Folge zu leisten [sei], auch wenn der Vortragende Gefahr [laufe], von Opernfans ohne Kenntnis der Opern (deren es auch unter Kritikern nicht wenige geben soll) mit dem Vorwurf des ›Sprechgesangs‹ bedacht zu werden.«[21] Fischer-Dieskaus Seitenhiebe auf Unverstand und Voreingenommenheit zielen auch auf eigene Widersacher; sich der Kunst zu verschreiben, diese zu interpretieren birgt für den Künstler Gefahren, von als weniger kundig Eingestuften missverstanden zu werden. Zu den größten Herausforderungen zählt Fischer-Dieskau die Bewältigung der Gegensätze in Schuberts *Winterreise*:

> Je bewußter ein Sänger zur Interpretation ansetzt, desto stärker wird er sich an solcher Gegensätzlichkeit reiben. Er wird das problematische Spannungsverhältnis zwischen Deklamieren des Textes und Eigenanspruch musikalischer Phrase an sich selbst erleben, vielleicht hörbar werden lassen. Dies kann ihm zwar den Vorwurf des Raffinements eintragen, aber er darf sich mit dem Komponisten, der bei den Freunden – gerade wegen seiner Schattierungen des »Düsteren« – auf Unverständnis stieß, einig wissen.[22]

Die geschärfte Aufmerksamkeit für den Sprachklang machte Fischer-Dieskau früh zu einem vehementen Verfechter der Originalsprachen. Bei seiner Begründung belässt er es nicht nur bei einem Hinweis auf die die Kompositionsidee inhaltlich verfälschenden Übersetzungen, sondern verweist zugleich darauf, dass eine »Unzahl von Konsonanten« im Parlando »den schlackenlosen Nachvollzug des richtigen Tempos« boykottiere und die den slawischen Sprachen eigenen Akzente auf den Mittel- und Endsilben mit deutschem Text musikalisch widersinnig erscheinen. Nicht immer stelle »die Sinngenauigkeit von Wort zu Wort das Patentrezept des Gelingens« von Übertragungen dar, »sondern vor allem die Annäherung an die Vokalfärbung des Urlibrettos.« Seiner Meinung nach sollte einem »Sänger mit Gefühl für die Sprache« die Freiheit eingeräumt sein, hier »selbst verbessernd einzugreifen«.[23] Die Internationalisierung des Opern- und Konzertlebens hat Fischer-Dieskau Recht gegeben, doch stellten sich damit andere Probleme ein, wenn der Sprachklang als reines Timbre von der Semantik abgekoppelt

---

[20] Ebd., S. 112.
[21] Ebd., S. 366.
[22] Ebd., S. 77.
[23] Ebd., S. 362f.

wird. Hermann Danuser sah in der von Fischer-Dieskau praktizierten überzeichneten Differenzierungskunst auf diesem Feld geradezu einen Ersatz für eine verloren gegangene sprachliche Semantik.[24]
Wesentliche Aufgaben der musikalischen Interpretation liegen für Fischer-Dieskau auch darin, überkommenen Klischees und verfälschenden Darbietungen entgegenzutreten. Manche Schwierigkeiten (etwa bezüglich Anton Weberns instrumentaler vokaler Gebärde und rhythmischer Textdeklamierung) seien vom Sänger in »Überwindung von Paradoxien«[25] auszugleichen, andere Anforderungen der Komponisten seien überhaupt nur eingeschränkt oder gar nicht realisierbar (erwähnt werden der schwierige Spagat zwischen Zurückhaltung und emphatischem Nachdruck in den *Faust-Szenen* von Robert Schumann und die Reihung von dauernden Höhepunkten in Wagners *Tristan und Isolde*).[26]

## III.

Aus den zitierten Äußerungen dürfte klar geworden sein, dass Fischer-Dieskau weitgehend dem traditionellen Interpretentypus zuzuordnen ist, während er den beiden anderen von Hermann Danuser idealtypisch umrissenen Modelltypen ziemlich fern steht.[27] Bewusst auf Distanz geht er zum Modus des aktualisierenden Interpreten, der das Repertoire aus der Vergangenheit aus dem Blickwinkel einer ästhetischen Aktualität heraus deutet. Mit der seit den 1920er Jahren von Komponisten unterschiedlichster Couleur verfochtenen Einschränkung der Interpreten-Freiheiten konnte sich Fischer-Dieskau nie anfreunden, strikt ablehnend stand er der Ästhetik der 1950er und -60er Jahre gegenüber, die Interpretation als überwundenes Relikt ganz auszuschalten trachtete oder als Mittel der Verfremdung gebrauchte. Für Fischer-Dieskau bedarf es auch und gerade in zeitgenössischer Musik unverzichtbar des Interpreten, weil nur er den direkten Kontakt mit den Hörern vermitteln kann.
Ein großer Abstand trennt ihn vom Typus des historisch-rekonstruktiven Interpreten, von dem er sich immer wieder dezidiert abgrenzte. Ganz ab-

---

[24] Hermann Danuser (Hg.), Musikalische Interpretation, Laaber: Laaber 1992 (=Neues Handbuch der Musikwissenschaft, Bd. 11), S. 406.
[25] Fischer-Dieskau, Anm. 13, S. 178.
[26] Ebd., S. 235, 378.
[27] Vgl. Danuser, Anm. 24, S. 13–17.

gesehen davon, dass sein Künstlerideal jeder Spezialisierung abhold ist,[28] hielt er auch bei älterer Musik eine in begrenztem Ausmaß hinterfragte traditionelle Überlieferung einer dem historischen Wissen verpflichteten Spielweise überlegen. Apodiktisch zugespitzt meinte er dazu: »Lebendige Tradition kann durch die Frage nach der Historie nicht ersetzt werden.«[29] Im Kontext der Werke Bachs äußerte er:

> Rekonstruktionsversuche alter Musik, so originell und klanglich reizvoll sie auch anmuten mögen, wirken doch meist wie eine aufgepreßte Matrix. Musikalische Form und ihre Umsetzung in heutige Schreibweise sind andererseits wohl nachvollziehbar, bleiben aber hinter dem ursprünglichen Erlebnis zurück. Das Wichtigste, die Erlebnisebene damaliger Zeit, wird keiner mehr betreten können. Damals mag sogar das »objektivierende« Vorführen der Partitur schon genügt haben, um im Zuhörer jenen Kosmos aufzubauen, den wir heute, mit »zeitgeistigen« Emotionen und Verhaltensweisen belastet, mühsam nachzuzeichnen versuchen.[30]

Dieser immer wieder in unterschiedlichen Kontexten geäußerte Standpunkt scheint einleuchtend, ist in Wirklichkeit jedoch anachronistisch, selbst wenn man konzediert, dass das ästhetische Bewusstsein der Menschen von heute nicht mehr das früherer Zeiten sein kann.[31] 2003 hat er seine Argumente in Gesprächen mit Eleonore Büning bekräftigt und seine teilweise nachvollziehbare Kritik am »Fetischismus des Authentischen«[32] unglücklicherweise um fragwürdige Vorurteile bereichert:

> Wie die Aufführungen zur Entstehungszeit des jeweiligen Werkes geklungen haben, ahnen wir nur. Wir werden es niemals wissen [...]. Sicherlich gibt es Versuche aller Art, das Klangbild in Richtung auf einen ›authentischen‹ Charakter hin zu ändern. Nehmen wir zum Beispiel das vibratolose Musizieren. Auch wenn Sie gar keine Ahnung haben von den vielen tonbildnerischen Möglichkeiten der Stimme, wenn Sie einfach nur Töne von sich geben, so ergibt sich doch bei den meisten Stimmen ein ganz natürliches Vibrato, ob es Ihnen nun gefällt oder nicht. Dieses Vibrato künstlich zu verleugnen erscheint mir verkrampft, auch und gerade bei den Streichinstrumenten, die sich im Grunde immer darum bemüht haben, die menschliche Stimme nachzuahmen. Außerdem würde ich häufig die Wahl der Tempi, die rhythmische Seite der Aufführungen hinterfragen. Meist werden meines Erachtens völlig überzogene Tempi gewählt. Ob sie historisch so

---

[28] Fischer-Dieskau, Anm. 2, S. 211f.
[29] Fischer-Dieskau, Anm. 13, S. 197.
[30] Ebd., S. 197.
[31] Fischer-Dieskau, Anm. 2, S. 35.
[32] Ebd., S. 248.

rasch ausfielen, wie sie heute genommen werden, kann niemand belegen. Auch die Neigung, alles metronomisch streng durchzumusizieren, halte ich für fragwürdig. Einem reinen Metronomstück fehlt fast immer das Leben. Aber es gibt keine Musik, die nicht ihre Lebensströme in sich birgt und einen eignen Atem hat – und der sollte zu spüren sein.[33]

Von der insbesondere seit den späten 1980er Jahren (nicht nur im angelsächsischen Raum) intensiv und differenziert geführten Diskussion über ›Authentizität‹ im Kontext der musikalischen Aufführungspraxis lässt seine rigorose Abwehrhaltung nichts ahnen.[34] Ebenso wenig scheint er sich mit grundlegenden neueren Erkenntnissen der Aufführungspraxis des 19. und frühen 20. Jahrhunderts auseinandergesetzt zu haben, die nicht nur über Art und Anwendung des Vibratos ziemlich genaue Vorstellungen geben.[35] Dass sich an Beethovens Metronomisierungen die Geister scheiden, wie Fischer-Dieskau behauptet, lässt sich zwar mit Recht für das Gros des Musiklebens nach dem Zweiten Weltkrieg behaupten, seit einigen Jahren aber gilt dies nur noch in abgeschwächter Form. Immer mehr setzt sich auch bei Dirigenten und Instrumentalisten die Einsicht durch, dass Beethovens Angaben von einzelnen Ausnahmefällen abgesehen durchaus als »musikalisch sinnvoll, spielbar und daher auch richtig« einzustufen sind.[36] Fischer-Dieskau:

> Sich nach diesen Angaben zu richten ist aber irreführend, weil Beethovens Metronome nicht genau funktionierten, sie waren entweder defekt oder gar nicht richtig geeicht. Etwas zugespitzt könnte man sagen: Die Metronomzahlen bei Beethoven geben eher eine Tendenz an und keineswegs exakt das Tempo, so wie er es sich vorgestellt hat.[37]

Diese Einstellung propagiert in ihrer Pauschalität ein wissenschaftliches und praktisch widerlegtes Vorurteil. Paradoxerweise spricht sich Fischer-Dieskau hingegen auf einem anderen, der musikalischen Aufführungspraxis nur scheinbar parallelen Sektor der Inszenierung durchaus für die Wiederbelebung historischer Modelle als Gegengewicht zum Regietheater aus:

---

[33] Ebd., S. 32f.
[34] Vgl. hierzu zusammenfassend: Bernard D. Sherman, Authenticity in Music, in: Encyclopedia in Aesthetics 1, ed. by Michael Kelly, Oxford: Oxford University Press 1998, S. 166–169.
[35] Clive Brown, Classical and Romantic Performing Practice 1750–1900, Oxford: Oxford University Press 1999, S. 299–309 (Tempo), 517–557 (Vibrato).
[36] Heinz von Loesch/Claus Raab (Hg.), Das Beethoven-Lexikon, Laaber: Laaber 2008 (=Das Beethoven-Handbuch, Bd. 6), S. 500.
[37] Fischer-Dieskau, Anm. 2, S. 203.

»Weshalb soll das Ideal einer ›historischen Aufführungspraxis‹ nicht auch für den Teil der Kunst gelten, den wir mit dem Auge aufnehmen? Dass es nur für das Ohr gelten soll, ist doch eine seltsame Inkonsequenz!«[38]

## IV.

Interpretieren heißt für Fischer-Dieskau immer, eine persönliche Position zu beziehen. Die Basis hierfür ist eine umfassende Vorbereitung, in deren Mittelpunkt das zu studierende Werk – nicht die Interpretationen anderer – steht. Allem voran geht ein akribisches Studium des Notentextes, da oft vernachlässigt werde, »was aus der Notation abzulesen ist«.[39] »Rezeptionsgeschichte, Selbstverständnis des Komponisten in seiner Zeit und Material zum Hintergrundverständnis einschließlich der unterschiedlichsten Werkausgaben«[40] sollten das Studium ergänzen. Immer wieder bekannte sich Fischer-Dieskau zur kognitiven Seite der Interpretation, die jedoch durch eigenständige und davon unabhängige Erlebnisfähigkeit ergänzt werden müsse, um zu einer künstlerischen Aussage zu gelangen. Fischer-Dieskau hebt den intellektuellen Anteil einer Interpretation besonders hervor: »Zum Künstler, der formt und ein Werk tiefer erschließt, gehört ein Anteil von Wissen, der im Augenblick der Interpretation vergessen werden darf, auf den aber bei der Erarbeitung der Darstellung nicht zu verzichten ist.« Wider eine schlechte Tradition wendet er sich, indem er Wissen und Nachdenken als die für die künstlerische Entwicklung entscheidenden Faktoren einstuft: »Wer den Intellekt gesangsfeindlich schilt, verachtet Denken ebenso wie sicher geleitetes Tun, das über den Durchschnitt hinaus will.«[41] Die Überzeugung, »ein Kunstwerk könne nur mit dem Gefühl erfaßt werden«, klassifiziert er als »typisch deutsches Mißverständnis.«[42] Nur das kognitiv kontrollierte Singen ermögliche oft, wie in Schuberts *Winterreise*, einen entsprechenden Ausdruck, wo »eine Anspannung aller geistigen Kräfte« dazugehöre, »bei größter Intensität nie süßlich zu werden, falsch ›gefühlvoll‹ zu interpretieren, nie in die Ekstase der Billigkeit zu verfallen«.[43] Hier haben, so darf man wohl

---

[38] Ebd., S. 173–176.
[39] Fischer-Dieskau, Anm. 13, S. 144.
[40] Ebd., S. 463.
[41] Ebd., S. 465.
[42] Ebd., S. 61.
[43] Ebd., S. 76.

ergänzen, Veränderungen in der Ausbildung des Musikernachwuchses auf Fischer-Dieskaus Forderung heute vielfach reagiert. Indes warnte er umgekehrt auch vor damit verbundenen Gefahren: »Soviel der Künstler auch von seiner Kunst weiß, sowenig darf dieses Wissen ihn spalten, die Einheit des Werkes zu zerstören. Vorherrschende und zwanghaft zergrübelnde Bewußtheit im Gesang kann zur Unnatur führen.«[44] Mit großem Nachdruck wandte sich Dietrich Fischer-Dieskau gegen eine einseitig sinnlich ausgerichtete Vortragsweise und eine ausschließlich genießerische, Anstrengungen meidende Konsumhörhaltung und brachte damit seine Überzeugung zum Ausdruck, dass Interpretation stets auch etwas zum besseren Verständnis eines Werkes beitragen sollte. Eine leider allzu verbreitete Skepsis gegenüber dieser Haltung sei mit der Furcht zu erklären, »dem denkenden Interpreten müsste das Beste seiner Leistung, das Unbewusste, verloren gehen.«[45] Die in vielen Punkten konträr gelagerten Positionen Dietrich Fischer-Dieskaus und Nikolaus Harnoncourts berühren sich überraschenderweise in ihren Vorstellungen, was Wissenschaft im Unterschied zur Kunst zu leisten vermag. Für den Sänger rückt die das Medium der Sprache bemühende Wissenschaft den Gehalt von Kunstwerken nicht näher, seiner Überzeugung darf sie in ihren inneren Kern, das vieldeutige »Numinosum«, gar nicht vorstoßen. Das »Zusammentragen aller objektivierbarer Fakten« betrachtet er als eine Basis für die Reflexion, aus der heraus interpretatorische Entscheidungen fallen.[46] Eine ähnliche Abgrenzung nimmt Harnoncourt vor, wenn er meint, die Erkenntnisse der Musikwissenschaft seien als »Mittel für die beste Wiedergabe«[47] akzeptabel, »wenn sie dem ausführenden Musiker Informationen bieten, die entweder seine Inspiration beflügeln oder sein technisches Wissen erhöhen.« Wissenschaft *per se* bezeichnete er einmal als »eine Art interne[n] Denksport, der mit Musik nur insofern zu tun hat, als er sie als ›Turngerät‹ benützt.«[48] Harnoncourt und Fischer-Dieskau eint trotz ihres völlig anders gelagerten Interpretationsansatzes also paradoxerweise die Kritik an der Wissenschaft, wie eine weitere kurze Passage aus *Töne sprechen, Worte klingen* beweist, die ohne Quellenangabe sinngemäß und in großen

---

[44] Ebd., S. 74.
[45] Ebd., S. 461.
[46] Ebd., S. 470.
[47] Nikolaus Harnoncourt, Musik als Klangrede. Wege zu einem neuen Musikverständnis, Salzburg/Wien: Residenz 1982, S. 16.
[48] Nikolaus Harnoncourt, Wissen – Intuition – Mode. Faktoren der Interpretation, in: Otto Biba/David Wyn Jones (Hg.), Studies in Music History. Presented to H.C. Robbins Landon on his Seventieth Birthday, London: Thames & Hudson 1996, S. 218f.

Teilen sogar wörtlich aus Harnoncourts drei Jahre früher publizierten Buch *Musik als Klangrede* übernommen ist. Fischer-Dieskau schreibt:

> Aber der Versuch, alte Musik nur vom Wissen her zu betreiben, ließ jene »wissenschaftlichen« Aufführungen zustande kommen, deren historische Richtigkeit im Grunde jegliches Leben ausschloss. Dem wäre eine unhistorische, aber musikantisch lebendige Wiedergabe vorzuziehen.[49]

Das Vorbild bei Harnoncourt lautet:

> Für uns bedeutet das ein umfangreiches Studium, aus dem man in einen gefährlichen Fehler verfallen kann: die Alte Musik nur vom Wissen her zu betreiben. So entstehen jene bekannten musikwissenschaftlichen Aufführungen, die historisch oft einwandfrei sind, denen aber jedes Leben fehlt. Da ist eine historisch ganz falsche, aber musikalisch lebendige Wiedergabe vorzuziehen.[50]

Noch mehr als bei Harnoncourt mag im Falle Fischer-Dieskaus irritieren, dass ein umfassenderes Konzept von Musikwissenschaft, das sich bei Rudolf von Ficker, Thrasybulos Georgiades und ihren Schülern um Musik im Sinne einer unteilbaren künstlerischen Realität bemüht und diesbezüglich gleichberechtigt neben der praktischen Musikübung steht, in seinen Texten keine erkennbaren Spuren hinterlassen hat (obwohl die Lektüre von Georgiades' Schubert-Buch seine Gedankengänge inspirierte).[51] Erst noch zu erkunden wäre, inwiefern nicht auch in Fischer-Dieskaus Schriften das Wort manchmal zwischen Notenschrift und Erklingendem vermittelt und damit vielleicht sogar im Sinne von Georgiades ›zur Herstellung des Gegenstandes‹ beiträgt.

## V.

Interpretieren bedeutete für Fischer-Dieskau stets auch, neben der sich wandelnden persönlichen Stellungnahme eine übergeordnete Haltung gegenüber dem Kunstwerk einzunehmen, die sich gegen die »nivellierende Trägheit der Aufführungspraxis« stellt und Moden nicht hinterher läuft.

---

[49] Fischer-Dieskau, Anm. 13, S. 208.
[50] Harnoncourt, Anm. 47, S. 15f. Der Text »Zur Interpretation historischer Musik« entstand bereits 1954.
[51] Vgl. Klaus Aringer, Im Spannungsfeld zwischen Wissenschaft und Praxis. Anmerkungen zu den Schriften Nikolaus Harnoncourts, in: Barbara Boisits/Ingeborg Harer (Hg.), Alte Musik in Österreich. Forschung und Praxis seit 1800, Wien: Mille tre 2009, S. 295–308.

Neben einem dezidierten Bekenntnis zum rational und emotional kontrollierten Nachschöpfertum eröffnen sich Freiräume für den Interpreten seiner Meinung nach insbesondere dort, wo der Komponist oder die Konventionen der Zeit diese ausdrücklich vorsahen und/oder zuließen. Fischer-Dieskau nennt neben der Verzierungspraxis vor allem die Kunst des Variierens im Strophenlied, das den Sänger von vornherein zu »eigenschöpferischer Deutung des Textes« aufruft.

> Der Reiz der Aufgabe, einer jeden Strophe den ihr vom Geschehen her zugehörigen Charakter mitzugeben, setzt zwar Selbständigkeit und Einfühlungsvermögen voraus, sollte aber von Geschmack und Maß-Empfinden geleitet sein, die einzig vor Übertreibung schützen. Outrieren ebenso wie Langeweile offenbaren sich gleicherweise als Feinde des Strophenliedes.[52]

Andererseits warnte er vor unüberlegten, aus seiner Sicht heute fragwürdigen eigenmächtigen Zutaten:

> Es ist unsinnig, Fermaten nach Wunsch und Laune in Verdis Musik hineinzuzwingen, nur weil sie an anderen Stellen auch vorgeschrieben sind. Man sollte nicht ›Embellissements‹ der unsinnigsten Art in Schuberts Musik wieder einführen, nur weil Schubert sie einst durchgehen ließ und ›Originelles‹ gerade wieder einmal en vogue ist.[53]

Polemisch grenzt er sich vom ohnehin längst als fragwürdig verworfenen Begriff der ›Werktreue‹ ab, unter deren Deckmantel zumeist etwas ganz anderes geschähe: »Aus der Unzulänglichkeit eine Tugend zu machen, Schablonenarbeit als Werktreue auszugeben, Außerordentliches als Willkür zu verkennen.«[54] Die umgekehrte Grenze ist für ihn bei einer interpretatorischen Selbstdarstellung auf Kosten des Kunstwerkes erreicht, die er als Symptom einer künstlerischen Krise wertet:[55] »Interpretation kann sich verselbständigen und Missgeburten hervorbringen, sie kann sich so weit von der Intention eines Werkes entfernen, dass sie irgendwann wieder in dessen Sphäre zurückgeholt werden muss, weil anders nicht mehr weiterzukommen ist.«[56] Die Grenzen des Interpretierens sieht er dort erreicht, »wo versucht wird, die Musik interessanter zu machen, als sie ist, oder umgekehrt, wenn

---

[52] Fischer-Dieskau, Anm. 13, S. 56.
[53] Ebd., S. 471.
[54] Ebd., S. 472.
[55] Fischer-Dieskau, Anm. 2, S. 135.
[56] Ebd., S. 173.

sie um einer angeblichen neuen ›Reinheit‹ willen gewaltsam verschlankt und in ein enges Ausdruckskorsett gezwängt wird.«[57] Fragwürdig in diesem Sinne sind für Fischer-Dieskau Mahlers Orchestrationsretuschen ebenso wie Hans Zenders »komponierte Interpretation« von Schuberts *Winterreise*.[58] Sein Interpretationsideal ist bezeichnenderweise eine Contradictio in Adjecto: »vollblütige Sachlichkeit«. Alles Streben gelte einer »Interpretation, die dem Notentext und dem Sinne einer Partitur ganz und gar gerecht wird und zugleich vom uneingeschränkten Engagement des Sängers getragen ist, eine Art ›unio mystica‹ von Werk und Interpret. Dies Ideal wird kaum je erreicht.«[59]

## VI.

Ein zusammenfassender Blick auf Fragen musikalischer Interpretation in den Schriften Dietrich Fischer-Dieskaus bietet angesichts der Weitläufigkeit des Themas ein überraschend konsistentes Bild. Seine Schriften zeigen einen kritischen Künstlertypus, der sich kaum in allzu grobe Raster herkömmlicher Interpretenklassifizierung einordnen lässt. Er tritt als überzeugter und überzeugender Anwalt eines verantwortungsbewusst modernen, modifiziert traditionellen Interpreten auf, der auf der Basis eines aus vielen Quellen zusammengetragenen Wissens die Widersprüche und Probleme seines Metiers in ungewöhnlich beeindruckender Weise auch sprachlich zu reflektieren weiß. Seine Äußerungen zu Fragen musikalischer Interpretation, mit denen er seiner Forderung nach einer rationalen, möglichst umfassenden Durchdringung des künstlerischen Gegenstandes Nachdruck verleiht, begründen wesentlich den bildungsbürgerlich-intellektuellen Habitus seines Künstlertums. Die in einem längeren Zeitraum ohne markante Veränderungen vorgetragenen Positionen zu Interpretationsfragen mögen über Jahrzehnte hinweg als allgemein akzeptierte Maxime eines auf der Höhe der Zeit stehenden Künstlers gegolten haben, inzwischen jedoch lässt sich kaum mehr übersehen, dass Fischer-Dieskau neuere Erkenntnisse der Aufführungspraxis nicht akzeptieren will oder kann. Vielleicht ist dies eine Generationsfrage, möglicherweise aber auch eine bewusste oder unbewusste Verteidigungs-

---

[57] Ebd., S. 248.
[58] Ebd., S. 91f.
[59] Ebd., S. 229.

haltung zugunsten seiner künstlerischen Hinterlassenschaft auf Bild- und Tonträgern. Geschickt aber (und anders als Nikolaus Harnoncourt) entgeht er in seinen Texten der Gefahr, mit Worten zum Interpreten seines eigenen künstlerischen Tuns zu werden. Aus dieser Perspektive ist Dietrich Fischer-Dieskau vielleicht am ehesten mit einem anderen passionierten ›Nachdenker über Musik‹, seinem Klavierpartner Alfred Brendel, zu vergleichen.

HARALD HASLMAYR (GRAZ)

## Texte über Robert Schumann

Im Jahr 1981 veröffentlichte Dietrich Fischer-Dieskau in der Deutschen Verlagsanstalt Stuttgart das Buch *Robert Schumann: Wort und Musik. Das Vokalwerk.* Vier Jahre später erschien dieses nunmehr 473 Seiten umfassende Werk im Text unverändert, jedoch mit weniger Abbildungen und im traditionellen Taschenbuchformat bei dtv/Bärenreiter. Diese Ausgabe[1] liegt den folgenden Ausführungen zugrunde.

In 1981, Dietrich Fischer-Dieskau published the book *Robert Schumann: Wort und Musik. Das Vokalwerk* at the Deutsche Verlagsanstalt Stuttgart. Four years later, the book of 473 pages was published by dtv/Bärenreiter as a traditional paperback with no changes to the text but fewer illustrations. This edition is the basis of the following elaborations.

Fischer-Dieskaus Schumann-Buch, das seinem jahrzehntelangen Klavierbegleiter Jörg Demus gewidmet ist, umfasst nun 27 Kapitel, deren Überschriften zumeist Zitate sind, wie das 10. Kapitel »Du Ring an meinem Finger« oder das 25. »Das ewig Weibliche zieht uns hinan«, um nur zwei davon stellvertretend zu nennen. Diesem Textteil, in den immer wieder eigene biografische Glossen jener Dichter, die Schumann zu Vokalwerken inspirierten, sowie zahlreiche Notenbeispiele eingeschaltet sind, folgt am Beginn des Anhanges der Abdruck sämtlicher Texte zu Schumanns Liedern und Chören. Der Aufbau des Buches ist chronologisch, es könnte als eine Art Biografie Schumanns mit dem Schwerpunkt auf dessen Vokalschaffen gelesen werden, wobei das 1. Kapitel »Einen Kranz von Musik um ein wahres Dichterhaupt schlingen« eine Art programmatische Einleitung darstellt. Gleichzeitig ist es als Liedführer praktisch verwendbar, da sämtliche analysierten oder auch nur erwähnten Lieder in einem Register aufgelistet sind. In voller Absicht – so will es zumindest scheinen – wendet sich der Autor an ein musikalisch gebildetes Musikpublikum, das völlige Fehlen von Fußnoten, Zitatnachweisen sowie eines Anmerkungsapparates macht deutlich, dass Fischer-Dieskau eben kein musikwissenschaftliches Fachbuch im strengen Sinn vorlegen wollte. Ebenso wenig stellte das Buch in historischer Hinsicht den Anspruch, mit neuen Forschungsergebnissen aufzuwarten, und auch

---

[1] Dietrich Fischer-Dieskau, Robert Schumann: Wort und Musik. Das Vokalwerk. Mit 51 Abbildungen und 91 Notenbeispielen, München: dtv/ Kassel u.a.: Bärenreiter 1985.

in ästhetischem Rahmen legte Fischer-Dieskau keine neue, revolutionäre Deutung des damaligen Schumann-Bildes vor. Vielmehr ergibt sich der Eindruck, dass eine Künstlerpersönlichkeit von unbestrittenem Weltrang mit jahrzehntelanger intensiver Podiums- wie auch Studioerfahrung mit der Musik Robert Schumanns seine einschlägigen Gedanken und Reflexionen systematisch geordnet einem weiten Leserkreis zugänglich machen wollte. Betrachten wir eingangs die Grundthesen des Einleitungskapitels, um uns danach auf vier wichtige Themenkreise des Buches zu konzentrieren. Bereits auf den beiden ersten Seiten führt Fischer-Dieskau zwei zentrale Parameter seines Zuganges zu Schumann ein, nämlich das Poetische und den musikalischen Charakter. »Das Poetische, wie es Schumann durch Jean Paul erleben lernte, regte ihn dazu an, auch in der Musik nach Möglichkeiten poetischer Aussage zu suchen.«[2] Was auf den ersten Blick pleonastisch erscheinen mag, gewinnt indes seinen Sinn, wenn man dieses »Poetische« auf den musikalischen Charakter, wie ihn Schumann verstand, bezieht, und Fischer-Dieskau zitiert an dieser Stelle eben deshalb Robert Schumann wörtlich. Von diesem musikalischen Charakter könne gesprochen werden, »wenn sich eine Gesinnung vorherrschend ausspricht, sich so aufdrängt, daß keine andere Auslegung möglich ist.«[3] Das eigentlich musikalisch Poetische erscheint in diesem Licht dem sprachlich ausgedrückten Poetischen geradezu entgegengesetzt, denn dieses ist, zumindest im Sinn der progressiven Universalpoesie, mehrdeutig, oszillierend und fantastisch, jenes eben klar, bestimmt und eindeutig. Fischer-Dieskau verzichtet an dieser Stelle auf eine ausführlichere Wort-Ton-Diskussion im Stil von Richard Straussens *Capriccio*, sondern stellt, was gerade aus heutiger Sicht alles andere als selbstverständlich erscheint, die Frage nach der Einheitlichkeit von Schumanns Werk: »Es wäre Aufgabe der Wissenschaft zu prüfen, worin gerade die Einheitlichkeit von Schumanns Werk besteht«.[4] Für Fischer-Dieskau scheint diese Einheitlichkeit gegeben zu sein, denn die Wissenschaft soll seiner Meinung ja nicht prüfen, ob diese Einheitlichkeit überhaupt besteht, sondern lediglich, worin diese besteht. Im Zuge dieser Überlegungen gelangt Fischer-Dieskau schließlich zu seiner Definition des Liedwerkes von Schumann, eine Passage, die überaus aufschlussreich ist und deshalb in voller Länge zitiert sei. Bezug nehmend auf eine Stelle in Schumanns frühem Romanfragment *Selene*, wo

---

[2] Ebd., S. 7.
[3] Ebd., S. 8.
[4] Ebd., S. 12.

es über den Protagonisten Gustav heißt, er sei Maler und Dichter, und zwar ein Tondichter, heißt es:

> Hier ist das Wesen des Schumannschen Liedes schon vorgezeichnet. Die Textvorlage scheint in ein komplexes Gewebe gleichzeitiger Bedeutung verwoben, die sich als durchaus rätselhaft und schwer festlegbar erweist. Die Vertonung des Gedichts führt von sprachlautlichen und musikalischen Partikeln fort, bis am Ende die Einheit des Gedankens steht, so wie ihn der Komponist denkt.[5]

An dieser Stelle erhebt sich wie von selbst die Frage, woher diese Betonung des Wesens, des Gedankens und dessen Einheitlichkeit eigentlich kommt, und dies umso mehr, als Fischer-Dieskau sein Schumann-Buch mit einem geradezu metaphysischen Tusch beschließt: »In der Tat gab Schumann seinen Tönen ihr eigenes Sprachwesen und leistete damit einen unvergleichlichen Beitrag zur Vielschichtigkeit der Äußerung des Geistes.«[6] Wir haben allerdings nicht den geringsten Grund, aus unserer (post-)modernen Perspektive, die bekanntlich Kategorien wie Heterogenität, Pluralität, Fragmentcharakter oder gar ästhetische Verfransungsphänomene betont, jovial oder gar herablassend auf Fischer-Dieskaus scheinbar traditionellen, metaphysisch verankerten Werkbegriff zurückzublicken – im Gegenteil, wir können Fischer-Dieskaus Beharren auf dem Sprachwesen der Töne zum Anlass nehmen, die Musik zumindest der Epoche Schumanns in ihrem sprachlich-diskursiven Grundcharakter neu wahrzunehmen.

Und bleiben wir im 19. Jahrhundert, lassen sich bei Fischer-Dieskau auch traditionell-geschichtsphilosophische Schritt-Metaphern erkennen, wenn von Schumanns Liedschaffen die Rede ist:

> Nach Schuberts Gipfelwerken bedeutete das einen weiterführenden Schritt. Machten sich auch viele Jünger Schumanns lyrisches Denken zu eigen, so konnten sie seinen spezifischen Ton lediglich imitieren. Einzig der Protagonist eines nach außen hin gegnerischen Lagers, der von Wagner begeisterte Hugo Wolf, bemächtigte sich dieser Sprache auf höchst eigenständige Weise.[7]

Fischer-Dieskau behauptet an keiner Stelle einen überbietungsemphatischen ›Fortschritt‹ zwischen Schubert, Schumann und Hugo Wolf, doch vermögen zahlreiche Parallelstellen im gesamtem Buch zu belegen, dass Fischer-Dieskau in Schubert, Schumann und Hugo Wolf die drei heraus-

---

[5] Ebd., S. 17.
[6] Ebd., S. 343.
[7] Ebd., S. 17.

ragenden, konkurrenzlosen Heilsträger des gesamten Genres ›Lied‹ erblickt, Johannes Brahms kommt in diesem Zusammenhang bestenfalls die Rolle eines Diakons zu.
Unzeitgemäß erscheint schließlich auch die im Einleitungskapitel vertretene These, wonach Biografie und Werk unmöglich zu trennen seien. Hatten vor allem Wolfgang Hildesheimer in seinem Mozart-Buch und etwa Nikolaus Harnoncourt jegliche Beziehung zwischen Komponistenpsyche und Werkgestalt in geradezu barschem Aplomb kategorisch geleugnet, ist Fischer-Dieskau bei Schumann anderer Meinung:

> Nichts ist wohl geeigneter, den ganzen Schumann in seinem Werden und Vergehen zu begreifen, als eine genauere Durchsicht seiner Lieder, die – mit wechselndem Gewicht – das Schaffen durchziehen und schon von der Wahl der Texte her Licht auf Schumanns seelische Konstellationen des Komponisten werfen. Hier kann Schumanns Verfahren des ›Musikalischen Tagebuchs‹ zeigen, wie entschieden die Lebensumstände das Schaffen bedingten, ohne doch zum Inhalt dieses Schaffens zu werden.[8]

Wenden wir uns nun vier zentralen Themenkreisen zu, die sich aus Fischer-Dieskaus Darstellung herauskristallisieren, jedoch nicht ohne zuvor die sprachliche Spannweite des Autors angedeutet zu haben.
Erinnern wir uns an den Streit zwischen Schumann und Mendelssohn über die prinzipielle Möglichkeit einer angemessenen ›poetisierenden‹ Beschreibung von Musik, eine Auseinandersetzung, die ja in gewisser Weise bis zuletzt andauerte. Lehnte Mendelssohn bekanntlich eine solche ab, versuchte sich Schumann hingegen zeitlebens an solchen ›poetisierenden‹ Beschreibungsformen – wir finden sie auch bei Fischer-Dieskau, beispielsweise wenn er über die *Hebräischen Gesänge* auf einen Text von Byron schreibt:

> Die magischen Kreise, in denen die Begleitstimmen scheinbar ohne Anfang oder Ende durcheinanderwirren, ermöglichen ihre Selbständigkeit, so daß sie mitsingen und wie im Zwiegesang die Singstimme stützen oder, unheimlich doppelgängerisch, ihre eigenen Bahnen ziehen.[9]

Oder noch deutlicher in der Beschreibung des Liedes *Alte Laute*: »Wie sich ein Gesicht im Schmerz verzieht, spannen sich die Akkorde und wollen sich nicht mehr zurückbequemen. Entrückt blickt der Einsame aus fremden

---

[8] Ebd., S. 12.
[9] Ebd., S. 88.

Regionen in die Welt und ihr Treiben.«[10] Doch scheut Fischer-Dieskau auch gelegentlich nicht den Gebrauch musikwissenschaftlicher Fachsprache, so wenn es um die Verteidigung der scheinbar übertriebenen musikalischen Einschnitte im Heine-Lied *Die Lotosblume* geht:

> Die beiden angesprochenen Zeilenenden münden in die Terz. Sie sind für eine Zeit, die lediglich die Tonika als abschließende Interpunktion anerkennt, schwebend und drängen in die Quint der nächsten Phrase über, wenn auch deren Einsatz durch eine halb- oder ganztaktige Pause aufgehalten ist. Die Begleitung bezeichnet ausdrücklich den Durchgangscharakter dieser Zwischentakte durch ihr Hinhalten und Umspielen des Akkordes.[11]

Der Schluss dieser Analyse – »Weder die Fassung des Robert Franz noch Schumanns eigene Version für dreistimmigen Chor [...] können sich mit dem Zauber dieses Liedes messen.«[12] – leitet uns über zu unserem ersten Schwerpunkt, nämlich jenem der ästhetischen Wertungen.

## Wertungen

Nichts wäre verständlicher, wäre der hermeneutische Interpret Fischer-Dieskau der Verführung erlegen, eine Art apologetischer Hagiografie seines ›Helden‹ zu verfassen. Umso bemerkenswerter ist es, dass Fischer-Dieskau trotz seiner Liebe zu Schumann und seinem Werk, die sich in diesem Buch in zahlreichen emphatischen Würdigungen äußert, stets bereit ist, kritische Maßstäbe ins Spiel zu bringen.[13] Einige signifikante Beispiele seien angeführt:
Zum Lied *Mädchen-Schwermut*: »Bis auf eine selbst für Schumann ungewöhnliche Dissonanz bei dem Wort ›Himmelszelt‹ ist das Lied so wenig interessant, daß es wohl rechtens zu Schumanns Lebzeiten nicht veröffentlicht wurde.«[14]
Zur Liederreihe op. 35:

---

[10] Ebd., S. 173.
[11] Ebd., S. 84.
[12] Ebd.
[13] In dieser Hinsicht ist Fischer-Dieskaus Grundeinstellung mit jener Alfred Brendels wesensverwandt und grundverschieden von jener von Nikolaus Harnoncourt, für den jeglicher Einwand gegen die von ihm als solche statuierten und deshalb dirigierten Meisterwerke als anmaßender ästhetischer Hochverrat gilt. Mit beiden Künstlern hat Fischer-Dieskau zusammengearbeitet.
[14] Ebd., S. 164.

In dieser Folge eigenwilliger Gesänge [...] fällt eine Schwäche von Schumanns Lied-Stil auf: Zu häufig spielt das Klavier die Singstimme in gleicher Höhe oder um eine Oktave versetzt mit – eine Wunderlichkeit insofern, als Schumann andererseits das Klavier zum gleichnamigen Partner emanzipierte.[15]

Noch härter geht Fischer-Dieskau mit Eichendorffs *Meerfey* ins Gericht: »Das Werk wirkt wie eine Schülerarbeit im strengen Satz, ohne Unterlaß erklingt bis zum fünftletzten Takt Wellenbewegung. Selbst der ruhige Schluß kann den Eindruck gehemmter Beflissenheit nicht bessern.«[16]
Schumann wird auch an sich selbst gemessen, wenn es zur zweiten, im *Liederkreis* nicht komponierten Strophe der Chorkomposition von Eichendorffs *Im Walde* heißt: »Aber wenn sie hier auch berücksichtigt ist, so kann sich der Einfall nicht mit dem des Sololiedes messen.«[17]
Stellenweise besonders kritisch fällt Fischer-Dieskaus Einschätzung der großen Chorwerke *Das Paradies und die Peri*, *Faust-Szenen* und *Genoveva* aus, wobei die letztgenannte am schlechtesten abschneidet:

> Diskontinuität und Unwahrscheinlichkeit finden ihre Krönung im zweiten Finale, das auch prompt in alle Unsitten französischer Prunkoper à la Meyerbeer verfällt. Chromatische Durchleuchtung, wie sie Schumanns Spätstil adelt, Vorwegnahmen der ›Tristan‹- Klänge Wagners mit verästelten Mittelstimmen, sie kommen nicht an gegen oratorienhafte Breite, deren umständliche Abwicklung ermüdet [...] Sich an Höhepunkten undramatisch auf Liedhaftes zurückzuziehen, hätte der Untermauerung durch dichterische Kraft des Textes[18] bedurft. Die Schwächen des Opernerstlings wären wohl durch reichere Erfahrung in künftigen Werken überwunden worden – sie mußten ungeschrieben bleiben.[19]

---

[15] Ebd., S. 166.
[16] Ebd., S. 218.
[17] Ebd., S. 236.
[18] Im Unterschied zu Fischer-Dieskau fand sich in den letzten Jahren in Nikolaus Harnoncourt ein glühender Apologet der Genoveva, der sich für seine von Martin Kušej in Szene gesetzte Züricher Produktion vom Februar 2008, vorangegangen war 1996 eine konzertante Aufführung in Graz, sogar vom seiner Meinung nach »besten lebenden Germanisten«, nämlich Peter von Matt, schriftlich bestätigen ließ, dass der Schumann'sche Text zur Genoveva von allerhöchster Qualität sei. Genauso überraschend Wilhelm Furtwängler im handschriftlich verfassten Postskriptum seines Briefes an Fred Goldbeck vom 21. November 1951: »Beifolgend schicke ich Ihnen den seltenen Genoveva-Klavierauszug [...] zurück. Die Musik berührte mich sehr merkwürdig, z. T. wie eine ferne, vergangene Musik, z. T. wie ein verlorenes Paradies«. Abgedruckt in: Wilhelm Furtwängler, Briefe. Wiesbaden 1965, S. 235. Nichtsdestotrotz bleiben massive Zweifel bestehen, ob die Genoveva sich je im ›gängigen‹ Repertoire behaupten wird können.
[19] Fischer-Dieskau, Anm. 1, S. 226.

Fischer-Dieskaus Wendung »mußten ungeschrieben bleiben« eignet eine deutlich geschichtsphilosophische Komponente, es hätte ja auch heißen können ›sollten ungeschrieben bleiben‹ oder *tout court* ›blieben ungeschrieben‹. Verbergen sich an manchen Stellen geschichtsphilosophische Motive beim Musikdenker Fischer-Dieskau, um den Titel unseres Symposions zu bemühen?

## Von gestern auf heute

Beginnen wir mit vier Nennungen des Begriffs ›Heute‹. Zwischen der Entstehung der Werke Schumanns und der Entstehungszeit von Fischer-Dieskaus Schumann-Buch vergingen etwa 150 Jahre, heute sind es 30 Jahre mehr. Es mag nun nach hausbacken-pedantischer Hermeneutik anmuten, wenn man darauf verweist, dass es irgendetwas Entscheidendes geben muss, um dessentwillen es sich lohnt, ›heute‹ noch Schumann-Lieder zu hören, und wenn sie einen noch so ›überholten‹ Text aufweisen, wie den sattsam viel geschmähten von *Frauenliebe und –leben*. Ähnlich konstatiert dies Fischer-Dieskau in Bezug auf das Oratorium *Das Paradies und die Peri*: »Was Schumann an dem Text fesselte, steht dem Werk heute im Wege.«[20] Im Falle des *Manfred* referiert Fischer-Dieskau zunächst die Meinung Schumanns, wonach die Musik lediglich als ›Folie‹ zur Darstellung der Rolle des Manfred diene, eine Auffassung, die laut Fischer-Dieskau »heute angesichts der unmöglichen Übersetzung kaum mehr verständlich erscheint.«[21] Einen ausnahmsweise despektierlichen Ton schlägt Fischer-Dieskau gegenüber der Dichterin Elisabeth Kulmann an: »Wir Heutigen verstehen kaum mehr, in welchem Ansehen die Reimerei der mit siebzehn Jahren verstorbenen Lyrikerin stand und warum sie so hohe Auflagen erreichte.«[22] Betreffend das *Nachtlied* heißt es hingegen: »Ein Stück, dessen man sich heute wieder erinnern sollte.«[23] – Wer ist nun gescheiter, wir ›heute‹ oder Schumanns Zeitgenossen damals? Oder anders gewendet: Wenn es stimmt, dass Schumanns Lieder, wie wir sahen, Ausdruck einer geistigen Einheit sind, kann man sich nur schwer erklären, warum die Musik ›aktuell‹ bleibt, wenn der Text offensichtlich veraltet oder

---

[20] Ebd., S. 189.
[21] Ebd., S. 233.
[22] Ebd., S. 305.
[23] Ebd., S. 265.

gar ›überholt‹ erscheint. Genau diesen fortschrittsmetaphorischen Begriff wendet Fischer-Dieskau auf Händels *Messias* an:

> Hier wurde durch formale Neuerung das im wesentlichen solistisch besetzte zweiteilige italienische Oratoruim überholt, indem der Chor nun in den Mittelpunkt rückte und die Dramaturgie auf Dreiteiligkeit beruhte – Elemente, die auch für Schumann noch Gültigkeit haben.[24]

Ein einziges Mal fällt, freilich in Anführungsstrichen, das Wort »modern«, wenn es über *Zwielicht* heißt: »In der Darstellung der Gefährdung des Menschen ist Schumann am ›modernsten‹, hier hat er sein Zentrales gegeben.«[25] Aber auch metaphysisch aufgeladene Wendungen finden sich im Text, wenn die damalige Malergeneration (Waldmüller, Caspar David Friedrich etc.) beschrieben wird: »Die Maler jener Zeit erscheinen heute in überzeitlichem Glanz.«[26] So ein heller Glanz geht also nur vom Über-Zeitlichen aus – eine geradezu platonische Wendung –, der historische Verlauf der Zeit ist eben trübe, und wie wir gegen Schluss des Buches hin erfahren, irreversibel in den Abgrund führend: »Die Sprachlosigkeit von Schumanns Musik an ihrem zeitlichen Ende hat bereits mit der Liquidation der Kultur unserer Tage etwas zu tun, sie wirkt wie eine symbolische Vorwegnahme.«[27] Das sind harte, bittere, apodiktische Worte und erinnern frappierend an die Interpretation des Schubert-Liedes *Der Leiermann* in Hanspeter Padrutts immer noch bemerkenswerter, ebenfalls am Beginn der 80er Jahre erschienener phänomenologischer Untersuchung zum zeitdiagnostischen Gehalt der *Winterreise*.[28] Man sieht, es finden sich in geschichtsphilosophischer Hinsicht implizite Metaphern sowohl des Fortschritts, der Dekadenz als auch der überzeitlichen Ewigkeit, die schwerlich auf einen gemeinsamen Nenner zu bringen sind. Ähnlich kompliziert liegt der Fall in Fischer-Dieskaus Einschätzung des vieldiskutierten ›Spätstils‹ von Schumann und den möglichen progredierenden Einfluss von dessen Krankheiten auf ihn: Wie wir sehen konnten, spart Fischer-Dieskau nicht mit Kritik, die zwar zunimmt, aus je späterer Zeit die Lieder stammen, doch gibt es auch keine eindeutig feststellbare ›grande narration‹ im Stil etwa von *Vom Licht in die Nacht*. Weit einfacher hingegen

---

[24] Ebd., S. 190.
[25] Ebd., S. 121.
[26] Ebd., S. 204.
[27] Ebd., S. 315.
[28] Vgl. Hanspeter Padrutt, Der epochale Winter. Zeitgemäße Betrachtungen, Zürich: Diogenes 1984, S. 213–286.

sind jene Stellen zu interpretieren, in denen Fischer-Dieskau seine persönlichen Erfahrungen als Sänger in seine Darstellung einbringt, wiederum seien davon fünf zitiert.

## Der Sänger spricht

Betreffend das Lied *Stirb, Lieb' und Freud'* plaudert Fischer-Dieskau aus dem Nähkästchen: »So steht denn auch ›Vorzugsweise Tenor‹ über den Noten, denn ein Bariton muß eine leichte Kopfton-Höhe besitzen, will er die Spitzentöne im piano meistern.«[29] Passagen solcher Art wird man weder in Werkanalysen, Liedführern noch in Biografien finden können, sie machen den genuinen Reiz dieses Buches aus. Ein einziges Mal kritisiert Fischer-Dieskau einen Kollegen, wenn auch posthum, wenn es zu *Die Rose, die Lilie* heißt: »Ein Virtuosenkunststückchen, von Richard Tauber auf einer alten Platte zu hören und vielfach nachgeahmt, nämlich die ganze Miniatur auf einen Atem hinzuwispern, ist nicht anzuraten. Aus dem Vorzeigen von Bravour wird hier letztlich – Schluderei [...].«[30]
Sehr detailliert auch zu einem Lenau-Lied aus op. 117: »Der Husar, Trara macht es dem Interpreten vor lauter angestrengten Schnellspracheffekten bei richtiger Temponahme unmöglich, das r, wie sonst gefordert, mit der Zunge auszusprechen.«[31] Unverhohlen didaktisch-pädagogisch heißt es über das Lied *Wanderung*:

> Der Interpret muß freilich schwankende Aufbruchsstimmung in feinsten Tempo-Abstufungen wiedergeben, jedem ritardando eine rasche Rückführung ins Tempo folgen lassen und die Temposteigerung der letzten Strophe durch kein allzu rasches Grundtempo vorbereiten.[32]

---

[29] Fischer-Dieskau, Anm. 1, S. 167.
[30] Ebd., S. 126. Nur innerhalb einer Fußnote ist auf zwei weitere Kränkungen der österreichischen Seele zu verweisen: Johann Gabriel Seidl ist mitnichten der Textdichter der österreichischen Kaiserhymne »Gott erhalte Franz den Kaiser«, wie auf Seite 157 behauptet wird, vielmehr dichtete Lorenz Leopold Haschka diesen Hymnentext, der am 12. Februar 1797 in der Vertonung von Joseph Haydn im Alten Wiener Burgtheater zur Uraufführung gelangte. Seidl wandelte Haschkas Text im Auftrag von Kaiser Franz Joseph vom 27. März 1854 lediglich in das »Gott erhalte, Gott beschütze unsern Kaiser unser Land!« um. Und die auf Seite 214 aufgestellte Behauptung »Es gefiel den Schumanns in Berlin, das kulturelle Niveau war dem Wiens oder gar Dresdens überlegen« bleibt sehr bedauerlicherweise ohne jegliche Begründung.
[31] Ebd., S. 296.
[32] Ebd., S. 169.

Aber auch sängerische Probleme werden diskutiert, so beispielsweise das Erwachen Fausts am Beginn der Zweiten Abteilung der Faust-Szenen betreffend:

> Auf diese Weise ist es dem Sänger nicht leicht gemacht, der etwas konventionellen Melodieführung schildernde Plastik abzugewinnen. […] Das liedhafte Besingen blendenden Lichtes braucht einen vieler Nuancen fähigen Interpreten – durch Töne allein wird hier die Dichtung und sicher auch die Absicht des Komponisten nicht deutlich.[33]

Die Antwort auf die sich unweigerlich stellende Frage, worin nun diese Nuancen bestünden, lässt Fischer-Dieskau leider offen. Keineswegs so unbestimmt, sondern in alle Deutlichkeit tritt hingegen eine leitende, geradezu obsessiv anmutende Abneigung Fischer-Dieskaus zutage, nämlich seine Aversion gegen alles Sentimentale, womit wir zu unserem letzten Punkt gelangen.

## Die Sentimentalitätsfalle

Wir alle kennen das: Kaum sind wir im Konzertsaal oder in der Oper berührt, verspüren an einer, durch Adorno mit beißendem Intellekt verdächtig gemachter ›schönen Stelle‹ Innigkeit, Wärme, spontane Spielfreude oder sind gar den Tränen nahe, lesen wir mit Sicherheit am übernächsten Tag in der Zeitung, dass der/die betreffende Künstler(in) ›leider in die Sentimentalitätsfalle getappt‹ sei. Und wir wissen es alle: Der branchenübliche Ton der Musikkritik ist eisig geworden, bohrende Suche nach Wahrheit wird absurderweise der genuin musikalischen Schönheit entgegengesetzt; dies geschieht mittels Schlagworten wie: authentisch, original, aufgeraut, strukturell klar, zeitgenössisch, Wiederholungs-›Vorschriften‹ ›befolgend‹, gegen den Strich bürstend, kompromiss- und schonungslos neue ›Sichtweisen‹ durchsetzend, kammermusikalisch durchhörbar, schnörkellos, transparent, gegen Klischees ›andirigierend‹, jegliches Vibrato-Spiel als historisch uninformierte, parkinsonsche Verirrung abkanzelnd, dafür stets messerscharf zwischen Mordent und Praller differenzierend, Metronomzahl gewappnet und vor allem den Kammerton a möglichst weit unter 440 Herz hinabschraubend. Franz Werfels Prophetie des Endkampfs des alles verschlingenden nordatlantischen

---

[33] Ebd., S. 324. Nobler und taktvoller dürfte das kompositorische Scheitern dieser Passage kaum je zur Sprache gekommen sein.

Geistes gegen die musischen »Denkmäler der Mittelmeer-Gezeiten«[34] scheint in seine Vollendung gekommen zu sein, verloren scheint heute jener poetische Ton, den Robert Schumann in seiner Sprache der Musik zuteil werden ließ, es will scheinen, es habe sich ein geistiger Brudermord von Florestan an Eusebius ereignet, an dessen fatalen Folgen wir schwer zu tragen haben. Macht man sich als verschämter Liebhaber vieles Sentimentalen und unbelehrbar regressiver Hörer auf die Suche nach dessen Rolle in Fischer-Dieskaus Schumann-Buch, so wird man rasch fündig: Zur Aufnahme des letzten Lieds *Mit Myrten und Rosen* aus dem Liederkreis op. 24 in den Band mit den ›berühmten‹ Stücken in der Peters-Ausgabe: »Das Einzeldasein im falschen Band ebenso wie der aus dem Zusammenhang genommene Titel verführte die Interpreten oft zur Sentimentalität.«[35]

Zum Doppellied *Wer machte dich so krank – Alte Laute*: »Es lässt sich nichts Zarteres als dieses Doppellied vorstellen, nirgends wird die Grenze zur Sentimentalität überschritten.«[36]

Dagegen: »[...] und die Sentimentalität des *Am Bodensee* nach Platen ist eines Schumann nicht würdig.«[37]

Zwei Fliegen auf einen Schlag zum Chorstück *Es ist bestimmt in Gottes Rat* op. 84: »Leider entspricht seine Sentimentalität derjenigen von Mendelssohns Fassung des gleichen Gedichtes.«[38]

Rätselhaft bleibt folgende Stelle:

> Der *Abendstern* (op.79, 1) entlehnt dem Lied *Mein schöner Stern* die Technik fallender Quinten, um zart poetisch auszudrücken, wie sehnlich sich das Kind einen Stern herbeiwünscht. Um jede Sentimentalität auszuschließen, nennt Schumann Fallersleben *Wie gut bin ich dir* SCHMETTERLING (op.79, 2).[39]

Zu *Der Rose Pilgerfahrt* gleich zwei Einträge: »Die Sentimentalität der ›Rose‹ bezeichnete ein englischer Interpret als ›typisch deutsch‹.«[40] Und zuvor: »Horns Textworte verleiten Schumann zu weinerlicher Sentimentalität.«[41] Von weinerlicher Sentimentalität ist es freilich nicht mehr weit bis zur Larmoyanz, wenn es über den ersten Textentwurf zur *Genoveva* heißt: »Reinick

---

[34] Franz Werfel, Verdi. Roman der Oper, Wien: Zsolnay o. J., S. 220ff.
[35] Fischer-Dieskau, Anm. 1, S. 76.
[36] Ebd., S. 172.
[37] Ebd., S. 207f.
[38] Ebd., S. 216.
[39] Ebd., S. 243.
[40] Ebd., S. 299.
[41] Ebd., S. 298.

suchte sich jedem Wunsch des Komponisten zu fügen, aber dem Musiker sagt die Larmoyanz der Textbearbeitung nicht zu.«[42]
Und sogar der Tonfall archaisierender Sprache wird vernehmbar, und zwar zum Lied *Die Blume der Ergebung*. Hier heißt es: »Deshalb wohl klingt der Ton wie gedämpft, darf er sich nie bis zum Leuchten entfalten und sucht ›Objektivität‹ in geistlicher, allzu sanfter Verbrämung.«[43]

Nun ließen sich zu all den vier eben behandelten Themenkreisen zahlreiche weitere Beispiele beibringen, und auch ein Resümee wäre an dieser Stelle denkbar. Beschließen wir diese Ausführungen aber, den besten Gepflogenheiten einer österreichischen Kunstuniversität folgend, besser mit dem Erklingen eines Schumann-Liedes, nämlich dem *Nussbaum*. An ihm, der intimsten künstlerischen Brautgabe Roberts für Clara,[44] sollen markante historische und ästhetische Unterschiede zwischen drei Epochen und drei Stilen deutlich werden.
Zunächst selbstverständlich Dietrich Fischer-Dieskau, er vertritt mit seiner von Jörg Demus ›begleiteten‹ Aufnahme[45] aus dem Jahr 1961 die gleichsam ›mittlere‹ Epoche moderner Liedinterpretation, die er so intensiv und nachhaltig geprägt hatte wie kein Zweiter; stilistisch hören wir, in der Terminologie Claudio Monteverdis, eine Art ›recitar cantando‹.
Die bereits unmittelbar nach ihrem Erscheinen preisgekrönte zweite Einspielung[46] stammt aus dem Schumann-Jahr 2010, die Salzburgerin Angelika Kirchschlager legte sie gemeinsam mit Helmut Deutsch vor wenigen Monaten vor, es erklingt eine Form von ›cantar recitando‹.
Die allererste Frühzeit der Gesangsaufnahmen repräsentiert Leo Slezak mit seiner Interpretation (am Flügel Heinrich Schaker)[47] aus dem Jahr 1928 mit einem vollendeten ›cantare‹, und diese könnte abschließend zum Anlass dienen, uns nach längerer Zeit wieder einmal in aller Entspanntheit zu fragen, was denn nun eigentlich das ›Singen‹ sei.

---

[42] Ebd., S. 221.
[43] Ebd., S. 274.
[44] »Sing Dir's leise, einfach, wie Du bist«. Vgl. ebd., S. 65.
[45] Deutsche Grammophon Gesellschaft 474 466-2, CD 2, Track 24.
[46] Sony Classical 88693742532, Track 20.
[47] Preiser Records Mono 90285, Track 6.

JOACHIM BRÜGGE (SALZBURG)

# Über Dietrich Fischer-Dieskaus
# *Hugo Wolf. Leben und Werk*

Dietrich Fischer-Dieskaus Buch *Hugo Wolf. Leben und Werk* ist eine der herausragenden Leistungen im modernen Wolf-Schrifttum. In seiner Recherche noch unerschlossener Quellen wie der Sichtung des Nachlasses von Walter Legge und in seinen bündigen wie flüssig geschriebenen Analysen, die auch für ein musikinteressiertes Liebhaberpublikum verständlich bleiben, beleuchtet Fischer-Dieskau zentrale Positionen der Wolf'schen Liedästhetik.
Fischer-Dieskaus neuer poetologischer Ansatz, in die Vertonung einer dichterischen Vorlage auch die Auseinandersetzung mit der jeweiligen Persönlichkeit des Dichters einzubeziehen, verleiht seiner Arbeit eine nachhaltige Dimension für ein neues Hugo Wolf-Bild.

Dietrich Fischer-Dieskau's publication *Hugo Wolf. Leben und Werk* is an outstanding achievement in modern Wolf-literature. Fischer-Dieskau illuminates central positions of Wolf's Lied-aesthetics through his research of untapped sources (heritage Walter Legge) and his concise and fluent analyses that are comprehensible also for a music-loving audience. His new poetological approach – to integrate the poet's personality into the musical version of a poetic reference – adds to his work a sustainable dimension for a new picture of Hugo Wolf.

Dass Dietrich Fischer-Dieskaus Biografie über Hugo Wolf[1] zu den wichtigen Beiträgen der neueren Wolf-Literatur zu zählen ist, resultiert wohl hauptsächlich aus zwei Gründen: einer einfühlsamen, zugleich sachlichen Sprache eines Interpreten, der sich an die 50 Jahre lang mit dem Genre des Kunstliedes auseinander gesetzt hat, in Verbindung mit einer umfangreichen Recherche noch unerschlossener Quellen wie des Nachlasses von Walter Legge u.a., die der Arbeit einen über die Biografik hinausgehenden philologischen Anspruch verleihen.
Die in den Diskussionen der Tagung gelegentlich vorgetragenen Vorbehalte gegenüber dem Autor Dietrich Fischer-Dieskau (es sei unklar, für wen seine Bücher als Zielgruppe geschrieben seien; die Texte seien philologisch nicht sauber recherchiert und in der Argumentation oft nicht zu Ende konzipiert

---

[1] Dietrich Fischer-Dieskau, Hugo Wolf: Leben und Werk, Berlin: Henschel 2003.

usw.) kann sich der Verfasser in dieser Pauschalität nicht anschließen.[2] In seinen Büchern etwa zur 2. Berliner Liederschule (Carl Friedrich Zelter,[3] Johann Friedrich Reichardt[4]) kann sich Fischer-Dieskau mit vergleichbaren musikwissenschaftlichen Arbeiten jederzeit messen lassen.[5] Die einschlägigen literaturwissenschaftlichen Rezensionen zum vorliegenden Wolf-Buch kritisieren die Schreibart keineswegs, sondern heben den einfühlsamen Duktus Fischer-Dieskaus hervor.[6] In musikwissenschaftlichen Kritiken wird die Dimension der Analysen durch den Interpreten gewürdigt, Kritik aber im Umgang mit den philologischen Fakten geübt – es ist Ermessenssache, wie hoch der Anteil an nachgewiesenen Irrtümern dann tatsächlich ist. Pauschalisierende Urteile jedenfalls sind dann zurückzuweisen, wenn etwa Fischer-Dieskau ein generell mangelhaftes philologisches Vorgehen unterstellt wird, weil dieser das »anekdotische Material über Wolf [...] durchwegs ungeprüft« übernehme und auch hinsichtlich »gesicherter Fakten« keinen »besonders sorgsamen Umgang«[7] zeige. Diese klar erkennbare Tendenz, Fischer-Dieskau einseitig Fehler vorhalten zu wollen, wird auch in der Bewertung des Legge-Nachlasses deutlich: »[...] große Teile dieses Materials [habe] bereits Walker in seiner Wolf-Biographie (1953) verwendet [...], woraus zu schließen [sei], dass der Nachlass Legge eigentlich der Nachlass Walker sein dürfte.«[8] Frank Walkers Buch über Hugo Wolf[9] konnte nur sehr eingeschränkt mit dem Legge-Nachlass arbeiten bzw. das Material daraus

---

[2] Auch aufgrund von Erfahrungen in einem Seminar mit dem Sprach- und Literaturwissenschaftler sowie Lied- und Opernexperten Em. Prof. Dr. Oswald Panagl im WS 2010/11 zu Leben und Werk Fischer-Dieskaus, wo auch dessen Schriften ausführlich besprochen wurden.
[3] Dietrich Fischer-Dieskau, Carl Friedrich Zelter und das Berliner Musikleben seiner Zeit. Eine Biographie, Berlin: Henschel 2005.
[4] Dietrich Fischer-Dieskau, Weil nicht alle Blütenträume reiften. Johann Friedrich Reichardt. Hofkapellmeister dreier Preußenkönige. Porträt und Selbstporträt, Stuttgart: DVA 1992.
[5] Walter Salmen, Johann Friedrich Reichardt. Komponist, Schriftsteller, Kapellmeister und Verwaltungsbeamter der Goethezeit. Freiburg i.Br./Zürich: Atlantis 1963. Neudruck: Hildesheim: Georg Olms 2002.
[6] Vgl. pars pro toto: Johannes Cyprian Pelz, In einer bedingten Welt ein unbedingtes Wesen. Hugo Wolfs Leben und Werk, erzählerisch vergegenwärtigt von Dietrich Fischer-Dieskau, zit. nach: literaturkritik.de, Nr. 3, März 2003: http://www.literaturkritik.de/public/rezension. php?rez_id=5774 (download 30. Januar 2011).
[7] So Leopold Spitzer in seiner Kritik in der ÖMZ, 58.11/12 (2003), S. 69f.
[8] Ebd., S. 69.
[9] Frank Walker, Hugo Wolf. A Biography, London: Dent 1951, die 1953 in 2. Aufl. und auf Deutsch erschienen ist: deutsche Übersetzung von Witold Schey, Hugo Wolf. Eine Biographie, Graz/Wien: Styria 1953.

nur sporadisch publizieren, wie dieses Fischer-Dieskau in seiner Einleitung selbst anspricht:

> Zum Schluss ein besonderer Dank. Als ich mich mitten in der vorbereitenden Arbeit zu dieser Lebensdarstellung befand, entschloss sich Frau Prof. Schwarzkopf, mir ein gewichtiges Konvolut zu überlassen, welches Sie ursprünglich bei Dr. Rainer Wilhelm in Stuttgart hinterlegt hatte. Es handelt sich um die Hugo Wolf betreffenden Bestände aus dem Nachlass ihres verstorbenen Mannes Walter Legge. In den zwanziger und dreißiger Jahren hatte Legge, der sich für Leben und Werk des Komponisten brennend interessierte, in regem Austausch mit dem späteren Biografen Frank Walter gestanden. In seinem Nachlass finden sich höchst wichtige, bisher unveröffentlichte und im Original zumeist verschollene Dokumente, von Freunden mit der Hand oder der Schreibmaschine abgeschrieben, darunter zahlreiche Briefe der Familie, aber auch andere Zeugnisse, die mit Rücksicht auf noch lebende Nachfahren zurückgehalten oder vernichtet worden waren. [...] Die Briefe der Eltern zwischen 1878 und 1898 nahm Edmund Hellmer an sich und ließ sie für Frank Walter abtippen; sie wurden bisher nur in winzigen, vorsichtigen Auszügen veröffentlicht.[10]

Fischer-Dieskau hat ferner auch den Nachlass von Frank Walter gesichtet, wie in einem Interview im *Applaus Kultur-Magazin* 2 (2003) deutlich wird:

> Frank Walker hatte bei seiner großen Wolf-Biografie aus den dreißiger Jahren, die er in den fünfziger Jahren noch einmal herausgegeben hat, Rücksicht zu nehmen auf zahlreiche noch lebende Personen, Angehörige Hugo Wolfs, Nachfahren seiner engsten Freunde usw. So kommt bei ihm zum Beispiel so gut wie gar nicht vor, welche ›Frauengeschichten‹ im Leben von Hugo Wolf eine Rolle gespielt haben. Immerhin sind in seinen Materialien einige Nachrichten enthalten, die Hugo Wolf nicht nur als seriösen, einzig seinem künstlerischen Schaffen ergebenen Komponisten beschreiben, sondern ihn durchaus als einen widerborstigen und unter gewissen Umständen auch treulosen Freund charakterisieren. Da mir der Nachlass von Frank Walker zur Verfügung stand und dazu von der ungemein engagierten Londoner Hugo-Wolf-Society auch noch jener des Schallplattenproduzenten Walter Legge, der in den dreißiger Jahren selbst eine Wolf-Biografie schreiben wollte, konnte ich einige biografische Lücken schließen. Ich stieß in diesen Hinterlassenschaften auf sehr wichtige Zeugnisse von Nachfahren und Freunden Hugo Wolfs, die in meine Biografie Eingang fanden.[11]

---

[10] Fischer-Dieskau, Anm. 1, S. 16. Unverständlich bleibt, warum Spitzer dieses nicht erwähnt, wodurch sich seine Kritik stark relativiert.
[11] Zitiert nach: http://www.mwolf.de/wer_ist_hugo_wolf.htm (download 31. Januar 2011).

Schon in der Einleitung wird der neue Ansatz spürbar, in der Fischer-Dieskau seine Sicht auf das Liedschaffen Wolfs umreißt:
- mit Wolf sei eine »neue Phase des Kunstliedes« als eine »radikale Neuerschließung von Zukunft« angebrochen, wobei Wolf, als »Meister der kleinen Form«, an »Intensität, geistiger Durchdringung, Fülle und Mannigfaltigkeit der Stimmung, des Stils und Ausdrucks«[12] unübertroffen sei;
- Wolf habe frühzeitig Argwohn erregt, die »ursprüngliche Dialektik zwischen Wort und Lied« außer Kraft setzen zu wollen (etwa in der Kritik Gustav Mahlers), was von Wolf aber »anders empfunden« worden sei, als »verdeutlichende Musik«, die dem »Text die letzten Blutstropfen aussauge«;[13]
- im Gegensatz zu Schubert stehe bei Wolf nicht »eine bestimmte Gefühlslage im Mittelpunkt«, sondern die »ausschließliche Bezogenheit auf die jeweilige dichterische Vorlage«,[14] wozu auch die Auseinandersetzung mit der Persönlichkeit des Dichters von elementarer Bedeutung sei.[15]

Besonders hervorzuheben sind die schier zahllosen biografischen, musikästhetischen wie soziologisch-kulturwissenschaftlichen Einzelbeobachtungen Fischer-Dieskaus, die sich geschickt mit übergeordneten Fragestellungen und Themen zu Leben und Werk Wolfs verbinden. Hierin entfaltet Fischer-Dieskau eine neue Qualität gegenüber älteren Wolf-Büchern wie denen von Frank Walker[16] oder Erik Werba.[17] So wird das Wolf'sche Liedmelos als »bruchlose Verschmelzung von Rezitativischem und gebundener Melodie« charakterisiert, wobei »chromatische und enharmonische Effekte […] jegliches Schema ›klassischer‹ Tonalität« überdecken auf der Basis einer neuen Klangästhetik »komplizierter Neu- und Mischklänge, die sich dem Grundprinzip der gleichzeitigen französischen Musik erstaunlich annähern«.[18] Dass dazu eine Verlagerung des »Schwergewichts von der Singstimme auf das Klavier, das den Gesang häufig überflügelt«, notwendig ist, versteht sich dabei von selbst: »Der Klaviersatz wandelt sich zum veranschaulichenden Hintergrund, mitunter auch zum versinnbildlichenden Vordergrund, ein-

---

[12] Fischer-Dieskau, Anm. 1, S. 9.
[13] Ebd., S. 10.
[14] Ebd.
[15] Vgl. die Ausführungen in Abschnitt II.
[16] Vgl. Anm. 9.
[17] Erik Werba, Hugo Wolf oder Der zornige Romantiker, Wien/München/Zürich: Molden 1971.
[18] Fischer-Dieskau, Anm. 1, S. 11f.

deutig sinngebend und die jeweilige Stimmung festlegend.«[19] Besser kann man die Spezifika des Wolf'schen Liedes wohl kaum in wenigen Sätzen wiedergeben – auch in Bezug auf die stilistische Nähe zur Klangästhetik der Französischen Musik im letzten Drittel des 19. Jahrhunderts.[20] Die folgenden Ausführungen folgen dem Aufbau des Buches, Teil 1. *Das Leben*, und Teil 2. *Die großen Liedfolgen*, nebst einem Exkurs zur Interpretation Fischer-Dieskaus von Mörikes Gedicht *An eine Äolsharfe* in den Vertonungen von Johannes Brahms und Wolf und abschließenden Ausblick zur Rezeption Wolfs (Kapitel IV: Wolfs Nachwirkung).

## I. Teil 1: Das Leben

Die 378-seitige Darstellung zum Leben Wolfs (gegenüber 133 Seiten zum Werk und zur Rezeptionsgeschichte) kombiniert die Biografik mit den unterschiedlichsten Betrachtungen zu ästhetischen Positionen und musikalischen Vorbildern und Reibeflächen,[21] zum Schaffensprozess[22] und vereinzelten Werken außerhalb des Liedschaffens,[23] zum publizistischen Schaffen[24] u.a. Die biografischen Kapitel sind wesentlich von den zahlreichen Krisen

---

[19] Ebd., S. 12.

[20] Auch in Differenz zu aktuellen musikwissenschaftlichen Darstellungen, vgl. dazu etwa die zweiseitige Synopse von Hermann Danuser zu Wolf, Kapitel VII: Die Moderne. A. Musikalische Lyrik in der Moderne, in: ders. (Hg.), Musikalische Lyrik, Teil 2: Vom 19. Jahrhundert bis zur Gegenwart – Außereuropäische Perspektiven (=Handbuch der musikalischen Gattungen, Bd. 8.2), Laaber: Laaber 2004, S. 139–210, hier S. 155f., die eine Verbindung von Wolf zur französischen Musik primär biografisch durch die Person von Claude Debussy begründet – in dem Motiv einer primär »positiv traumatischen Wagner-Erfahrung«. Erstaunlich mutet dabei auch die geringe Gewichtung für die Darstellung von Wolf (angesichts dessen evidenter musikhistorischer Bedeutung für das Kunstlied im 19. Jahrhundert) insgesamt an (S. 155–159, mit zweiseitiger Synopse zum Gesamtwerk und dreiseitiger Einzelanalyse zu »Ach, wie lang die Seele schlummert«, aus dem Spanischen Liederbuch, Nr. 8).

[21] Vgl. Fischer-Dieskau, Anm. 1, S. 46–53 (Wagnerianer), S. 97–114 (Mahler, Bruckner, Brahms – und immer wieder Wagner), S. 233–242 (Not mit Ibsen und Platen).

[22] Vgl. ebd., S. 180–207 (Die hohe Zeit des Schaffens), S. 208–212 (Auf der Suche nach einem Libretto), S. 264–271 (Inspiration und Frustration), S. 349–357 (Letzter Schaffensaufschwung), S. 358–364 (Noch einmal eine Oper?).

[23] Vgl. ebd., S. 54–62 (Frühe Kompositionen), S. 92–96 (Streichquartett), S. 137–147 (Penthesilea), 308–328 (Der Corregidor).

[24] Vgl. ebd., S. 148–157 (Der Kritiker).

Wolfs[25] geprägt und behandeln auch dunkle Aspekte seines Lebens wie dessen Nähe zum Antisemitismus.[26] Dabei gelingen Fischer-Dieskau immer wieder überzeugende Momentaufnahmen bei der Charakterisierung und Psychologisierung Wolfs, wie etwa die folgende kurze Synopse verdeutlicht:

> Fotos aus dieser Zeit halten den durchdringenden Ausdruck der Augen fest, der ihm von der Jugend bis in die Verlorenheit der geistigen Umnachtung eigen ist. Alle Erinnerungen der Freunde erzählen von der Macht dieser Augen, die seine kleine Statur vergessen ließen. Zuweilen leuchten sie diabolisch auf, und wer ihn näher kennt, liest daran seine rasch wechselnden Stimmungen ab. Bereits an dem Fünfzehnjährigen war ein tiefer Ernst aufgefallen. Für sein Alter zu ernst gestimmt, war Wolf im Grunde stolz darauf, deswegen bisweilen geneckt zu werden. Die Ähnlichkeit mit dem Vater ist nicht zu übersehen. Auch bei diesem herrschen die strengen, dunklen Augen vor.[27]

Dass Wolf ein besonderes Talent dafür gehabt hat, in persönlichen Beziehungen wie in seinen öffentlichen Aussagen immer wieder – auch ihm an sich zunächst durchaus wohlgestimmte – Personen vor den Kopf zu stoßen, zieht sich wie ein weiterer roter Faden durch die Darstellung Fischer-Dieskaus. So steigerte sich Wolf in eine lebenslange Fehde mit Johannes Brahms, indem er bei einem Besuch Anfang 1879 anscheinend keine Kritik an seinen Brahms gezeigten Liedern verkraften konnte, was ihn später zu seinen überzogenen Verrissen als Kritiker vor allem der Brahms'schen Sinfonik führte[28] – eine Fehde, die der Akzeptanz seiner eigenen Werke im Wiener Musikleben nachhaltig geschadet hat. Ebenso negativ gestaltete sich für Wolf die Entzweiung von seinem Jugendfreund Gustav Mahler, der, zunächst als Kapellmeister und schließlich ›artistischer Direktor‹ der Wiener Hofoper, Werke von Wolf wie den *Corregidor* hätte zur Aufführung bringen können.[29] Zu diesen permanenten Fehltritten gehört auch das Scheitern Wolfs als Chordirigent am Salzburger Landestheater sowie der fehlgeschlagene Versuch, eine Lehrstelle

---

[25] Vgl. ebd., S. 80–91 (Labyrinth der Liebe), S. 128–136 (Salzburger Misere), S. 158–171 (Enttäuschungen), S. 243–249 (Entbehrung), S. 294–307 (Dramatische Ereignisse), S. 372–381 (Mahler und die Katastrophe).
[26] Vgl. ebd., S. 124–127 (Ein dunkler Exkurs: Antisemitismus).
[27] Ebd., S. 79.
[28] »Die Kunst, ohne Einfälle zu komponieren, hat entschieden in Brahms ihren würdigsten Vertreter gefunden. Ganz wie der liebe Gott versteht auch Herr Brahms sich auf das Kunststück, aus nichts etwas zu machen«, so Wolf in seiner Besprechung vom 24. Januar 1886 anlässlich der Erstaufführung von Brahms' Vierter Sinfonie, zitiert nach ebd., S. 154.
[29] Zum Streit über die Ablehnung Mahlers, den Corregidor aufzuführen, und den anschließenden Zusammenbruch Wolfs vgl. ebd., S. 372ff. 1904 führte Mahler den Corregidor schließlich doch auf, allerdings in einer dreiaktigen Bearbeitung, vgl. ebd., S. 525ff.

am Mozarteum zu erlangen – was auch das Verhältnis zu dem ihn finanziell unterstützenden Vater nachhaltig getrübt hat.[30]

## II. Teil 2: Die großen Liedfolgen

Neben den Liederzyklen der »zentralen Schaffensperiode [...] 1888–1990 (Mörike, Eichendorff, Goethe)« behandelt Fischer-Dieskau in diesem zweiten Teil auch die übrigen »zyklisch zusammengefassten Liedgruppen *Spanisches Liederbuch*, *Italienisches Liederbuch*, Keller, Michelangelo«.[31] Dabei seien hier weitere Aspekte der Liedästhetik Wolfs angeführt, wie diese bereits im ersten Teil kurz erörtert wurden. Wichtig war für Wolf dabei vor allem das neue Verhältnis von Musik und Sprache: Statt nach einer Dichtung, die sich der Musik angleicht, strebt er nach einer Musik, die sich der Dichtung unterordnet: Die Dichtung wird für ihn zum Maßstab. Wolf spricht deshalb von »objektiver Lyrik«, bei der die Worte die Musik gleichsam anstoßen.[32] Ebenso gerät auch die Figur des Dichters in den Fokus der Liedästhetik Wolfs:

> In der Stellung zu den Dichtern liegt das Neue von Wolfs Liedkunst. Das deutet er selbst an, wenn er sagt, die Poesie sei die eigentliche Urheberin seiner Musiksprache. In dem Bestreben, Sinn, Sprache und Musik eines werden zu lassen, kann es ihm nicht genügen, den Gehalt eines Gedichtes zu erfassen. Für ihn ist der Schlüssel dazu die Persönlichkeit des Dichters, der ihm den poetischen und zugleich den musikalischen Horizont erschließt.[33]

Dass er dabei »[Robert] Schumann als sein wichtigstes Vorbild im Liedbereich bezeichnet [hat]«,[34] ist naheliegend, verkörpert dieser doch »den Grundton des eigentlichen Wesens der Romantiker, jenen schmerzdurchtränkten Naturlaut, der durch alle Wirrnisse des Lebens durchklingend, zuletzt in ein sehnsüchtiges Hinüberträumen nach dem Einklang mit der Natur erstirbt«.[35] Schumanns häufig gedrängte Schaffensperioden begründet eine weitere Nähe zu Wolf, der etwa in der kurzen Zeit vom 22. Februar bis zum

---

[30] Vgl. dazu ausführlich ebd., Salzburger Misere, S. 128ff.
[31] Vgl. ebd., S. 15.
[32] Ebd., S. 183.
[33] Ebd., S. 185.
[34] Vgl. ebd., S. 151.
[35] So Wolf in einer Kritik vom 24. Februar 1884 zu einem Konzert Anton Rubinsteins, u.a. mit Schumanns C-Dur-Fantasie, zit. nach Richard Batka/Heinrich Werner (Hg.), Hugo Wolfs Musikalische Kritiken, Leipzig: Breitkopf & Härtel 1911, S. 17.

18. Mai 1888 43 Lieder nach Mörike komponierte.[36] In diesen Vertonungen »fand Wolf sich selbst« und etablierte so Mörikes im 19. Jahrhundert weniger bekannten Gedichte – die »literarisch Interessierten [kannten] Mörike als Idylliker, [als] einen Gedichte schreibenden Landpfarrer, der er spätestens in der zweiten Lebenshälfte nicht mehr war«.[37] Als ideale Identifikationsfigur eines ihm – zudem noch sehr wesensverwandten – Dichters[38] verkörpert Mörike für Wolf vertraute »Formen und Stimmungen [wie das] Schnurrige und das Fantastische, das Tiefsinnige wie das Behagliche, aber auch die oft verschleierten Schmerzensgeständnisse [gerade dieses] Dichters«.[39] Dieses sich Einlassen-Müssen bei »jedem neuen Gedicht« auf einen »jeweils eigenen Stil« und einer zwar »undefinierbaren«, aber ebenso »eigenen Atmosphäre«[40] war die ideale Übungsmethode für Wolf, sich seine gleichsam individuelle Liedästhetik zu erarbeiten – nicht von ungefähr hat Mörikes spezielle Lyrik einer eigentümlichen »Weltfrömmigkeit« (bei gleichzeitiger Nähe zu den ›modernen‹ Dichtern »Rimbaud und Verlaine und zur Dichtung des Symbolismus«) auch diverse andere Komponisten wie »Brahms, Reger, Schoeck und Pfitzner«[41] angezogen (eine Herausforderung nicht nur für die äußerst pointiert geschriebenen Analysen Fischer-Dieskaus, sondern auch für dessen eigene Mörike-Interpretation[42]).

Auch in seiner Darstellung der Wolf-Vertonungen von Gedichten Eichendorffs, Kellers und Goethes versteht es Fischer-Dieskau, jeweils deren Besonderheiten und Charakteristika anschaulich zu machen. So begegne man bei Wolfs Eichendorff-Liedern »vornehmlich dem studentisch angehauchten Eichendorff, der in witzigen Hohngesängen über alles Philisterhafte herzieht«.[43] Trotz der offenkundigen psychologischen wie biografischen Differenzen von Wolf und Eichendorff konstatiert Fischer-Dieskau aber auch eine geistige Nähe beider, indem Wolf »eben nicht die vom Gedicht

---

[36] Fischer-Dieskau, Hugo Wolf, Anm. 1, S. 185f. Im Unterschied zu Schumann aber zeigt Wolf eine »Phobie, sich an größere Formate zu wagen« (ebd., S. 186), was ihn auch in eine Nähe zu Komponisten wie Edward Grieg stellt.
[37] Ebd., S. 399f.
[38] Eintauchen in die Persönlichkeit des Dichters meint dabei weniger ein biografisches Moment, sondern eher den Versuch, sich dem Werk eines Dichters möglichst umfassend anzunähern und sich in einem bestimmten Zeitraum auf diesen ausschließlich zu konzentrieren.
[39] Ebd., S. 400.
[40] Ebd., S. 402.
[41] Ebd., S. 403.
[42] Vgl. dazu auch Abschnitt III.
[43] Fischer-Dieskau, Anm. 1, S. 445.

ausgelösten Emotionen mit Musik fassen, sondern die dramatische Situation des lyrischen Ich nachempfinden und damit ›objektivieren wollte‹«.[44] Eine Spannung bleibt gleichwohl erhalten in dem Widerspruch aus eher einfach gestalteten Gedichten (»[jene] unkomplizierten Gebilde Eichendorffs«[45]) und der kompositorischen Umsetzung »Wolfs geistvollste[r] Charakterbilder«,[46] wie diese Fischer-Dieskau in seinen Analysen ebenso bündig wie prägnant verdeutlicht.

*Alte Weisen* von Gottfried Keller, dessen Lyrik zweifelsohne »in der Geschichte der deutschen Literatur ein Sonderkapitel«[47] einnimmt, wurden von Wolf, zudem von Brahms und Pfitzner vertont. Als ein Grund dafür mag die Nähe zum Genre des ›Volksliedhaften‹ gesehen werden, die für das Kunstlied im 19. Jahrhundert eine andauernde Herausforderung darstellte (von daher verwundert es auch nicht, dass sich Wolf mit der Vertonung nicht leicht tat und »fast einen Monat für diese Skizzen (25. Mai bis 23. Juni 1890)«[48] benötigte.

Im Gegensatz zu Keller bedeutete die Auseinandersetzung mit Liedern Goethes eine im Anspruch ungleich größere Herausforderung, zudem hier auch Vertonungen von Schubert vorlagen, die Wolf für unübertroffen hielt (*Erlkönig* D 328, *Geheimes* D 719, *An Schwager Kronos* D 369). Das Spektrum seiner 51 Goethe-Vertonungen reicht von den *Harfenspieler I-III*-Liedern, den *Mignon*-Liedern bis hin zu den drei herausragenden Liedern *Prometheus*, *Ganymed* und *Grenzen der Menschheit*, die die »Haltung des Menschen zum Göttlichen«[49] beleuchten.

Diese Affinität Wolfs zu den ›Dichterfürsten‹ (nicht nur seiner Zeit) bezeugen auch seine Vertonungen des *Spanischen Liederbuchs*, von Emanuel Geibel und Paul Heyse (Übersetzungen bzw. Nachdichtungen aus dem Alt-Spanischen), sowie des *Italienischen Liederbuchs* (Heyse). Geibel, als »Haupt der konservativen Münchener Schule um König Maximilian II.«[50] und dessen Freund und Nachfolger, der Vielschreiber und spätere Nobelpreisträger Heyse, verdanken letztlich beide ihr literarisches Fortleben Wolfs Vertonungen ihrer Gedichte. Wiederum versteht es Fischer-Dieskau in sei-

---

[44] Ebd.
[45] Ebd.
[46] Ebd., S. 449.
[47] Ebd., S. 456.
[48] Ebd.
[49] Ebd., S. 479.
[50] Ebd., S. 484.

nen flüssig geschriebenen Kurzanalysen das jeweils Charakteristische in den Vertonungen Wolfs deutlich werden zu lassen. Dass dabei vor allem für die Vermittlung einer »poetischen Inspiration durch italienische Dichter der Vergangenheit« wiederum ein individueller Dichtertypus (hier Heyse, der sich »ein Leben lang für diese Gedichte eingesetzt [hatte]«[51]) für Wolf von entscheidender Bedeutung war, zeigt sich auch in dem Umstand, dass »die gelegentlich zum altdeutschen tendierende Wortwahl Heyses [...] die Verse meist seriöser klingen [lässt], als sie gemeint waren, [obgleich] ihm [Wolf] der überwiegend heitere und lebhafte Charakter der Dichtung aus der Seele gesprochen haben [wird]«.[52]

Die *Michelangelo*-Sonette schließlich – ein melancholischer Abgesang auf die Welt (in der Übersetzung von Walter Robert-Tornow) – sind ein deutlicher biografischer Spiegel der depressiven Stimmung Wolfs im Frühjahr 1897 und stehen nur selten » – man könnte sagen: zum Glück – [...] auf den Konzertprogrammen. Das haben sie mit einer anderen Lebens-Coda gemeinsam: den *Vier Ernsten Gesängen* des todgeweihten Johannes Brahms«.[53]

## III. Exkurs: Dietrich Fischer-Dieskau als Interpret: *An eine Äolsharfe*, in den Vertonungen von Hugo Wolf und Johannes Brahms

Das Gedicht *An eine Äolsharfe* (Aeolsharfe), 1838 publiziert, wurde von einer ganzen Reihe auch heute eher unbekannter Komponisten vertont, neben Brahms und Wolf etwa von Emil Kauffmann (1836–1909) oder Fritz Schieri (1922–2009). Auffällig ist die innere Verwandtschaft in den Vertonungen von Wolf (1888) und Brahms (1858), die man zu Recht als »Introduktion und Arie«[54] bezeichnen kann. Nach einem einleitenden ›Rezitativ‹ mit ausgehaltenen Akkorden wird das »Saitenspiel« der ›Äolsharfe‹ der Zeile »Du, einer luftgebor'nen Muse Geheimnisvolles Saitenspiel,« bei Wolf mittels Arpeggien (T. 4ff.) und bei Brahms durch triolische Akkord-Repetitionen (T. 11ff.) tonmalerisch dargestellt. Beim Eintritt der ›Arie‹ (Wolf, T. 13ff.; Brahms, T. 25ff.) nähern sich beide Vertonungen noch stärker an, wobei eine jeweils flächige Folie einer triolischen Viertel-Grundierung den Satz

---

[51] Ebd., S. 499.
[52] Ebd.
[53] Ebd., S. 520.
[54] Ebd., S. 414.

bis zum Schluss jeweils durchgängig bestimmt (vgl. Notenbeispiele 1 und 2), ebenso wie bei der Zeile »Wachsend im Zug meiner Sehnsucht, Und hinsterbend wieder« jeweils ein kurzes instrumentales ›Zwischenspiel‹ folgt (Wolf, T. 40–44 / Brahms T. 71–74).

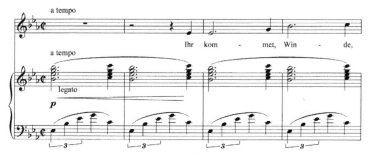

Abb. 1: Hugo Wolf, *An eine Äolsharfe* (1888), T. 13–16

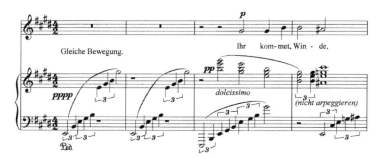

Abb. 2: Johannes Brahms, *An eine Äolsharfe* (1858), T. 25–28

Interessant ist dabei die Relation zwischen der Beschreibung Fischer-Dieskaus zu Details der Wolf-Vertonung und seiner eigenen Interpretation:[55]

> Klangphantasierend ahnte Wolf voraus, wie sich eine Äolsharfe wohl anhören könnte und entzückte sich viel später daran, wie nahe der echte Klang seiner Vorstellung kam. Er wechselte darüber hinaus die Beleuchtungen des Textes so eindeutig, dass sich die Anforderungen an Sänger und Pianist wie von selbst ergeben. Wie »süß« mutet die harmonische Bewegung an bei »unterwegs streifend« [T. 23], wie logisch wirkt die vorgezogene Auftakts-Synkope bei »angezogen

---

[55] Aufnahme mit Daniel Barenboim, Deutsche Grammophon CD 415 192-2 (publ. 1974).

von wohllauter Wehmut« [T. 31–35], wie berechtigt die Wiederholung von »hinsterbend wieder« [T. 38–39], wie stimmig zur »plötzlichen Regung« [T. 50–51] das harmonische Ausweichen! Und allem folgt schließlich ein für den Pianisten gratwandlerisch auszuführendes Liszt-»smorzando« in stetig abnehmender Lautstärke bis zum Verhauchen [T. 58–69].[56]

In seiner Interpretation der Wolf-Vertonung zeichnet Fischer-Dieskau die in seinem Text beschriebene tonmalerische Vielfalt des Liedes nach, wobei natürlich diverse Nuancen der individuellen Tongebung mit in die Aufnahme hineinspielen. So wandelt sich beispielsweise der Tonfall in T. 6ff. bei »geheimnisvolles Saitenspiel« in ein doppeltes, beschwörendes Piano, während von ihm zuvor die beiden Viertel auf »Muse« als eher ›getragenes‹, wenn auch ein wenig ›fragendes‹ Melos vorgetragen werden. Ferner betont Fischer-Dieskau sehr individuell verschieden einzelne Worte, indem etwa in T. 11 bei »Winde« ein kleines Decrescendo erfolgt, um dann wieder etwas stärker mit »fern herüber« fortzusetzen (dann wieder als Decrescendo gesungen). In dem darauf folgenden Teil von T. 22–39 nähert sich die Wolf-Vertonung insgesamt am stärksten der mehr homogenen Vertonung von Brahms an (s. u.), wobei auch dort einzelne Passagen eher deklamatorisch denn liedhaft vorgetragen werden (etwa bei dem dreimaligen »wie süss«, T. 26f., oder die sehr zurückgenommene Wiederholung »wie süss bedrängt ihr dies Herz!« von T. 29–31 im Verhältnis zu T. 27–29). Auch die Steigerung »Und säuselt her in die Saiten« ab T. 32ff. gerät zu einer wirkungsvollen ›Szene‹, die den Höhepunkt bei »Sehnsucht« T. 37 voll auskostet. Eher frei dagegen mutet die Gestaltung der anschließenden Passage »Aber auf einmal, wie der Wind heftiger herstösst«, T. 44–46, an, als ob Fischer-Dieskau sich hier mit einer unbestimmten Haltung erst in das Bild hineintasten wollte. Der darauf folgende letzte große Höhepunkt (T. 47–51) mündet in einen Abgesang (T. 52–57), von Wolf ganz und ganz ›verklärend‹ vertont mittels der flächigen E-Dur-Akkordrepetitionen T. 53ff. und einer wieder in den rezitativischen Tonfall hernieder sinkenden Gesangsstimme ab T. 55. In dem darauf folgenden Klaviernachspiel T. 58–70 verdeutlicht sich eine weitere markante Differenz zu dem eher unscheinbaren ›Nachspiel‹ der vier Schluss-

---

[56] Ebd., S. 414f. Vgl. dazu die rein biografische Darstellung zur Entstehung des Liedes von Werba, Anm. 17, S. 137, der Eindrücke von Wolf während einer Besichtigung der Burg Hochosterwitz in Kärnten schildert, ohne dabei wie Fischer-Dieskau auf konkrete musikalische Details des Liedes einzugehen.

takte bei Brahms, in dem drei- und vierfaches piano dennoch bei vollen Akkordsatz vorzutragen ist – ein (durchaus Harfe-typisches) »Verhauchen« (s.o.) in Form einer ›Entmaterialisierung‹ gewichtiger Akkord-›Blöcke‹. Im Vergleich hierzu erweist sich die Brahms-Vertonung *An eine Äolsharfe* insgesamt als mehr ›liedhaft‹ geschlossen, auch in Bezug auf die wesentlich geringere Differenz von ›Rezitativ‹ und ›Arie‹. In seiner Interpretation[57] folgt Fischer-Dieskau dieser mehr homogenen Gestaltung und lässt das Lied wie in einem großen ›durchgesungenen‹ Bogen hörbar werden.[58]

## IV. Wolfs Nachwirkung

Eine Laufbahn von knapp zehn Jahren, das ist Hugo Wolfs eigentliche Lebensspanne. Es ist ein Dezennium der abnormen Disziplin und unerbittlicher Selbstkritik, zuweilen auch auftrumpfender Selbstüberschätzung, die aber mit fortschreitender Paralyse immer häufiger als Krankheitssymptom zu werten ist. Mit religiösem Eifer diente Wolf seinem Kunstideal, das er denn auch – innerhalb der Möglichkeiten seiner speziellen Begabung – in beispielloser Tiefe durchdrang.[59]

Wolf hat es sich und anderen nicht leicht gemacht, und dennoch erfuhren er und sein Werk auch schon in seinen Lebzeiten (1860–1903) ideelle wie materielle Anerkennung (beispielsweise durch die Gründung von Hugo Wolf-Vereinen 1887 in Wien und Perchtoldsdorf u.a.). Der ökonomische Erfolg als freischaffender Komponist allerdings hielt sich in Grenzen, indem etwa sein Lieder-Œuvre »in zahllosen Freiexemplaren, die Schott allen damals bekannten Sängern zur Verfügung stellte«,[60] verfügbar war: Wolfs Tantiemen vom Schott-Verlag beliefen sich von daher auf ganze 86 Mark, während die »Erben alles, was veröffentlich war, dem neu gegründeten Verlag Peters für 260000 Mark [verkauften]«.[61]

Fischer-Dieskau beleuchtet konzise die Stationen von Wolfs Nachruhm, der sich noch vor dem Ersten Weltkrieg gefestigt hatte und in einer Vielzahl

---

[57] Aufnahme mit Wolfgang Sawallisch, EMI Classics CMS 764820 A (publ. 1993).
[58] Auch das instrumentale ›Zwischenspiel‹ T. 71–74 hat hier eher nur beiläufigen Charakter, im Verhältnis zur gewichtigeren Vergleichspassage in der Wolf-Vertonung T. 40–44.
[59] Fischer-Dieskau, Anm.1, S. 523.
[60] Ebd., S. 524.
[61] Ebd., S. 527.

von Institutionen in Europa[62] und Übersee[63] getragen worden ist. Auch »Stiefkinder« wie Wolfs Oper *Corregidor* (s.o.) erlebten diverse Aufführungen, gehäuft zwischen 1902 bis 1906, dann nur noch vereinzelt.[64] Dagegen sind seine Lieder fester Bestandteil der bedeutenden Sängerpersönlichkeiten des 20. Jahrhunderts geworden (eingedenk der Einspielungen Fischer-Dieskaus selbst) – etwa »Idole des Opernpublikums wie Lotte Lehmann, Elisabeth Schumann, Maria Olschewska und Frieda Leider trugen Wolfs Werke bis nach Amerika, wo Mac Harell, Kathleen Battle und andere sich für Wolf engagierten«.[65] Dies betrifft auch Generationen von Pianisten wie Gerald Moore, Jörg Demus, Sviatoslav Richter und Daniel Barenboim, die sich als kongeniale Begleiter erwiesen und die immense Bedeutung des Pianisten in den Wolf-Liedern unterstrichen haben.

In Bezug auf die Gegenwart und die aktuelle Wolf-Rezeption urteilt Fischer-Dieskau allerdings zu stark kulturpessimistisch und konstatiert ein »nachlassendes Interesse des Publikums an Liederabenden« ebenso wie das Fehlen an »großen Persönlichkeiten […], ohne die das Kunstlied nun einmal nicht auskommt«[66] – hier scheinen die zahlreichen Sänger und Sängerinnen der jüngeren Generation wie Thomas Quasthoff, Ian Bostridge oder Jonas Kaufmann ein eher gegenteiliges Votum zu begünstigen. Ebenso ist die finale These Fischer-Dieskaus zu hinterfragen, wenn er in Wolf gar das Ende des »deutschen Kunstliedes«[67] sieht und so eine ›Zerfallsgeschichte‹ der Gattung propagiert, die man weder für die Interpreten noch für die Komponistinnen und Komponisten so unterschreiben kann.[68] Trotz dieses fragwürdigen Ausblicks aber bleibt Fischer-Dieskaus Buch eine der herausragenden Leistung im modernen Wolf-Schrifttum.

---

[62] Etwa durch die Gründung der Hugo-Wolf-Gesellschaft in Stuttgart durch Carl Orff und Hermann Reutter 1968, deren Name 1990 in »Internationale Hugo-Wolf-Akademie für Gesang, Dichtung, Liedkunst e.V.« geändert wurde, vgl. ebd., S. 525.

[63] Etwa durch die Gründung einer »Hugo Wolf Society for the Promotion of Art Song« 1931 durch Thomas Mann, Bruno Walter, Elena Gerhardt, Lotte Lehmann, Darius Milhaud und Thornton Wilder, vgl. ebd., S. 524f.

[64] Ebd., S. 526f.

[65] Ebd., S. 528f.

[66] Ebd., S. 529f.

[67] Ebd., S. 531.

[68] Auch angesichts der zahlreichen Liedvertonungen seit den 1980er Jahren, von Aribert Reimann, den Fischer-Dieskau noch erwähnt (S. 531), bis hin zu Wolfgang Rihm u.v.a.m., kann nicht von einer Stagnation der Gattung gesprochen werden.

ELMAR BUDDE (FREIBURG/BR.)

## Dietrich Fischer-Dieskau als Maler

Der folgende Beitrag handelt von Dietrich Fischer-Dieskaus Betätigung im Bereich einer anderen Kunst, die er nachhaltig und durchaus mit großem Erfolg betreibt – der Malerei. Weltweit waren seine Tafelbilder bereits Gegenstand diverser Ausstellungen. Anhand von 14 Gemälden wird ein Einblick in das Œuvre Fischer-Dieskaus gegeben, das stets an der gegenständlichen Malerei orientiert ist und doch über diese hinausweist. Ferner sind die Korrelation zwischen seiner musikalischen und seiner grafischen Darstellungen sowie die Frage nach der Motivation des Sängers, sich auch in der bildnerischen Kunst zu betätigen, Gegenstand der Ausführungen.

The following contribution is concerned with Dietrich Fischer-Dieskau's activity in a different field of art – painting – which he enduringly performed with considerable success. His panel paintings have been presented in various exhibitions worldwide. Based on 14 selected paintings, an insight is given into the œuvre of Fischer-Dieskau which is always realism-oriented but also reaches beyond that style. Furthermore, the correlation between musical and graphical presentations as well as the question about the motivation of the bass-baritone to engage oneself in graphic art are topics of this elaboration.

Es gehört zum Eröffnungsritual, dass zu Beginn über die Bilder, die wir betrachten, geredet wird, dass sie kommentiert werden, als ob der Betrachter so etwas wie eine optische Sehhilfe benötige, mit deren Hilfe er die Zeichensprache der Malerei übersetzen kann. Man nennt solche Rituale bekanntlich Vernissagen. Die Musik kennt solche Rituale, solche Vernissagen nicht. Musik spricht unmittelbar, ihr Anspruch erfüllt sich in der Zeit, die sie vom Hörer fordert. Wenn ich nun versuche, einige Worte zu den Bildern Dietrich Fischer-Dieskaus zu sagen, dann fühle ich mich mit einer merkwürdigen Situation konfrontiert, paradox insofern, als ich versuche, Bilder jenes Musikers und Sängers sprachlich zu erreichen, dessen Interpretationskunst gerade aufgrund der Unmittelbarkeit ihrer musikalischen Ausdruckssprache jegliche Art eines verbalen Kommentars von vornherein hinter sich ließ. Dank der Medien ist diese Interpretationskunst ja nicht vergangen, sondern immer wieder neu und unmittelbar zu erleben, und wenn das nicht so wäre, dann wären wir wohl nicht zu diesem Symposion in Salzburg zusammengekommen. Sogleich stellt sich nämlich die Frage – und man kann sich ihr wahrlich nicht entziehen – nach dem Wechselverhältnis von musikalischem und malerischem Ausdruck, nach der Personalunion von Maler und Musiker sowie und nicht zuletzt nach dem Verhältnis von Malerei und Musik (jene berühmte Gretchenfrage). Bereits aufgrund dieser sich einstellenden Fragen wird man schließlich der Versuchung erliegen, das bildnerische Schaffen von Dietrich Fischer-Dieskau vornehmlich unter der Perspektive des Musikalischen zu betrachten – also jener unmittelbaren Ausdruckssprache, die der Sänger Fischer-Dieskau vollkommen beherrschte und der er sein unverwechselbares Signum aufgeprägt hat. Geben wir dieser Versuchung nach und stellen wir derartige Fragen dem malenden Musiker, dann werden die Antworten, die wir von ihm bekommen, mit Sicherheit nicht so sein, wie wir es uns in unserer Fantasie vielleicht erhofft haben. Die Vorstellung, dass es auf der Oberfläche der sinnlichen Erscheinung zwischen Malerei und Musik Berührungspunkte gäbe, wird der Maler und Musiker Fischer-Dieskau als naiv und unreflektiert vom Tisch wischen; für ihn sind Musik und Malerei in ihren Erscheinungsformen nach unterschiedlichen Gesetzmäßigkeiten strukturiert – das gilt es zunächst zu erkennen. Wenn wir seine Bilder ohne Vorurteile anschauen, dann werden wir in keinem auch nur den Hauch einer Allusion zu jener gestaltlosen Malerei erkennen, die sich als musikalisch ausgibt und ihre mangelnde malerische Struktur mit weltanschaulichen oder kunstpädagogischen Sentenzen verbrämt. Jedes Bild gehorcht vielmehr den Prinzipien malerischer Gestaltung; einer Gestaltung, die sich der Tradition europäischer Malerei und ihrer stilistischen Vielfalt durchaus bewusst ist und sich an ihr orientiert.

Was sind das für Bilder, so fragen wir, wenn wir seine Bilder betrachten. Zunächst eine banale Feststellung: Es sind Tafelbilder, kleine, mittelgroße und große Tafelbilder, quadratische oder rechteckige. Jedes Gemälde hat eine spezifische Gegenständlichkeit, auf die die beigegebenen Titel mehr assoziativ als programmatisch hindeuten. Diese Bildtitel sind zumeist erst im Malprozess oder überhaupt erst im Nachhinein gefunden und formuliert worden. Es sind, so könnte man sagen, verbale Reaktionen auf das malerisch gestaltete Bild. Entscheidend ist wohl bei allen Bildern, dass sie in ihrer wie auch immer verbalisierenden Thematik die innere Welt des malenden Musikers als bildnerische Gegenwelt widerspiegeln. Vielleicht sind diese Titel dennoch von einer gewissen Bedeutung; vielleicht sind sie, ohne ein Programm zu formulieren, gleichsam Fingerzeige, die ins Bild verweisen.

Aufgrund der Titel (*Dickicht, Waldinneres, Heidelandschaft* etc.) könnte man meinen, wir hätten es mit einer ausschließlich gegenständlichen Malerei zu tun. Doch diese Charakteristik ist zu oberflächlich. Das Gegenständliche der Bilder ist vielmehr so etwas wie eine Seh-Erfahrung des Malers; eine Seh-Erfahrung, die als solche im Bild thematisiert wird, und zwar als erlebte Erfahrung. Selbst ein Bild (wie z.B. *Dickicht*) ist nur auf den ersten Blick als gegenstandslos zu bezeichnen: Die innere, versteckte Gegenständlichkeit entfaltet sich erst bei genauem und vertieftem Hinsehen – ohne ein solches Hinsehen kann es keine Einblicke geben. In dieser am Gegenständlichen orientierten Bild-Thematik zeichnet sich eine Tendenz ab, auf die Fischer-Dieskau selbst einmal hingewiesen hat. Der Weg zur Malerei war für ihn von Beginn an bestimmt durch den Willen, sehen zu lernen, d.h. Gesehenes malerisch zu begreifen, es in der Zeichensprache der Malerei dingfest zu machen. Fischer-Dieskau in einem Gespräch:

> Es fing mit dem Hang zum Portrait an, einer Übung, die seit der Allmacht der Fotografie über unseren Gesichtssinn leider an Geltung verloren hat. Weil sich auch meine Art Lieder zu singen, in der Kunst des ›Portraitierens‹ konzentriert, scheint es berechtigt, das dies auch den Schwerpunkt meiner Zweittätigkeit ausmachte.

Mit dem Portraitieren fing es also an. Malerei wird zur Tätigkeit; das Portraitieren öffnet sich schließlich zum Gegenständlichen, ähnlich wie das gemalte oder gezeichnete Gesicht verwandelt sich das Gegenständliche im Bild zum Portraitierten. Die Kunst des Portraitierens von Gegenständlichem als gemeinsame Kategorie von Malerei und musikalischer Interpretation, von Malen und Singen? Die Frage stellt sich. Was die malerische Wiedergabe des Gesehenen und des im Gesehenen Erkannten betrifft, so bestehen zwischen der Kunst des Portraitierens, des Erfassens von Gegenständlichem und der musikalischen Interpretation zweifelsfrei gewisse Gemeinsamkeiten. Diese Gemeinsamkeiten werden sogar noch deutlicher, wenn man sich bewusst macht, dass die Kunst der musikalischen Interpretation ja gerade darauf beruht, eine Komposition (also etwas dem Gegenständlichen Vergleichbares) nicht bloß als ein strukturelles, sondern als ein physiognomisches Ganzes zu begreifen und klanglich erstehen zu lassen. Man kann diese physiognomische Genauigkeit vor allem an den Portraits, die Fischer-Dieskau gezeichnet und gemalt hat, unschwer erkennen (vgl. Abb. 1–4).

Ähnliches gilt auch für die am Gegenständlichen orientierten Bilder. Freilich hat diese physiognomische Genauigkeit nichts zu tun mit fotografischer Akuratesse, sie setzt sich vielmehr aus einem vielfältigen Gewirr von Strichen und Farbzügen zusammen. Der Strich, der die Gegenständlichkeit des Bildes zusammenhält und zugleich erstehen lässt, ist nicht geradlinig

Abb. 1: Dietrich Fischer-Dieskau, *Jelena* (1982)
80 x 100 cm/Acryl/Aquarell

Abb. 2: Dietrich Fischer-Dieskau, *Slava Richter* (1982)
50 x 50 cm/Acryl

Dietrich Fischer-Dieskau als Maler 235

Abb. 3: Dietrich Fischer-Dieskau, *Julia* (1977)
40 x 30 cm/Kreide

Abb. 4: Dietrich Fischer-Dieskau, *Selbstbildnis* (1976)
40 x 30 cm/Graphit

und kontinuierlich, er ist vielmehr vielfältig gebrochen und zerfasert. In der Folge der Strich- und Farbführung meint man als Betrachter eine gewisse Nervosität des Tastens und Suchens zu spüren. Die Sicherheit des ›so ist das und nicht anders‹ stellt sich nicht ein und soll sich nicht einstellen. Die physiognomische Genauigkeit der Bilder setzt sich aus einer Vielzahl von Detailmomenten zusammen. Das Auge muss diese Detailmomente gewissermaßen sehend zusammenführen; der Betrachter muss sich ein Bild machen (z. B. Abb. 5–7).

Abb. 5: Dietrich Fischer-Dieskau, *Dickicht* (1982)
100 x 80 cm/Acryl

Dietrich Fischer-Dieskau als Maler

Abb. 6: Dietrich Fischer-Dieskau, *Heidelandschaft* (1981)
50 x 70 cm/Acryl

Abb. 7: Dietrich Fischer-Dieskau, *Schatten* (1984)
100 x 80 cm/Acryl

Die merkwürdige Ambivalenz zwischen physiognomischer Genauigkeit des Gesehenen auf der einen und malerischer Offenheit auf der anderen Seite lässt sich nahezu in allen Bildern beobachten. So entsteht eine nur schwer zu beschreibende Vieldeutigkeit; man hat den Eindruck, als ob die Bilder etwas zeigten, auf etwas hindeuteten und doch zugleich alles verbergen und verstecken wollten. Auffallend ist das reiche Spektrum der Farbvaleurs in den Bildern. Aufgrund dieser Farbvaleurs hat jedes der Bilder einen unverwechselbaren Farbton, um nicht zu sagen einen spezifischen Farbklang. In keinem der Bilder stehen sich die Farben als bloße Kontraste gegenüber; jeder Farbton, jeder Farbklang setzt sich aus einer Vielzahl von Zwischentönen und Farbschichten zusammen. Dadurch geraten die Farben selbst in Bewegung. Man hat beim Betrachten den Eindruck, als ob das formale Gefüge der Bilder aus dem Duktus der Farbführung bzw. des Farbauftrages hervorgetrieben werde. Gleichwohl sind alle Bilder an einer gewissen Gegenständlichkeit (bzw. Thematik oder Motivik) orientiert. Doch diese Gegenständlichkeit ist für Fischer-Dieskau immer ein Ergebnis eines sich als unmittelbare Handlung vollziehenden Malprozesses zu verstehen, d.h. die Gegenständlichkeit ist dem Malprozess nachgeordnet.

Das Sehen bedarf indessen, wie Fischer-Dieskau überzeugt ist, einer wie auch immer gearteten Gegenständlichkeit, um der Orientierungslosigkeit zu entgehen. Einer nicht mehr am Gegenständlichen, sondern an Konzepten orientierten Malerei steht er deshalb grundsätzlich skeptisch gegenüber, wie er in seiner Autobiografie schreibt.

> Die Kunst des Malers zeigt sich darin, wie er seinen Gegenstand, sein Thema ausformt und so zur Erscheinung bringt. Neu ist an der nicht gegenständlichen Kunst eigentlich nur, dass der Widerstand des Sujets wegfällt, in nichtgegenständlichen Bildern ist die Spannung zwischen Dargestelltem und Darstellung praktisch aufgehoben. Organisierte Farben auf der Fläche, eine von der Phantasie diktierte Struktur auf der Suche nach Form haben die wohltuende Nebenwirkung, ohne Anrufe, Botschaften, Schilderungen auszukommen. Malweise und strukturelles Konzept übernehmen die Hauptrolle. Um ein solches Bild zu lesen, braucht es den direkten Durchblick auf das Konzept. [...] Die Konzepte konkurrieren erbarmungslos miteinander. Nichts versteht sich mehr von selbst, ausufernde Kommentare werden nötig. Der Gefahr des Beliebigen sind viele nicht entkommen.[1]

---

[1] Dietrich Fischer-Dieskau, Zeit eines Lebens. Auf Fährtensuche, Stuttgart: DVA 2000, S. 218.

Abb. 8: Dietrich Fischer-Dieskau, *Arcadia* (1987)
130 x 80 cm/Acryl

So geht es also dem malenden Musiker Fischer-Dieskau immer um das Spannungsverhältnis von Darstellung und Dargestelltem; dieses Spannungsverhältnis gilt es malerisch zu gestalten.

> Wenn Kunst Gestalten ist, bedeutet dies auch, sich gestalten zu lassen, sich vom Material, von der Idee des zu bewältigenden Werkes, von einer Farbe, von einer farbklanglichen Faszination, von jeglicher Inspiration leiten zu lassen. Was nur ein Motiv ist, wird auf diese Weise zum Subjekt, eine Rolle, die für mich lange Zeit die Commedia dell'arte übernahm, deren Geist ich im Bild wiederzugeben suchte. Nicht ich nehme solche Themen wahr, sondern sie nehmen von mir Besitz.[2]

Das, was Fischer-Dieskau in diesen Sätzen anzudeuten sucht, nimmt in dem Bild *Arcadia* eine unverwechselbare malerische Gestalt an (vgl. Abb. 8).

---

[2] Ebd., S. 223

Abb. 9a: Dietrich Fischer-Dieskau, *Waldinneres* (1983)
80 x 100 cm/Acryl

Bereits der Titel *Arcadia*, der aber erst sehr viel später zum Bild hinzugekommen ist, verweist auf jene griechische Landschaft, die in der griechischen und römischen Literatur zum Schauplatz jener heiteren und sorgenlosen Schäferliteratur wurde. Das hochformatige Bild (130x80 cm) hat eine quasi symmetrische Anlage. Die Mittelachse wird durch eine gebogene Linie, die figürlich die Form eins Baumes vorstellt, bestimmt. Diese figürliche Linie suggeriert zugleich die Vorstellung von Nähe und Ferne innerhalb des Bildes. Rechts und links von dieser Baumlinie erkennt man Andeutungen von Figuren. Die Grundfarben des Bildes sind Blau, Gelb und Rot. Ähnlich streng gestaltet ist auch das Bild *Waldinneres* (vgl. Abb. 9a, 9b).

Abb. 9b: Dietrich Fischer-Dieskau, *Waldinneres* (1983)
80 x 100 cm/Acryl

Das querformatige Bild (80x100 cm) ist formal nach Vordergrund, Mittelgrund und Hintergrund aufgebaut. Die Anordnung der blattlosen Baumstämme verdichtet sich von Stufe zu Stufe. Der Hintergrund schließlich, der durch eine Weißzone abgegrenzt ist, bildet so etwas wie ein undurchsichtiges Gitter. Aus diesem Waldinneren, das will das Bild verdeutlichen, gibt es kein Entkommen mehr. Die beiden Bilder sind im Gesamtœuvre Fischer-Dieskaus eher eine Ausnahme. Sie zeigen aber, in welch hohem Maße sich der malende Fischer-Dieskau auch mit der formalen Gestaltung bewusst auseinandersetzt, ohne den Malprozess einfrieren zu lassen.

Wir sagten, dass Form und Gestalt der Bilder ganz wesentlich Resultat des Malprozesses sind. Darauf hat Fischer-Dieskau selbst hingewiesen, wenn er schreibt, dass erst im Akt des Malens das Material und die Idee des Bildes von ihm Besitz ergreifen. Erst wenn ein Bild abgeschlossen ist, lässt sich die Idee des Bildes in einer Titelgebung thematisieren. Doch kommen wir noch einmal zurück auf die spezifisch prozesshafte Malweise Fischer-Dieskaus. Sie lässt sich am besten demonstrieren am Aquarell, denn ein Aquarell ist immer ein unmittelbares, nicht zu korrigierendes Malereignis (z. B. Abb. 10, 11, 12). So eindeutig und malerisch unmittelbar sich jedes Bild aufgrund seiner Gegenständlichkeit dem Betrachter öffnet, so vieldeutig und offen gibt es sich zu erkennen, wenn wir versuchen, mit den Augen das Spiel der Linien und Farben zu verfolgen. Das Auge gerät gewissermaßen in einen optischen Wirbel. Jenes rauschhafte Finden von Bildern, die als Bilder den Maler, wie Fischer-Dieskau selbst gesagt hat, gleichsam in Besitz nehmen, jener rauschhafte Weg von der Farbe zur Form – und umgekehrt von der Form zur Farbe – überträgt sich zwingend auf den Betrachter. Nahezu jedem Bild – auch den strenger geformten Bildern – haftet ein Moment des Prozesshaften an; scheinbar konkret vorgegebene Formen (Wald, Landschaftliches etc.) lösen sich in Farben auf, Farben wiederum zerfasern in kleinste Formdetails. Das ist wichtig zu erkennen. Die Farben sind nämlich durchweg nicht in einem fließenden Duktus gemalt (d.h. sie fließen z.B. nicht ineinander über), vielmehr setzen sie sich aus einer Vielzahl von Details zusammen. So entsteht eine Art farbiger Vibration, die man wohl auch als farbige Rhythmisierung bezeichnen könnte. Gerade aufgrund ihrer strukturierten Farbigkeit lassen sich die Bilder als Prozesse verstehen; Prozesse, die jedoch erst im Akt des Sehens ihre volle Dynamik und Expressivität entfalten. Eines ist sicher, die Bilder lassen sich nicht mit einem einmaligen ›Das ist es‹ abtun; erst wenn man sich die Zeit nimmt für die als Prozess zu verstehende ›Zeit‹ der Bilder, erst dann entfalten sie sich im Akt des Sehens und Betrachtens.

Wenn wir die angedeuteten Momente des Rauschhaften, des Prozesshaften recht bedenken, stellen sich dann nicht gleich Überlegungen ein, die auf die Musik zielen? Hat nicht auch die Musik etwas mit Zeit zu tun? Besteht nicht die Kunst des Musikhörens vor allem darin, die gehörte Musik aus der verrinnenden Zeit in die Zeitlosigkeit unserer inneren Vorstellung zurückzuholen? Musik als Zeitprozess? Malerei als Formprozess? Dialektisches Spiel zwischen Motiven und Klängen der Musik? Zwischen Farben und Strichen in der Malerei?

Abb. 10: Dietrich Fischer-Dieskau, *Pelleas* (1993)
34 x 24 cm/Aquarell

Auch das malerisch-zeichnerische Erfassen einer Figur bzw. einer Person, das hat, wie Fischer-Dieskau einmal gesagt hat, für ihn immer bedeutet, Charakteristisches und Individuelles physiognomisch hervorzuheben. Hat auch dieses physiognomische Erfassen nicht etwas zu tun mit Interpretation, mit Ausdeutung? Gesehenes sich aneignen und in eine neue Wirklichkeit verwandeln – ist die Kunst der Interpretation etwas grundsätzlich anderes? Können wir aus der Art und Weise, wie Fischer-Dieskau malt, umgekehrt auf seine musikalische Interpretationskunst rückschließen?

Abb. 11: Dietrich Fischer-Dieskau, *Im Walde* (1989)
35 x 24 cm/Aquarell

Fragen über Fragen also. Ich möchte diese Fragen weder zu beantworten suchen, noch möchte ich sie weiter fortspinnen, ich möchte diese Fragen vielmehr Ihrer Fantasie überlassen, die sich bei Ihnen einstellt, wenn sie diese Bilder betrachten; denn nur im Betrachten, im Hinsehen lassen sich Einblicke gewinnen in die offene und doch zugleich hintergründige Welt dieser Bilder. Vielleicht lassen sich Antworten finden auf die angedeuteten Fragen; vielleicht auch Antworten auf die Interpretationskunst Dietrich Fischer-Dieskaus. Aber die Antworten muss wohl jeder selbst finden, die

Abb. 12: Dietrich Fischer-Dieskau, *Generalpause* (1981)
40 x 54 cm/Aquarell

Kunstszene wird sie nicht liefern. Gleichwohl: diese Fragen als solche sind nicht neu. Spätestens seit dem 18. Jahrhundert hat man diese Fragen (in einem neuzeitlichen Sinne) kontrovers diskutiert. Sicher hätte Schiller bei dem Gedanken an eine direkte Beziehung zwischen Malerei und Musik, geschweige an eine Personalunion von Maler und Musiker, die Stirne gerunzelt, im Gegensatz zu Goethe, der sich vielleicht eher in ein heiter gestimmtes Schweigen zurückgezogen hätte. Doch den Romantikern, allen voran E.T.A. Hoffmann, wäre eine solche Personalunion kein Negativum gewesen, sondern der Inbegriff eines zu erstrebenden Kunstideals. Dennoch waren die Romantiker sich nie ganz sicher, wie sich die Beziehungen zwischen den Künstlern gestalten und wie man ihrer habhaft werden könnte. Auch Robert Schumann, dessen Kompositionen sich Dietrich Fischer-Dieskau ein Leben lang gewidmet hat (singend, schreibend, dirigierend), auch Robert Schumann dachte über die Beziehung zwischen Malerei und Musik spekulierend nach. In *Meister Raro's, Florestans und Eusebius Denk- und Dichtbüchlein* lässt Schumann Eusebius (d.h. sein schwärmerisches Ich) folgendes sagen:

> Der gebildete Musiker wird an einer Raffaelschen Madonna mit gleichem Nutzen studieren können, wie der Maler an einer Mozartschen Sinfonie. Noch mehr: dem Bildhauer wird jeder Schauspieler zur ruhigen Statue, diesem die Werke jenes zu lebendigen Gestalten; dem Maler wird das Gedicht zum Bild, der Musiker setzt die Gemälde in Töne.[3]

Auf diese ausschweifenden und schwärmerischen Worte antwortet Florestan (d.h. Schumanns rationales Ich) kurz und bündig: »Die Ästhetik der einen Kunst ist die der anderen; nur das Material ist verschieden.« So einfach ist das also; aber das Einfache ist bekanntlich auch immer das Schwierigste. Doch zuweilen ereignet es sich. Und Florestans Antwort wird kaum schöner bestätigt als durch die Bilder von Fischer-Dieskau, die zum Hinschauen auffordern, um besser zu sehen und vielleicht auch besser hören zu können.

---

[3] Robert Schumann, Meister Raro's, Florestan's und Eusebius' Denk- und Dicht-Büchlein, in: ders., Gesammelte Schriften über Musik und Musiker, hg. von Martin Kreisig, Leipzig: Breitkopf & Härtel [5]1914, Bd. 1, S. 26.

# Autorinnen und Autoren

KLAUS ARINGER (Oberschützen)
Studium der Musikwissenschaft, Geschichte und Germanistik an der Ludwig-Maximilians-Universität München; Mag. art. 1992, Dr. phil. 1997 (Die Tradition des Pausa- und Finale Schlusses in den Klavier-und Orgelwerken von J.S. Bach, Tutzing 1999); 1996–2005 wissenschaftlicher Assistent am Musikwissenschaftlichen Institut der Eberhard-Karls-Universität Tübingen. 2003 Habilitation; seit 2005 Univ.-Prof. für Musikgeschichte an der Universität für Musik und darstellende Kunst Graz, seit 2008 Vorstand des Instituts Oberschützen.
– Arbeitsschwerpunkte: J.S. Bach, Wiener Klassik, Aufführungspraxis, Geschichte des Orchesters und der Instrumentation, Musikinstrumentenkunde.
– Neue Buchpublikation: (Hg.), *Mozart im Zentrum. Festschrift für Manfred Hermann Schmid zum 60. Geburtstag* (Tutzing 2010).
Kontakt: klaus.aringer@kug.ac.at


ELMAR BUDDE (Freiburg/Br.)
Geb. 1935 in Bochum; Studium der Schulmusik, der Germanistik und der Musikwissenschaft in Freiburg i.Br.; Staatsexamen 1961, Promotion 1967; von 1968 bis 1972 wissenschaftlicher Assistent am Musikwissenschaftlichen Seminar der Freiburger Universität; von 1972 bis 2001 o.Prof. für Musikwissenschaft an der Universität der Künste in Berlin; von 1992 bis 1996 Erster Vizepräsident der Universität der Künste Berlin; seit Jahrzehnten auch als Maler tätig (Ausstellungen u.a. in Düsseldorf, Berlin und Goslar); lebt seit seiner Emeritierung im Frühjahr 2001 in Riedlingen im Markgräfler Land (Baden).
– Arbeitsschwerpunkte: Geschichte der Komposition vom Mittelalter bis in die Gegenwart, Musik des 19. und 20. Jahrhunderts (u.a. Franz Schubert, die Wiener Schule), Fragen und Probleme des Interdisziplinären (Musik-Malerei-Architektur).
– Zusammen mit Dietrich Fischer-Dieskau Herausgeber einer textkritischen Neuausgabe der Lieder Franz Schuberts (C.F. Peters, Frankfurt).
– Zu seinem 60. Geburtstag wurde er mit einer Festschrift *Töne – Farben – Formen. Über die Musik und die bildenden Künste* (Laaber 1995) geehrt.
Kontakt: elmarbudde@gmx.de

DANIEL BRANDENBURG (Salzburg/Bayreuth)
Studium der Musikwissenschaft, Klassischen Philologie und Romanistik (1980–1990); 1990-1993 Stipendiat der DFG in Rom (Deutsches Historisches Institut); 1994-1996 Lehrbeauftragter am Institut für Musikwissenschaft der PLUS Salzburg; 1996-2001 wissenschaftlicher Mitarbeiter der Gluck-Gesamtausgabe (bis 1997) und der Neuen Mozart-Ausgabe (beide Salzburg); 2001-2007 Assistent am Forschungsinstitut für Musiktheater (Thurnau) der Universität Bayreuth; Habilitation daselbst 2005; seit 2008 wissenschaftlicher Direktor des Da Ponte Research Centers for Humanities and Opera Studies, Wien.
– Arbeitsschwerpunkte: Italienische Operngeschichte, Geschichte des Kunstgesangs und des Sängerwesens (17. Jh. bis in die Gegenwart), Reisebeschreibungen als kultur- und opernhistorische Quellen.
– Neuere Buchpublikation: Daniel Brandenburg/Thomas Seedorf (Hg.), *»Per ben vestir la virtuosa«. Die Oper des 18. und frühen 19. Jahrhunderts im Spannungsfeld zwischen Komponisten und Sängern* (Schliengen 2010).
Kontakt: Daniel.Brandenburg@uni-bayreuth.de


IRENE BRANDENBURG (Salzburg)
Studium der Musikwissenschaft und Romanistik in Salzburg (1985–1990), Magisterarbeit 1990 zum Mozart-Sänger Francesco Ceccarelli; Stipendiatin an der Musikabteilung des Deutschen Historischen Instituts in Rom (1992–1993); Promotion 1996; 1990–2009 wissenschaftliche Mitarbeiterin der Gluck-Gesamtausgabe (Forschungsstelle an der Universität Salzburg), seit 2009 als wissenschaftliche Mitarbeiterin verantwortlich für die Derra de Morda Dance Archives an der Universität Salzburg; Mitherausgeberin der Reihe *derra dance research*.
– Arbeitsschwerpunkte: 18. Jahrhundert: Editionswesen/Musikphilologie, Opera seria (Händel, Gluck, Mozart), Bühnengesang und Sängerforschung sowie (Wiener) Bühnentanz.
– Neuere Buchpublikationen: *Vito Giuseppe Millico: Studien zu Leben und Werk eines komponierenden Kastraten im 18. Jahrhundert* (Diss. 1996); (Hg.), *Christoph Willibald Gluck, Antigono* (=Sämtliche Werke Bd. III.20) (Kassel 2007); (Hg.), *Christoph Willibald Gluck und seine Zeit* (Laaber 2010).
Kontakt: Irene.Brandenburg@sbg.ac.at

JOACHIM BRÜGGE (Salzburg)
Geb. in Kiel 1958. Studium der Musiktheorie an der Musikhochschule in Lübeck (Diplom 1985) und der Historischen Musikwissenschaft, der Systematischen Musikwissenschaft/Musikethnologie und der Ethnologie in Göttingen. Promotion bei Prof. Dr. Martin Staehelin mit einer Arbeit über den Personalstil Mozarts 1993; Habilitation 2002 mit einer Arbeit zu den Streichquartetten Wolfgang Rihms.
– Arbeitsschwerpunkte: Musik des 18.–20. Jahrhunderts, u.a. Wiener Klassik (u.a. Mozart), Instrumentalmusik des 19. und frühen 20. Jahrhunderts (u.a. Jean Sibelius) und Neue Musik nach 1975 (u.a. Wolfgang Rihm).
– Neuere Buchpublikationen: *Jean Sibelius, Symphonien und Symphonische Dichtungen* (=Beck. Studienführer: Wissen) (München: Beck 2009).
Kontakt: joachim.bruegge@moz.ac.at


SIEGHART DÖHRING (Thurnau)
Nach dem Studium der Theologie, Philosophie und Musikwissenschaft in Hamburg und Marburg dort 1969 Promotion in Musikwissenschaft; anschließend Assistent, Dozent und Professor a.z. am Musikwissenschaftlichen Institut der Universität Marburg; 1983-2006 Leiter des Forschungsinstituts für Musiktheater der Universität Bayreuth in Thurnau; nach der Habilitation an der TU Berlin seit 1987 zusätzlich Inhaber des Lehrstuhls für Theaterwissenschaft unter besonderer Berücksichtigung des Musiktheaters an der Universität Bayreuth; seit 1998 Präsident der Europäischen Musiktheater-Akademie (EMA) in Wien sowie Vorsitzender des Meyerbeer-Instituts.
– Arbeitsschwerpunkte: Operngeschichte vom 18. bis zum 20. Jahrhundert (u.a. Formgeschichte der Opernarie vom Ausgang des 18. bis zur Mitte des 19. Jahrhunderts).
– Neuere Buchpublikationen: *Oper und Musikdrama im 19. Jahrhundert* (zus. mit Sabine Henze-Döhring) (Laaber 2006); (Hg.), *Pipers Enzyklopädie des Musiktheaters*, 7 Bde. (Bde. I-III zus. mit Carl Dahlhaus) (München 1997).
Kontakt: info@sieghart-doehring.de

MARTIN EYBL (Wien)
Studium der Musikwissenschaft an der Universität Wien; 1991–2004 Lehrender am Institut für Musikwissenschaft der Universität Wien; 1994–2002 Mitarbeit am SFB »Moderne. Wien und Zentraleuropa um 1900« (Graz); seit 1994 Lehrender an der Universität für Musik und darstellende Kunst Wien; Habilitation 2004; seit 2004 Professor für Musikgeschichte.
- Arbeitsschwerpunkte: Ästhetik und Musiktheorie des frühen 20. Jahrhunderts, österreichische Musik des 18. Jahrhunderts, Editionen Alter Musik, seit 2007 Publikationsleiter der DTÖ.
- Neuere Buchpublikationen: *Die Befreiung des Augenblicks. Schönbergs Skandalkonzerte von 1907 und 1908. Eine Dokumentation* (Wien 2004); (Mithg.), *Schenker-Traditionen. Eine Wiener Schule der Musiktheorie und ihre internationale Verbreitung* (Wien 2006); (Mithg.), *Feste. Theophil Antonicek zum 70. Geburtstag* (Tutzing 2010) sowie zwei Bände der *Johann Joseph Fux-Gesamtausgabe* (Graz 2000, 2009).
Kontakt: eybl@mdw.ac.at


WOLFGANG GRATZER (Salzburg)
Studium u.a. der Musikwissenschaft, Dissertation über Alban Berg (1989); Habilitation im Fach Musikwissenschaft (2001 Universität Wien); Arbeitsmittelpunkt: Universität Mozarteum Salzburg; Lehrtätigkeit an Universitäten in Europa und Asien; konzeptionelle Tätigkeiten für Symposien und Buchprojekte; Mitglied der Kommission für Musikforschung der Österreichischen Akademie der Wissenschaften; Mitbegründer des Instituts für Musikalische Rezeptions- und Interpretationsgeschichte; seit 1. Oktober 2010 Vizerektor für Entwicklung und Forschung der Universität Mozarteum Salzburg.
- Arbeitsschwerpunkte: Musik der Gegenwart, Fragen der musikalischen Interpretation und Rezeption (u.a. Geschichte des Musikhörens, Geschichte der Bearbeitungen).
- Jüngste Buchpublikation: *Mozarts letzte Sinfonien. Stationen ihrer Interpretationsgeschichte* (Freiburg i.Br. 2008); (Hg.), *Herausforderung Mozart. Komponieren im Schatten kanonischer Musik* (Freiburg i.Br. 2008); (Hg.), *Ereignis Klangrede. Nikolaus Harnoncourt als Dirigent und Musikdenker* (Freiburg i.Br. 2009); (Mithg.) *Guernica. Über Gewalt und politische Kunst* (München 2010).
Kontakt: wolfgang.gratzer@moz.ac.at

HARALD HASLMAYR (Graz)
Geb. 1965 in Graz, Studium der Geschichte und der Deutschen Philologie in Graz, 1994 Promotion, Dissertation über Robert Musil (erschienen 1997 bei Böhlau in Wien unter dem Titel: *Die Zeit ohne Eigenschaften*); von 1991-2001 Lehrbeauftragter und Assistent am Institut für Wertungsforschung der Kunstuniversität Graz, von 2001-2004 Assistenzprofessor, ab März 2004 ao.Univ. Prof.; 1996-2002 Lehrbeauftragter am Institut für Österreichische Geschichte der Karl-Franzens-Universität Graz, Lehrbeauftragter an der Universität Klagenfurt. 2003 Habilitation im Fach »Wertungsforschung und kritische Musikästhetik« an der Kunstuniversität Graz; regelmäßige Werkeinführungen für die Salzburger Osterfestspiele, die Haydntage Eisenstadt, den Musikverein für Steiermark und den ORF; seit 1999 Musikkritiker bei der Tageszeitung *Die Presse* und bei der *ÖMZ*; Leiter der Kammermusikreihe »Spiegelungen« an der KUG.
– Forschungsschwerpunkte: Ästhetik, Wiener Klassik und Kulturgeschichte des Donauraumes.
– Zahlreiche Publikationen zu kulturhistorischen, ästhetischen und philosophischen Themen; *Joseph Haydn. Werk und Leben* (Holzhausen: Wien 1999. 2. Aufl. 2003).
Kontakt: harald.haslmayr@kug.ac.at

GOTTFRIED KRAUS (Minihof-Liebau)
Geb. 1936 in Wien, Studium an der Wiener Musikhochschule und Universität; Musikkritiker *(Die Presse, Salzburger Nachrichten)*, ab 1972 Leiter der ORF-Musikabteilung in Salzburg, ab 1979 der Hauptabteilung Musik in Wien; seit 1986 freier Publizist; Verfasser zahlreicher Bücher und Fachartikel; Autor in Hörfunk- und Fernsehen; Schallplattenproduzent; Herausgeber der CD-Editionen Salzburger Festspieldokumente, Wiener Staatsoper live and anderer historischer Ton- und Video-Dokumente.
Kontakt: profkraus@aon.at

HARTMUT KRONES (Wien)
Geb. 1944 in Wien, Studium der Musikwissenschaft (Dr. phil.), Germanistik und Pädagogik (Lehramt, Mag.) an der Universität Wien, Studium der Musikerziehung, Gesangspädagogik (Mag. art.) sowie Lied und Oratorium an der Akademie (heute Universität) für Musik und darstellende Kunst; seit 1970 Unterrichtstätigkeit an dieser Universität, seit 1987 o. Hochschul- bzw. (seit 1998) Universitätsprofessor und Leiter der Lehrkanzel »Musikalische Stilkunde und Aufführungspraxis«; seit 1996 zusätzlich Leiter des Arnold-Schönberg-Institutes; seit März 2002 Leiter des Institutes für musikalische Stilforschung mit den Abteilungen »Stilkunde und Aufführungspraxis« und »Wissenschaftszentrum Arnold Schönberg«.
Zahlreiche Publikationen zu den Forschungsgebieten: Aufführungspraxis Alter und Neuer Musik, Musikalische Symbolik und Rhetorik, Musik des 20. Jahrhunderts; Mitarbeiter u.a. des Lexikons Musik in Geschichte und Gegenwart (MGG; hier Fachbeirat für das Gebiet »Österreich/20. Jahrhundert«), des New Grove Dictionary sowie des Historischen Wörterbuchs der Rhetorik. Neuere Bücher u. a.: *Ludwig van Beethoven. Werk und Leben* (Wien 1999), *Stimme und Wort in der Musik des 20. Jahrhunderts* (Hg., Wien 2001), *Struktur und Freiheit in der Musik des 20. Jahrhunderts* (Hg., Wien 2002), *Jean Sibelius und Wien* (Hg., Wien 2003), *Bühne, Film, Raum und Zeit in der Musik des 20. Jahrhunderts* (Hg., Wien 2003), *Arnold Schönberg. Werk und Leben* (Wien 2005) sowie *Multikulturelle und internationale Konzepte in der Neuen Musik* (Hg., Wien 2008).
Kontakt: krones@mdw.ac.at


ANDREA LINDMAYR-BRANDL (Salzburg)
Studium der Musikwissenschaft und Philosophie sowie der Mathematik und der Musikerziehung in Salzburg und Basel (1978–1988); seit 1987 am Institut für Musikwissenschaft der Universität Salzburg; Habilitation 2001; Gastprofessuren in Stanford (2006/07) und Wien (WS 2009/10).
– Arbeitsschwerpunkte: Musik des 15. und 16. Jahrhunderts, Notation und Editionstechnik, früher Notendruck, Franz Schubert und seine Zeit, Methoden- und Grundlagenforschung.
– Neuere Buchpublikationen: *Franz Schubert. Das fragmentarische Werk* (=Schubert: Perspektiven – Studien 2) (Stuttgart 2003); (Hg.) *Schrift und Klang in der Musik der Renaissance* (Laaber 2011); (Hg.) *Handbuch der Musik der Renaissance* (bisher 6 Bde., Laaber).
Kontakt: andrea.lindmayr-brandl@sbg.ac.at

SIEGFRIED MAUSER (München)
Studium der Musikwissenschaft, Kunstgeschichte und Philosophie in München und Salzburg, Konzertfach Klavier; Promotion 1981; nach Lehrtätigkeiten an den Musikhochschulen München und Würzburg ab 1988 Professur für Musikgeschichte an der Universität Mozarteum Salzburg; ab 2002 Professur für Historische Musikwissenschaft an der Hochschule für Musik und Theater München, der er seit 2003 als Präsident vorsteht.
- Arbeitsschwerpunkte/Publikationen u. a. zu Fragen der Musikgeschichte und -ästhetik des 18. bis 20. Jahrhunderts, Herausgeber der Reihen *Handbuch der musikalischen Gattungen* (Laaber), *Wissen Musik* (Beck-Verlag München) sowie – gemeinsam mit Gernot Gruber – *Schriften zur Musikalischen Hermeneutik* (Laaber).
Kontakt: siegfried.mauser@musikhochschule-muenchen.de


OSWALD PANAGL (Salzburg)
Studium der Klassischen Philologie, Indogermanistik und Germanistik an der Univ. Wien; daneben Gesangsstudium an der MHS Wien (Künstler. Reifeprüfung), Mag. phil (1966), Dr. phil. (1968); Habilitation für Historisch-vergleichende und allgemeine Sprachwissenschaft (1977), seit 1979 o.Univ.-Prof. für allgemeine und vergleichende Sprachwissenschaft an der Universität Salzburg; korrespondierendes Mitglied der Österreichischen Akademie der Wissenschaften (seit 1999), Leiter der AG Sprache und Öffentlichkeit in der ÖFG (1995–2007).
- Arbeitsgebiete: Sprachwandel, Morphologie, Etymologie, Historisch-Vergleichende Syntax, Mykenologie, Sprache und Politik, Sprache und Musik, Musikdramaturgie.
- Neuere Buchpublikationen: (Mithg.), *Text und Kontext* (Würzburg 2004); (Mithg.), *Wörterbuch der politischen Sprache in Österreich* (Wien 2007).
Kontakt: oswald.panagl@sbg.ac.at

THOMAS SEEDORF (Karlsruhe)
Geb. 1960 in Bremerhaven; studierte zunächst Schulmusik und Germanistik in Hannover; Aufbaustudium in den Fächern Musikwissenschaft und Musikpädagogik an der dortigen Hochschule für Musik und Theater; 1988 Dissertation über die kompositorische Mozart-Rezeption im frühen 20. Jahrhundert; 1988-2006 wissenschaftlicher Angestellter am Musikwissenschaftlichen Seminar der Universität Freiburg, seit dem Wintersemester 2006/07 Professor für Musikwissenschaft am Institut für Musikwissenschaft und Musikinformatik an der Karlsruher Hochschule für Musik.
– Arbeitsschwerpunkte: Musiktheorie, Musik des 18. bis 20. Jahrhunderts, Liedgeschichte und –analyse, Aufführungspraxis, Theorie und Geschichte des Kunstgesangs.
Kontakt: seedorf@hfm.eu


KATHARINA VON GLASENAPP (Lindau/Bodensee)
Aufgewachsen bei München; 1979-1986 Studium der Musikwissenschaft, Theaterwissenschaft und Italienischen Philologie; Abschluss M.A. 1986 mit einer Arbeit über Claudio Monteverdi; seither Musikjournalistin, zunächst in München, seit 1989 in Lindau für die *Schwäbische Zeitung* und die *Neue Vorarlberger Tageszeitung* im Großraum Bodensee/Oberschwaben/Vorarlberg/Schweiz; Werkeinführungen, Programmtexte; Portraits mit besonderer Liebe zur Vokalmusik.
Kontakt: kvg.musik@web.de